民国太疯狂

这是一部大手笔，大智慧的奇书

卷二

群魔乱舞

余耀华◎著

中国广播电视出版社
CHINA RADIO & TELEVISION PUBLISHING HOUSE

图书在版编目（CIP）数据

群魔乱舞 / 余耀华著. -- 北京 ：中国广播电视出版社，2013.2

(民国太疯狂系列)

ISBN 978-7-5043-6770-9

Ⅰ. ①群… Ⅱ. ①余… Ⅲ. ①政治人物－生平事迹－中国－民国－通俗读物 Ⅳ. ①K827=6

中国版本图书馆CIP数据核字(2013)第003486号

群魔乱舞

余耀华 著

责任编辑 王晓剑
封面设计 嘉信一丁

出版发行 中国广播电视出版社
电　　话 010-86093580 010-86093583
社　　址 北京市西城区真武庙二条9号
邮　　编 100045
网　　址 www.crtp.com.cn
电子信箱 crtp8@sina.com

经　　销 全国各地新华书店
印　　刷 高碑店市德裕顺印刷有限责任公司

开　　本 710毫米×1000毫米 1/16
字　　数 210（千）字
印　　张 19.25
版　　次 2013年2月第1版 2013年2月第1次印刷

书　　号 ISBN 978-7-5043-6770-9
定　　价 36.00元

段祺瑞当政，张勋复辟，吴佩孚造反，
巴黎和会的可耻决定，伤害了所有中国人民。

导 言

PREFACE

这是一部大手笔，大智慧的奇书。

之所以称之为奇，是因为书中生动地刻画了旧民国一大批武夫莽汉、文人墨客的群体雕像，披露了大量鲜为人知的奇闻逸事，争勇斗狠之中穿插着舞文弄墨的冷幽默，阴谋算计背后隐藏着颠扑不破的人性，处处都是活生生的历史，处处都有耐人寻味的话题，娓娓道来，仿佛就是昨天的故事。

之所以称之为奇，还因为书中所提到的人物，展露出来的事件，都是历史的真实，没有任何虚构的成分。

《民国太疯狂》是一部真实的历史，作者以作家的文笔、学者的严谨，书写了这段历史。

辛亥革命推翻了大清王朝，革命者理想的政权是以民为主，"天下第一把交椅"的主人由百姓民主选举产生，权力属于人民，这个新时代叫"民国"，新的国体叫共和国体。

历史没有想像的美好，大清帝国崩溃之后，中国并没有走向共和，而是陷入历史怪圈，进入一个疯狂时代，步入乱世。

从1912年孙中山就任临时大总统，到1928年张学良宣布东北易帜，17年间，"天下第一把交椅"的主人走马灯般的换了13任，谁的眼睛够大，谁的拳头够狠，谁就是爷，真正应了中国的一句古话："有枪就是草头王。"

17年历史千头万绪，看似复杂，大体可分为四个阶段：

第一阶段，袁世凯当权时期：从袁世凯篡夺辛亥革命的胜利果实，坐上“天下第一把交椅”，到1916年毙命新华宫，共计5年。

第二阶段，皖系首领段祺瑞当权时期：从段祺瑞任内阁总理起，到1920年直系皖系军阀火并，段祺瑞兵败下台，前后共计4年。

第三阶段，直系首领曹锟、吴佩孚当权时期：从1920年直系战胜皖系，实际控制北京政府，到1924年第二次直奉战争被奉系打败，前后共4年。

第四阶段，从1924年张作霖战胜直系，实际控制北京政府，到1928年为南方军击败，张学良宣布东北易帜，为期共4年。

卷二《群魔乱舞》，写第二阶段的历史。

上一卷，革命者摧毁了大清帝国，将胜利的果实拱手让人，以求换得中国走向和平，遗憾的是，中国并没有走向共和，而是步入了乱世，但必竟天下还有一个“共主”。

这一卷，情况比上一卷更糟，短短三四年间，总统宝座数易其主，先是黎元洪，后是冯国璋，接着便是徐世昌，中间还夹杂张勋演了一出复辟的闹剧，而真正操纵时局者，却是皖系老大段祺瑞。这一段历史只能说是“乱”。

这段时间也是一个多事之秋，府院之争还没有完，张勋又跑来横插一杠子，张勋复辟的闹剧刚结束，南、北之战的烽烟又起，不仅南方出了个军政府，北方也养大了张作霖，为后来上演的大戏，做好了铺垫。

国内乱成了一锅粥，国际问题更让人揪心，借款问题、参战问题、亲日还是亲英美问题等，斩不断，理还乱。那些蛮横的军阀，怯懦的文人，除了打乱拳，搞卖国，没有人能撑起将倾的大厦。中华民族，我们的母亲，在痛苦中呻吟。

第一次世界大战结束后，中国作为协约国，本该在巴黎和会上分一杯羹，结果却成为任人宰割的羔羊。正当北京政府要在《凡尔赛和约》签字的时候，北京的学生率先发出怒吼，引爆了“五四”爱国运动，风生水起的民众运动，被爱国学生的一腔热血引爆。

这一时期有一个极为重要的关键词：督军团。

这一时期还有一支很重要的力量：政党。

督军团和政党，一武一文，督军团以枪杆子争得话语权，而文人政客的腰杆子，似乎比袁世凯时期硬了许多，武夫们以督军团宣布独立为高潮，文人们以拒选曹锟当副总统一节最具戏剧性。

这一时期，有两个狠人，一个叫吴佩孚，另一个叫徐树铮，他们一个是直系老大曹锟的第一心腹大将，一个是皖系老大段祺瑞的第一帮凶，两者之间的较量，算是一台大戏，谁能笑到最后，书中为你揭开这个秘密。

这一时期，南北双方力量悄然发生变化，南方首次向北方发出了“北伐”的呼声。孙中山的北伐军直捣江西、福建，虽因后院起火而告失败，但却改变了过去北方主动进攻，南方被动挨打的局面，北伐虽然以失败而告终，但却揭开了中国历史新的一页。

目 录
CONTENTS

第七章 府、院之争

黎元洪下的这道命令，是给段祺瑞一个人情，也是一个暗示——咱老黎刚上任，就将你在袁世凯那里争不到的东西给了你，今后唱戏，可得配合着点。

段祺瑞却不这样认为，他将黎元洪扶上总统宝座，并不是真的要找一个顶头上司压在自己头上，而是把他当成一个傀儡，让他作为自己的盖章机器。

一、黎总统就职 / 002
二、段祺瑞内阁上台 / 010
三、割据 / 019
四、府院之争 / 031
五、再造共和 / 039
六、大盟主 / 045
七、殒星坠落 / 054
八、一支小插曲 / 060

第八章　张勋复辟

黎元洪、段祺瑞两人本来都看不起张勋，但当他们迫切需要外援时，却又把这个怪物当成救命的活菩萨。可惜的是，黎元洪、段祺瑞两人都看走了眼，他们以为张勋是一个粗人，不善于使用政治阴谋，不会耍手腕，但他们万万没有想到，这个粗人玩起阴谋来，比谁都狠。

一、对德绝交案 / 070
二、督军团大闹北京 / 081
三、较量 / 090
四、徐州复辟会议 / 101
五、超级阴谋家 / 108
六、引狼入室 / 117
七、张勋复辟 / 127
八、丑剧落下帷幕 / 134

第九章　冯、段斗法

从冯国璋、段祺瑞合作组成以北洋派为核心的北京政府的第一天起，他们就各怀鬼胎，极尽所能地展开了尔虞我诈、斤斤计较的权力之争，北洋派的分化，也由萌芽发展到成熟，并将中国内战导向更复杂、规模更大的新阶段。

一、旧总理、新总统 / 142
二、对德宣战 / 149
三、段总理辞职 / 156
四、冯总统秘密出京 / 164
五、奉军入关 / 175
六、南北大战 / 185
七、徐树铮诱杀陆建章 / 196
八、曹锟垂涎副总统 / 205
九、吴秀才造反 / 214

第十章　皖系终亡

直、皖大战，以皖系大败而告终，它标志着北洋军阀史上一个时期即段祺瑞皖系军阀统治时期的基本结束。虽然此后皖系并没有销声匿迹，仍然进行着活动，而且，段祺瑞后来又曾出任中华民国临时执政，但这只不过是皖系的余波罢了。

一、徐世昌就任总统 / 224
二、上海和会破裂 / 231
三、巴黎和会的无耻决定 / 239
四、“五四”爱国运动 / 249
五、睡狮在觉醒 / 257
六、谁在破坏和谈 / 265
七、中、日交涉 / 272
八、山雨欲来风满楼 / 279
九、直、皖大战 / 284

第七章 府、院之争

黎元洪下的这道命令，是给段祺瑞一个人情，也是一个暗示——咱老黎刚上任，就将你在袁世凯那里争不到的东西给了你，今后唱戏，可得配合着点。

段祺瑞却不这样认为，他将黎元洪扶上总统宝座，并不是真的要找一个顶头上司压在自己头上，而是把他当成一个傀儡，让他作为自己的盖章机器。

一、黎总统就职

金匮之秘

袁世凯死了，他留下的最后一句话就两个字：“约法！”

袁世凯阴险狡诈，一生算计人，心思没人能捉摸得透，临死时还要给托孤寄命者出一个难题。当时《约法》有新旧之分，他所说的《约法》，到底是新约法还是旧约法，难以界定，别看“新”、“旧”一字之差，其中却牵涉一个极为重大的问题——总统之位继承。

旧《约法》规定，总统不能行使职权时，由副总统继任总统。护国军方面就是坚持旧《约法》。可是这个旧《约法》早就被袁世凯废止了。

新《约法》是袁世凯自己制定的，总统之位继承，规定由现任总统提名三人，写在一张名单上，藏入金匮石屋，待总统死后取出来，在三位候选人中决选一人继任总统。金匮石屋有三把钥匙，总统、总理、参议院长各执其一，三把钥匙中需要有两把配合起来才能打开“石屋”那把锁。

袁世凯临死的时候，接受托孤寄命的人有四个人：段祺瑞、王士珍、张镇芳、徐世昌，“太子”袁克定也在病榻旁。

当袁世凯说出“约法”两字时，大家都感到茫然，谁也不敢臆断，谁也不敢明说。袁克定脑子转得快，抢着问一句话：“金匮石屋？”

当时，袁世凯还没有断气，眼睛睁得大大的，但一只脚已经跨进了鬼门关。可能听到了袁克定的话，也可能魂魄已经出窍，什么也听不见。当大家把脸转向他的时候，他的头似乎动了动，又似乎根本就没动，伸手试探，断气了。

袁世凯死后，大家打开石屋，只见神秘的“金简”上写着“兆民托命”四个字，下面写作“民国万岁”四个字，中间依次写着三个人的名字：黎元洪、徐世昌、段祺瑞。

据后人透露，袁世凯在临死的前几天，才将袁克定的名字改换为段祺瑞，袁克定不知道换了名字，故此在袁世凯临死的时候，他提到“金匮石屋”。

袁克定看了金简之后，见上面没有自己的名字，大失所望。但这正是袁世凯的聪明之处。

袁世凯为何要在临死之前变卦呢？是不是意味着“人之将死，其言也善”呢？其实不然，这正是袁世凯的高明之处。他知道北洋系已经众叛亲离，活着的时候，段祺瑞、冯国璋就已经在拆自己的台，死了之后还能指望他们拥立自己的儿子吗？如果真的将袁克定扶上总统之位，岂不是将他送到火炉上去烤吗？

“金匮石屋”之秘已经揭晓，几位顾命大臣却拿不定主意。还是王士珍先开口说话：“老徐！你看这事怎么办？”

“按《约法》办吧！”徐世昌不假思索地说，“以副总统继任总统。”

徐世昌说的约法，仍然没有界定是新约法还是旧约法。这并不是他糊涂，而恰恰是他的老到之处。徐世昌是个老官僚，对官场上的事看得比谁都清楚，心思玲珑剔透，无人能及，他心里明白，西南护国军反对新约法，北洋派又不满意旧约法，不言新、旧，只说约法，就能做到面面俱到。无论根据新约法或者旧约法，黎元洪是副总统，都有资格继承总统。利用黎元洪来收拾残局，让这个政治俘虏为北洋派服务，对北洋派来是最好的选择。

“这只是我个人的意见，究竟怎么样好，还是请总理定夺吧！”几十年的宦海生涯，早把徐继昌磨炼得十分圆滑和世故，他怕自己的主张堵塞了段祺瑞想做总统的念想，瞟了段祺瑞一眼，连忙又补充了一句。

段祺瑞看了徐世昌一眼，陷入沉默之中，没有开口说话。

屋子里沉静得像荒山中的古庙，一枚针掉在地上也能听到声响。大家屏住呼吸，张镇芳紧盯着段祺瑞的脸，徐世昌两眼看着天花板，王士珍看着自己的脚尖，其实大家都在等待段祺瑞表态。

“很好！”大家足足等了一刻钟，才听得段祺瑞说了两个字。

接着，四位接受遗嘱的人分头打电话，把各部的部长、副部长和其他有关人员二十多人都请到春藕斋来，在袁世凯的尸体旁摆下香烛祭品，向袁世凯的遗体三鞠躬。

段祺瑞在人堆中看见了张国淦，走向前拉住他的手说："乾若！"

"嗯！"张国淦问，"有事吗？"

"我们看副总统去！"

两人手拉着手，出了春藕斋。

张国淦字乾若，湖北人，为人圆滑。袁世凯在世的时候，官至国务院秘书长，一直是袁世凯与黎元洪之间联系的桥梁。袁世凯死后，因与黎元洪是同乡，颇受器重，任总统府秘书长，被段祺瑞看做是与黎元洪的联系人。

段祺瑞的心情很坏，一路上脸色阴沉，坐在车中像哑巴一样，两眼盯着车前方，一言不发。

张国淦没有参加刚才的四巨头会议，也不知道袁世凯在断气时所说的"约法"两字，更不知道金简上的名单，他不清楚段祺瑞拖他去看黎元洪，到底用意何在？看到段祺瑞脸上八刀砍不进的样子，也不敢相问，只得听之任之。

段祺瑞此时的心情非常复杂，想得很多。平心而论，他最瞧不起黎元洪。清朝末年，他的官位比黎元洪的官位高得多，在北洋系中，他也是袁世凯以下数一数二的人物，尽管黎元洪是副总统，但他也是两度逼宫，"二造共和"的大英雄。尤其是他领衔40余名将领，一举逼倒清帝，至今他还在为这件事感到骄傲。

段祺瑞担心的是，一旦挤掉黎元洪，西南护国军方面肯定会反对。据说蔡锷出京前，曾秘密夜访黎元洪，探询黎元洪对帝制的意见。黎元洪表示反对，但无法抵制。蔡锷临走时给黎元洪撂下一句话："公但伫观我出京40日后，必有佳音。"

在广东肇庆成立的西南护国军军务院在发表的宣言中明确指出：

今大总统既已犯罪缺位，所遗未满之任期，当然由副总统继任，本军政府谨依法宣言，恭请现任副总统黎元洪为中华民国大总统领海军陆军大元帅。

段祺瑞的另一个顾虑是：自己当上总统，北洋派内部能否一致拥护自己还不一定，因为北洋派另一位大佬冯国璋人在天津，两眼也死死地盯总统这把宝座呢！

所有这些，都使段祺瑞顾虑重重，但如果把总统宝座让给赤手空拳的黎元洪，黎元洪必须依赖他这位在北洋军中享有崇高声望的社力的人物支持，自己便可以假黎元洪之手，左右时局。

司机的车子开得很稳，进了东厂胡同，慢慢地在黎元洪的宅院前停下，段祺瑞仍然处在沉思之中。

“到了！”张国淦轻轻地说了一声。

“啊！”段祺瑞收回自己的遐想。

张国淦抢先下车，拉开车门，让段祺瑞下车，然后跑进黎宅，大声说：“总理来了！”

黎元洪赶紧出来迎接，三人走到客厅，接下来便出现非常戏剧性的一幕。

客厅里摆着长方形的楠木桌子，黎元洪进入客厅后，像木偶人一样坐在主位上，段祺瑞、张国淦分坐在两边。段祺瑞向黎元洪三鞠躬，黎元洪欠身答礼，两个人对看了一眼，谁也没有开口说话，客厅里鸦雀无声，只有一名仆人进来沏茶，才发出点声响，仆人退出之后，哑剧继续上演。

黎元洪像木头人一样坐在那里，段祺瑞也像木头人一样坐在旁边，如老僧入定，不同的是眼睛没闭上。

张国淦看看黎元洪、看看段祺瑞，不敢打破这种寂静。

哑剧持续了大约40分钟，段祺瑞站起身，向黎元洪半鞠躬告退。黎元洪茫然起身送客，两人仍然没有说话。

段祺瑞临走的时候向张国淦交代：“副总统方面的事，请你招呼！”

“国务院方面的事呢？”张国淦接着问。

“有我！”段祺瑞说着上了汽车，车子就开动了，人走了。

段祺瑞以这种“哑剧”的形式请黎元洪出任总统，是根本没有把黎元洪放在眼里，只把他当做一个政治玩物而已。

6月6日下午，段祺瑞公布了《袁大总统遗令》和政府公报：

民国成立，五载于兹。本大总统忝膺国民付托之重，徒以德薄能鲜，心余力绌，于救国救民之夙愿，愧未能发摅万一。溯自就任以来，昼作夜息，殚勤擘画，虽国基未固，民困未苏，应革应兴，万端待理；而赖我官吏将士之力，得使各省秩序粗就安宁，列强邦交克臻辑治，抚衷稍慰，怀疚仍多。方期及时引退，得以休养林泉，遂我初服；不意感疾，寖至弥留。顾念国事至重，寄托必须得人，依《约法》第二十九条，大总统因故去职，或不能视事时，副总统代行其职权。本大总统遵照《约法》，宣告以副总统黎元洪代行中华民国大总统职权。副总统忠厚仁明，必能宏济时艰，奠安大局，以补本大总统阙失，而慰全国人民之望。所有京外文武官吏，以及军警士民，尤当共念国步艰难，维持秩序，力保治安，专以国家为重。昔人有言：'唯生者能自强，则死者为不死'，本大总统犹此志也，中华民国五年五月六日。

政府公报：

袁大总统于本日上午10时40分，以尿毒病薨逝（据公府传出，袁世凯所患为前列腺肥大症，排不出小便来。），停柩居仁堂，业经遗令遵依《约法》第29条，宣告以副总统代行中华民国之职权。

黎总统就职

“遗令”和公报发表之后，北洋系在京将领顿时乱成了一锅粥，大家纷纷涌到段总理的办公室，坚决要求段祺瑞当总统，如果段祺瑞无意于总统，徐世昌也可以，就是不同意黎元洪坐上总统那把交椅。

午夜，黎元洪还在家里等消息，电话铃响了，是陆军部的湖北老乡打来的，他们向黎元洪报告，说外面的情况很不好，国务院乱成了一锅粥。大概是说话不方便，电话只说了这些就断了。

黎元洪听了这半拉子电话，不知外面出了什么岔子，心里很不安，便请留在他家里陪伴他的张国淦打电话问一下段祺瑞，到底发生了什么事情。

张国淦向总理府打电话，接电话的是一个副官，他说总理非常忙，没时间接电话。

“怎么会这样呢？怎么会这样呢？”黎元洪在屋里来回走动，口里不停地嘀咕，接着又焦急地对张国淦说，“你再打电话问问。”

张国淦再次把电话打过去，接电话的还是那位副官，他在电话里回答，总理确实不能分身，如果有要紧的事，总理请你过来面谈。

“你去，你去！”黎元洪说，“你去告诉他，我不做总统，谁要做，叫他自己做去。”

张国淦立即驱车去了国务院，虽然已是夜深人静，总理办公室还是挤满了人，都是些帽子上有鸡毛帚子和穿制服的高级军官。

段祺瑞忙得满头大汗，见张国淦进来了，立即撇开众人，把张国淦带进另一间小屋子里，紧张地问：“有事吗？”

“嗯！”张国淦说，“副总统让我来的。”

“他是不是有什么话要说？”

“副总统要我过来问问情况。”张国淦说，“他说他不当总统。”

“是这样呀！”段祺瑞立即板起了面孔，傲慢地说，“我姓段的要姓黎的当总统，他就得当，我的话不会改变，天大的事有我姓段的一人承担，与他姓黎的不相干！”

张国淦想多知道一些情形，还没来得及开口，段祺瑞一拳头擂在桌子上，粗暴地说：“他要管，就让他去管！”说完，匆忙回到挤满了人的总理办公室去了。

“他是谁呢？”张国淦为之茫然。

段祺瑞没有回答，又匆匆忙忙地回到那个挤得水泄不通的总理办公室去了。

张国淦由国务院赶回东厂胡同。

黎元洪正急得像热锅蚂蚁一样，见张国淦回来了，立即上前问道：“回来了？”

“嗯！”张国淦还在喘着粗气。

“段祺瑞怎么说？”黎元洪紧张地望着张国淦。

“他说要对总统问题负责到底。”至于段祺瑞粗暴的态度，张国淦隐瞒没说。

"唉！"黎元洪一屁股坐在沙发，"乾若，情况有些不妙，今天晚上只能在沙发上凑合一晚上了。"说罢，闭上眼睛打盹，再也没有说话。

第二天一大早，在黎元洪一再催促下，张国淦又来到国务院。一打听，才知道国务院昨天晚上发生的事，通宵达旦，谁也没有睡觉。那些头戴鸡毛帚子帽子和身穿军服的北洋派高级军官，把段祺瑞围了一晚上，也吵了一晚上。他们一定要举荐徐世昌或段祺瑞继任总统，坚决反对北洋派以外的南方人当总统，黎元洪是南方人，不在举荐之列。段祺瑞耐心解释了一晚上，口都说干了，才将这些人打发走。

张国淦走进总理办公室，段祺瑞把拟好的通电稿给他看。他见电稿上有这样几句话："黎公优柔寡断，群小包围。东海（徐世昌）颇孚人望。但约法规定，大总统出缺时，应由副总统继任。"

张国淦看了段祺瑞一眼说："做人情就索性做到底吗！不要让受人情的人还感到不痛快，把让人不痛快的话删掉吧！"

"有道理！"段祺瑞提起笔，将那些有可能让人不高兴的话一一删去，并修改了几处。

张国淦在袁世凯、段祺瑞一方面看来，是联系黎元洪的一条线索，而在黎元洪看起来，却又是联袁世凯或段祺瑞的一条线索，他屡有求去之意，双方都苦苦地挽留他。他曾经批评冯国璋"不左不右"，而他周旋于黎元洪与北洋派领袖之间，却也是左右难做人。

6月7日，黎元洪在东厂胡同私宅宣誓就任中华民国总统。因处于前总统大丧之期，一切礼仪多半从略。

就职典礼极为冷清，仅有段祺瑞率内阁成员出席，除了黎府门前悬挂两面五色旗，东厂胡同两端停几辆汽车，马车外，看不出总统登基的气象，市民也"几乎不知其为新总统就职之日"。

袁世凯死后，北洋军阀原拟定推徐世昌、段祺瑞或冯国璋继任总统，在三人当中，虽然没有一人胜出，但他们有一点却是统一的，就是反对北洋派以外的南方军人黎元洪为总统。因为当时西南护国军拥护黎元洪，黎元洪如果出任总统，很有可能会倒向西南方面，这对北洋派很不利，可事实上，这位不被看好的黎菩萨，居然坐当了总统，原因何在?

徐世昌虽然是北洋派元老，但终究不是军人出身，不便出来争总统。他认为，黎元洪是一个手无寸铁的南方军人，不足为北洋派之患。黎元洪从他到北京的那一天起，不仅成了北洋派的高级政治俘虏，而且还成了北洋派利用的工具，这一次将他推上总统之位，是北洋派又一次利用他的剩余价值。

冯国璋自从召开南京会议、阴谋篡夺总统之位以来，引起了全国各方面的反感，就是北洋派附属军头目张勋、倪嗣冲，对他也是一脸的不屑。袁世凯死了之后，他在东南“半壁江山”的地位也随之消失，此时已没有竞争总统的本钱。

袁世凯死后，成为北方时局的核心人物只能是段祺瑞。其实段祺瑞对大总统那把交椅也很眼热，为何他不直接坐上那把椅子呢? 其实他也有苦衷。

一种颇具代表性的说法，是段祺瑞对局势有着清醒的认识：袁世凯一手创造了北洋派，尚且无力控制北洋派，自己的威望远不及袁世凯，而且还有一个野心勃勃的冯国璋想争北洋派领袖，自己如果继任总统，不仅内部会出现分裂，外部还会遭到西南护国军的强烈反抗，到时恐怕捉鸡不成，还得蚀把米。思之再三，还是采取另一种方法，即把袁世凯的总统独裁转变为责任内阁，把黎元洪扶上总统之位做傀儡，自己出任总理，以责任内阁之名，行独裁军事统治之实。这就是段祺瑞推举黎元洪为总统的真正用意。

北洋军阀们不了解段祺瑞的用心，所以，袁世凯死了以后，在北京的一些头目和军事代表齐集到国务院，一致反对黎元洪出任总统，段祺瑞费了很大工夫，才说服这些人，让黎元洪当了总统。

二、段祺瑞内阁上台

三省取消独立

黎元洪继任总统后，段祺瑞致电西南护国军取消军务院，西南各省取消独立，以便实现民国统一。

接着，北京政府下达停战令，命各省军队撤回原来的防地。

黎元洪就职当天，进步党领袖梁启超发表通电说：

收拾北方，唯段是赖，南方宜力予援助，毋令势孤，更不可坏彼我成见，致生恶感。即对亦不妨表相当之哀悼，以显洪量而揽同情。

意思是说，安定北方大局，只有依赖段祺瑞，南方应对段祺瑞施以援手，尽力配合，不要让他感到势单力薄，更不要彼此之间怀有成见，再生恶感。即使是对袁世凯，既然人都死了，不妨也表示哀悼，以显大度和同情心。这个电报，完全暴露了参加讨袁事业的政党领袖的妥协态度。

第二天，全国各机关收到一份从四川泸州发出的通电，电报宣称“当今之世，具有总统资格，段芝泉外，别无其人”。

可惜这份通发只是放了一个马后炮，徒授笑柄而已，因为就在前一天，黎元洪就已经宣誓就任中华民国大总统。电报是以蔡锷等31位前线将领的名义发出的。几天之后，蔡锷通电申明，对这份电报毫无知情。原来，电报是段祺瑞的亲信张敬尧为拥戴段祺瑞捏造的。

西南各省实力派也不反对这个继袁世凯而起、以北洋派为核心的“中央”。

黎元洪就职的当天，陕西都督陈树藩发表通电，宣布取消独立，并公然强调："袁大总统之薨逝，实在未退位以前。依其职权，究属中华共戴之尊，尤为民国不祧之祖。所有饰终典礼，拟请格外从丰，并议定优待家属条件，以表我国民未尽之思。"

这个电报，引起了北洋派之外全国各方面的极大愤慨，中华革命党人于佑任亲自致电陕西，痛骂陈树藩。

段祺瑞却是喜出望外，对这个鹦鹉学舌的军人非常满意。于6月10日任命他为汉武将军，督理陕西。从此，这个非北洋派军人被列为北洋附属军的将领之一。

第二个破坏协约的是四川都督陈宧，他于黎元洪就职的第二天，即6月8日通电取消独立。不同的是，他是听信劝告而宣布独立的。

袁世凯死后，黎元洪的幕僚蒋作宾、金水炎、哈汉章联名给陈宧发去密电，说现在的大总统是湖北同乡，湖北人要给湖北人抬庄争面子。他们劝请陈宧率先取消独立，表示对新任总统的支持。蒋作宾、金水炎、哈汉章、陈宧都是湖北同乡。

在陈宧的眼里，黎元洪不但是湖北老乡，而且还是老领导。袁世凯政府时期，黎元洪是挂名的参谋部部长，陈宧是参谋部主持工作的二把手。为了与新总统建立良好关系，陈宧没有征求军务院与蔡锷的意见，通电取消独立。

陈宧取消独立，投靠北京政府后，并没有享受到陈树藩那样的待遇。原因是段祺瑞对他有想法。

当初，陈宧在四川宣布独立，曾通电与袁世凯断绝个人关系。段祺瑞认为，于"公"陈宧反对帝制没问题，于"私"陈宧反对袁世凯个人，这是"忘恩负义"，这是背叛"礼教"，是北洋派的叛徒。

段祺瑞有这样一种观念，陈宧当初与袁世凯断绝关系，将来又何尝不与我断绝关系呢？此外，北洋系还有一种传言，说袁世凯是被陈宧那封电报气死的，"送命二陈汤"中的二陈，其中就有陈宧。因此，段祺瑞对陈宧非常不满。

段祺瑞不满陈宧还有另外一个因素：陈宧取消独立，不是响应内阁总理的号召，而是受总统幕僚、湖北老乡的指使，是向总统表示忠心，这与他要架空黎元洪的意图相违背。且陈宧与冯国璋走得很近，而冯国璋是与段祺瑞竞争北洋派领袖的对手。这些都是与段祺瑞的个人利益相冲突的。

由于这些复杂的原因，陈宧宣布取消独立后，并没有得到陈树藩那样的待遇。

陈宧取消了独立，不能再称“四川都督”，因为这是护国军的称谓，段祺瑞没有给他一官半职，不能归入北洋派的系统内，如此一来，陈宧的处境相当尴尬。

第三个取消独立的是广东都督龙济光。

龙济光当初在广东宣布独立是被迫的，并且取得了袁世凯的秘密指示和谅解，独立后仍然与袁世凯保持着密切的联系。袁世凯死后，他又迅速与段祺瑞挂上钩。其实，他是用“诈降计”缓和护国军与民军对广州的攻势，争取时间以待北洋军的支援。他不就近请示军务院而擅自取消独立，就是要摆脱军务院的约束，完全倒向北京政府。

龙济光擅自取消独立，正符合段祺瑞分化西南的要求，因此，北京政府发表命令，对龙济光大加赞赏，说他“具有世界之眼光，急谋统一，忠诚爱国，深堪嘉奖。该省善后事宜，统由该上将悉心筹划，妥为办理。”

新旧约法之争

著名的辫子军大帅张勋在徐州主演了一幕“群英会”，对时局前途，投下了一道暗淡的阴影。

张勋不是效忠于袁世凯的帝制派，而是效忠于清室的复辟派。袁世凯未死之前，江苏将军冯国璋企图利用袁世凯与护国军对抗的局势，造成第三种势力，从而取得临时总统。袁世凯得到这个消息后，“以毒攻毒”，任命张勋督理安徽军务，并以督理江苏军务为诱饵，指使张勋驱逐冯国璋。因此，张勋与袁世凯的死党倪嗣冲串通一气，到南京捣乱，使冯国璋的阴谋没有得逞，南京会议无疾而终。

张勋虽然是民国最大一怪，但这个人并不蠢，而且还颇有谋略，他预感到袁世凯死后，黎元洪、段祺瑞当国，国家大政方针一定会有变化，为了防患于未然，他把参加南京会议的各省代表邀截到徐州，再召开一次特别会议。

当时，四川、湖北、湖南、山东、福建等省代表走别的路线回省，参加会议的有直隶、奉天、吉林、黑龙江、河南、山西、安徽七省代表。

袁世凯死后的第二天，七省代表抵达徐州，张勋在各省代表面前大谈“大清朝的深仁厚泽”，代表们虽然都洗耳恭听，但谁也没有搭腔。

徐州会议自6月9日开始，张勋派参谋长万绳栻宣布“会议要纲”10条，以“固结团体，巩卫中央”作为烟幕，骨子里却是想组织北洋军阀的各省军事攻守同盟，用以要挟北京政府，对抗西南护国军，保全他们的权力地位。

参加会议的各省军阀代表，正因为袁世凯之死而感到前途渺茫，对北洋派的解体和西南护国军的声势感到忧虑，自然乐于接受这个计划，而张勋也正是要利用这个形势来取得北洋派领袖和“各路诸侯大盟主”的地位。这一次会议，时人称为“七省同盟”。

段祺瑞得知徐州会议的消息，立即派段芝贵秘密前往徐州进行活动。

段祺瑞以正统北洋派自居，从来就不把杂牌军出身的张勋放在眼里。但是，此时他继承了北洋派领袖的地位，对于北洋派的附属也必须加以拉拢。

张勋虽然是个大老粗，可他不笨，对袁世凯尚且不买账，当然更不把段祺瑞放在眼里。但他知道，段祺瑞现在是北洋派大当家，而他与冯国璋有矛盾，没有必要再得罪段祺瑞。两人各怀鬼胎，表面上都没有表露出来。

徐州会议结束后，张勋公然发表通电，反对惩办帝制罪魁祸首，他把包庇帝制祸首说成是“公论”、“公道”，把南方反对帝制说成是“南北之争”，并且用“瓜分”、“误国”这类危词吓唬人，这可以想见当年北方军阀猖獗到了何等地步。

6月10日，云南都督唐继尧以军务院抚军长的名义，致电北京政府，提出解决时局的四个条件：

（1）请黎大总统即日宣言恢复民国元年（1912年）公布之《临时约法》；

(2) 请召集民国二年(1913年)解散之国会,依法补选副总统,及要求同意任命国务员,组织正式国务院;

(3) 请惩办帝制祸首杨度、孙毓筠、严复、刘师培、李燮和、胡瑛、朱启钤、段芝贵、周自齐、梁士诒、张镇芳、雷震春、袁乃宽等13人;

(4) 请下令召集军事特别会议,由各省都督或将军各派代表在上海开会,议决一切善后军事问题。

西南军务院副抚军长岑春煊也通电中央及各省,说:“抚军长所说四个条件,是南方独立各省一致主张,如果政府一律照办,抚军院即日撤销。”并补充说,承认段内阁为事实内阁,以待国会召开时追认。

四个条件中,前三条是西南实力派用以结束战争的门面话,其实,他们关心的是最后一条,就是举行一次南、北军阀的分赃会议,以便稳固和扩大他们的地盘利益,并在中央机构内分“分一杯羹”。

同一天,黄兴也发表通电,指责段祺瑞引用新约法是“以伪法乱国法”,主张恢复旧法,召集旧国会,组织合法内阁,严惩帝制祸首。

唐继尧、岑春煊的通电发出后,在上海的唐绍仪、梁启超、伍廷芳等联名通电,对唐继尧、岑春煊的通电表示赞同。甚至连南京将军冯国璋也致电北京,力请恢复旧约法。

6月9日,即袁世凯死后第三天,孙中山从日本回到上海,发表了《规复约法宣言》,严正指出:“袁氏未去,当与国民共任讨贼之事;袁氏既死,当与国民共荷监督之责,不使谋危民国者复生于内。”这个意见没有受到各方的重视。

尽管国民党两派、进步党、西南实力派对收拾时局的目的各不相同,但在恢复旧约法和恢复国会的问题上却有共同之点。

关于约法问题,旧约法是国民党当权时期制定的,而新约法则是袁世凯一手制造的,帝制既已推翻,叛国者的工具当然不能继续有效,所以,进步党和西南实力派对这个问题都不能另有主张。

关于国会问题,国民党号称为国会中第一大政党,但此时已有名无实,进步党企图利用讨袁战争时期所取得的政治影响,联合国民党,在国会中取得垄断地位。西南实力派也想利用国会以限制北洋军阀“独占中央”，所以，他们都不反对恢复国会。

西南护国军提出的四个条件，看起来并不是高调，但与段祺瑞的想法有一定的距离，因而，军务院的撤销和西南各省的取消独立，都不能很快实现。

首先是约法问题上的分歧。袁世凯临死时说了“约法”二字，到底是新《约法》还是旧《约法》，没有统一的说法。旧《约法》是1912年（民国元年）的，新《约法》是1914年（民国三年）的。

6月6日，段祺瑞代拟的袁世凯的遗令，是以《约法》第29条作为黎元洪出任总统的依据。这个约法指的是旧约法而不是新约法。

孙中山、黄兴、唐绍仪、汤化龙、孙洪伊等人虽然纷纷发表通电，一致赞成黎元洪继任总统，但是坚决反对以新约法为黎元洪继任总统的法律根据。

在上海自行集会的国会议员299人发表能电说：

现在大总统继任，实根据民国二年（1913年）十月国会所制定的大总统选举法第五条之规定，应继承本任总统袁世凯之任期到民国七年十月止。袁世凯遗命及段祺瑞通告所称，依约法第二十九条由副总统代理之说，系根据民国三年私造之约法，万难承认。

事实上，以新约法作为黎元洪继任总统的根据完全站不住脚。因为：以旧约法为基础的总统选举法，规定大总统缺位时，由副总统“继任”；以新约法为基础的总统选举法，则规定大总统出缺时，由副总统“代理”，应在三天之内在金匮石屋中启示前大总统预先推荐的三人名单，组织总统选举会，在三人中选一人为总统。此时国会已解散，既没有选举机关长期代理，又没有法理依据，因此，引用新约法第二十九条来处理总统问题，显然不对头。

在全国一致反对新约法的呼声中，段祺瑞也发表了通电，说明他的观点：

民三约法（指新约法），履行已久，历经依据，以为行政之准。一语抹杀，则国中一切政令，均将因而动摇，不唯国际条约关系至重，不容不再三慎重，而国内公债以及法庭叛决，将无一不可翻案。

他在通电中还极力解释，对新旧约法毫无成见了，只是以命令变更法律，不敢随声附和。他所提出的理由是：

今日命令复之，明日命令废之，将等法律为何物？且甲氏命令复之，乙氏又何不可命令废之？可施之于约法者，又何不可施之于宪法？如是则元首每有更代，法律随为转移，人民将何所遵循乎？

段祺瑞的通电，招致了全国各方面的坚决反对。广东政客集团中的唐绍仪、梁启超、伍廷芳等回电反驳说：

三年约法，绝对不能视为法律。此次宣言恢复（**指旧约法**），绝对不能视为变更。今大总统之继任及国务院之成立，均根据于元年约法。一法不能两容，三年约法若合法，则元年约法为非法。然三年约法，不特国人不认其为法，即今大总统及国务院之地位，皆必先不认为法，而始能存在也。

这个电报，不仅提及总统继任问题的法律根据，同时还涉及国务院成立问题的法律根据。因为新约法的条文上，根本就没有国务院这个机构，如果新约法视为有效法，则国务院本身就将成为一个非法机构。

除了约法问题外，对国会问题也有分歧。这是段祺瑞与西南方面最根本的分歧。由于这个问题隐藏在约法问题的后面，因此并不显得突出。其实，国会问题与约法问题，是一个问题的两面：旧约法是袁世凯以非法命令废止了的，而国会也是袁世凯以非法命解散了的，如果旧约法应当恢复，国会同样也应该恢复。

根据当时的内幕消息，段祺瑞内心并不支持新约法，因为新约法以总统制为主要内容，并不符合他所采取的责任内阁制的要求，而旧约法则以责任内阁制为其主要内容，对他反而有利。但是，伴随着旧约法的恢复，国会也将得到恢复，段祺瑞所顾虑的是以国民党为多数的这个国会，将会成为他推行个人军事独裁的障碍，因此，他宁愿保持新约法，而不愿恢复旧约法。

除北洋军阀外，各省军人、政客和政党“名流”，一致认为北京政府如果不恢复旧约法和国会，他们就不承认它是合法政府，这样，和平统一就没有实现的可能。

段祺瑞的威望不及袁世凯，而北京政府的根基也不稳，因此，段祺瑞对于来自各方面的压力，就不能无动于衷。

由于约法和国会问题久而未决，新的问题又发生了。

段祺瑞组阁

黎元洪继任总统，段祺瑞成了当然的内阁总理。当各界对新、旧约法提出质疑、京外封疆大吏们蠢蠢欲动的时候，段祺瑞却在为组建新一届国务院领导班子忙碌，并为此专程拜访了老官僚、老朋友徐世昌。

徐世昌为办袁世凯的丧事累得筋疲力尽，正在家里休息，听说段祺瑞来访，知道是有事而来，不便相拒，只得到客厅相见，彼此礼过之后，段祺瑞说明了来意。

“芝泉啊！”徐世昌说，“这是你第三次组阁，已经是驾轻就熟了，何必要问我呢？”

“论资历，中华民国没有人能比得上你。”段祺瑞笑着说，“如果徐老愿屈驾就尊，祺瑞当面呈总统，荐贤自代。”

“我在老袁时代去职而遭人讥笑，难道不够揶揄吗？”徐世昌说，“如果再出山，不是冯妇，就是冯道了。”

“世上的议论能有几句公正啊！”段祺瑞说，“前怕狼，后怕虎，则将一事无成了。”

“你的好意我领了！”徐世昌说，“但我决心已定，不再做官了。”

“这又是何必呢？”

“你今天来，绝不是劝我出山。”徐世昌说，“有什么事？说吧！”

“那我就直说了。”段祺瑞不好意思地笑了笑说：“我拟了一个新内阁组成人员名单，想听听你的意见！”

“啊！”徐世昌不置可否。

接下来，段祺瑞念一个名字，徐世昌就说一声“好”，或“也好”，当提到许世英时，他才说：“这个人是我的老部下，也是你的莫逆之交，靠得住，把他放在内务部、交通部，都可以胜任。”

段祺瑞接着又说了几个人的名字，徐世昌不再作评论，只说一个好字，算是通过了。

“还有什么需要注意的吗？”段祺瑞两眼紧盯着徐世昌。

“目前最重要的是策略。”徐世昌想了想说：“第一要团结北洋团体；第二要维护中央威信；第三要消释与国民党的嫌隙。做好这三件事，国家或许能够安定。”

“多谢徐老赐教！”段祺瑞谢过之后，告辞而去。

第二天，黎元洪下令公布了新内阁组成人员名单：段祺瑞为国务总理；唐绍仪为外交部长；许世英为内务部长；陈锦涛为财政部长、程璧光为海军部长，张耀曾为司法部长，孙洪伊为教育部长，张国淦为农商部长，汪大燮为交通部长，段祺瑞自兼陆军部长。

唐绍仪未到任以前，陈锦涛暂兼外交部长，张耀曾未到任前，张国淦兼司法部长。

后来又进行了局部调整，以孙洪伊为内务部长、范源濂为教育部长、许世英为交通部长；改派谷钟秀为农商部长，张国淦转任总统府秘书长。

这个内阁有国民党人，有原来属于君主立宪派而后来转入国民党的投机政客，有进步党人，称得上是一个混合内阁。但比袁世凯时代的“混合内阁”，吸收的南方官僚政客更多，这是由于段祺瑞的声望不及袁世凯，不得不多拉几个南方政客来为他的新内阁装饰门面。

段祺瑞新内阁组织基本就绪，就待交付国会同意，完成法定手续程序。

在外政上，改各省军民长官名称，武官称督军，文官称省长，其余所有组织机构，仍然沿袭旧制。

黎元洪、段祺瑞接手的其实是一个烂摊子：各界对新、旧约法质疑之声此起彼落；四川、广东、湖南、山东虽然宣布取消独立，形势仍然不稳定，很多善后工作要做。

三、割据

汤芗铭在湖南被逐

督军命令发布之后，湖南督军汤芗铭成了继陈宧之后北洋派第二个“逃将军”。

湖南独立后，北洋军第六师在湘西，安武军倪毓棻部在岳州，汤芗铭直接指挥的北洋军一个混成旅在长沙附近。

这时，桂军已有一部分开到了衡阳、宝庆。陆荣廷在与龙济光取得妥协和军务院成立之后，以护国军湘粤桂联军总司令的名义，从广东到湖南，进驻衡阳。

国民党人派到湖南的军人在汤芗铭同意后，成立了湘军两师，湘西一部分民军也开到长沙附近成立了一师。

北军和湘桂军没有办法和平相处，如果不撤走，随时都有可能发生冲突。汤芗铭不能指挥湘西湘北的北军，又没有能力控制各路民军。

湖南人民坚决反对这个杀人如麻的刽子手留在湖南都督这个位子上，部分国民党人也要向汤芗铭讨还血债，各路民军围攻省城和党人要用手枪炸弹对付汤屠户的风声也不断传来。在这种形势下，国民党人无法履行他们对汤芗铭的保证。

7月4日深夜，汤芗铭在四面楚歌声中，仓皇出逃。

汤芗铭被逐之后，不久又出任广东查办使，前往广东上岗去了。为何他遭逐后能立即再上岗呢？一来，他与黎元洪是湖北老乡，又同为海军同学。在冯国璋召开的南京会议上，汤芗铭和冯国璋都主张袁世凯退位，不同的是，冯国璋有野心，自己想当总统，汤芗铭主张副总统黎元洪继任总统。同乡加拥戴，黎元洪没有理由不帮他。

汤芗铭和陈宧两人虽然都是袁世凯的“倒戈将军”。在段祺瑞的眼里，两人是不同的。陈宧早就与蔡锷暗通款曲。汤芗铭却是在桂军的重大压力之下被迫宣布独立，且汤芗铭具有镇压人民的残酷手腕和丰富经验，与国民党结下了不解之仇。另外还有一个原因，他是进步党领袖汤化龙的弟弟，段祺瑞想利用汤化龙操纵国会，起用汤芗铭是拉拢汤化龙的一种手腕。有了这些原因，汤芗铭被逐后立即再上岗，也就不足为奇了。

汤芗铭被逐的时候，湘军已经成立了陈复初、赵恒锡、陶忠洵三个师。汤芗铭逃走后，国民党人曾继梧以第一军长暂代湖南都督，大绅士龙璋暂代湖南省民政长。随后，程潜以湖南护国军总司令的名义由云南到了湖南，他的部队改编成湘军第四军。从而使湖南形成军队庞杂、主客军互相敌对的局面。

7月6日，北京政府突然任命陈宧为湖南省督军兼省长，在陈宧没有上任前，派陆荣廷代理这两个职务。这个命令，让湖南的形势变得更为复杂。

先说龙济光，当初他宣告独立时就不是出自真心，后来虽然取消独立，仍然仇视云南、广西各军。滇军司令李烈钧刚由肇庆出北江，驻扎在韶关，粤军便闭关锁渡，屡次挑战滇军。

龙济光袒护自己的军队，不仅调兵增防，还在观音山左右埋设地雷。

李烈钧当然不能容忍粤军撒野，派兵攻打源潭，击败粤军。李烈钧又联络桂军司令莫荣新乘机由西路攻入三水，龙济光被迫放弃一切阵地，集中兵力困守广州。

龙济光战败之后，恶人先告状，竟说李烈钧反抗中央，出兵攻打广东。

段祺瑞倾向于龙济光，但又不便得罪李烈钧，于是授李烈钧勋二位、上将衔，命他立即进京。一面又命令龙济光暂时代理广东督军，等陆荣廷上任之后，才行交卸。同时，命陆荣廷就近去湖南，暂时出任湖南督军之职。

陈宧退出成都后，率领伍祥祯、冯玉祥两个旅及李炳之旅的一个团和警卫团取道绵阳北上。到了绵阳，接到曹锟的电报，劝他改走水道离开四川到重庆。伍祥祯、冯玉祥怀疑这是曹锟使的诡计，想把他们骗到重庆，然后以武力压迫他们解散。陈宧说曹锟是个老实人，不会做这样的事，决定改道重庆退往鄂西。

冯玉祥在这个时候脱离了陈宧，率领所部单独由剑阁广元退往陕南。

由于四川、湖南两省都发生了变化，段祺瑞决定放弃四川，保湖南。

这时候，黎元洪建议给陈宧一个督军地位，段祺瑞当然不会同意，但黎元洪的态度相当坚决。另一方面，汤芗铭被逐后，段祺瑞打算派遣一支北军到湖南，苦于无兵可调，而陈宧手里还有相当兵力。派他就近进入湖南，既可以敷衍黎元洪，又给陈宧一个戴罪图功的机会。所以才有陈宧出任湖南督军这件事。

政府这种东调西换的做法，滇、桂各军都不服，于是，攻打广州的照样攻打，坚守城池的照样死守不退。广东百姓寝食不安，到处呼请，希望能调走龙济光，还广东一个太平。

唐绍仪、梁启超、温宗尧、王宠惠等人都是广东人，有志保护家乡安定，联名致电北京政府，请求立即罢免龙济光。

政府接到唐绍仪等人的来电，实在很踌躇。正在这时，湖南又传来不好的消息。

原来，湖南人民反对陈宧出任湖南督军。他们认为，刚刚赶走了一个北洋军阀，断然不能容忍第二个北洋军阀接踵而来。因此，湖南各界推举年过七旬的刘人熙为湖南都督，致电北京，请政府下达委任状。

刘人熙以前做过广西藩台，与桂系军阀陆荣廷颇有渊源，湖南各界想通过刘人熙的关系，取得桂军的帮助，共同抗拒北洋军。陆荣廷也表示愿意给予支持。

事实上，陆荣廷并不是站在正义的立场上支援湖南人民，也无意于帮助老朋友，这一表示是为本身的利害作想：因为湖南是西南各省的门户，如果北洋军占领湖南，两广将会受到严重威胁。同时，滇系军阀唐继尧也坚持湖南必须留在西南范围内，不能让北洋军占领。

穷途末路的陈宧知道自己不适宜出任湖南都督，自动表示辞去湖南都督。

段祺瑞也知道，如果硬性派北洋军进入湖南，必会引起战争，他觉得对湖南用兵的时机还不成熟。便答应了湖南各界的请求，改派刘人熙为湖南督军，下令把第六师由湘西调回江西，第七师由四川调往洛阳，第三师由四川调回岳州。

段祺瑞本来计划派第三师师长曹锟继陈宧以后出任湖南督军，但他自己觉得北京的基础还不稳定，必须留一个可靠的北洋大将在身边，加强自己的地位，他选中了曹锟。

曹锟一直给人印象是“老实人”，于是调曹锟为直系督军。同时把7月间开回岳州的第三师分批调回北方。

段祺瑞这样安排，并不等于放弃湖南，因为他在湖南安下了一个棋子，派内亲吴光新率领北军第三旅接防岳州。一旦时机成熟，可以让吴光新督湘。

要想人不知，除非己莫为。段祺瑞内定吴光新为湘督的消息，立刻传遍了湖南，当然又引起湖南全省强烈的反对，甚至公开宣称为了抗阻北军，不惜一战。

段祺瑞这才领教了湖南的强硬，于8月3日下令，改派谭延闿为湖南省长兼代理督军。段祺瑞派谭延闿为省长暂代督军，即表示将来还要派一个督军，所以，在这期间，给谭延闿的电报称谭省长，不称谭督军。

谭延闿是反袁派，二次革命失败后，他承当一切湖南的责任，袁世凯调他和赵恒惕赴京。赵恒惕被囚，他也形同软禁，因为有这一段经历，更受湖南人的拥戴。

湖南人对于湘督一职向来就很敏感，这是因为汤芗铭杀戮太甚所致，湖南人甚至西南护国军，反对北洋军再入湖南的态度都很坚决，不过，北洋军留在岳州已是既成事实，所以当时等于有一个默契，只要北军不越过洞庭湖，双方就能和平共存。

黎元洪和段祺瑞接到湖南的电报，左右为难，只好召开内阁会议议决。各位委员有的主张武力解决，有的主张调解，有的主张先湘后粤，有的主张先粤后湘。最后，段祺瑞认为广东的形势更为急迫，应先让陆荣廷火速赶往广东上任，解决粤事；湖南督军一职，暂按湖南人民所请，由刘人熙代理。

黎元洪也同意段祺瑞的意见，于是下令，命陆荣廷即刻赴广东，特任刘人熙为湖南督军兼湖南省长。

后来，又改任谭延闿为督军，倒也相安无事。

陆荣廷返回桂林后，得知帝制派仍然盘踞京城，煽惑政府，袒护龙济光，抑止李烈钧，觉得不便赴粤，便托词说自己有病，拖延赴任。

动荡的四川

陈宧在四川宣布独立前，袁世凯用“借刀杀人”之计，提升川军第1师师长周骏督理四川军务，唆使他进攻成都，驱逐陈宧。袁世凯死了之后，段祺瑞授意北洋军驻川统帅曹锟暗中支持周骏，叫他继续进兵成都，干掉陈宧，取而代之。

于是，周骏派兵攻占了永川、隆昌、内江，并派旅长王陵基率五个营的兵力抵资中，截断成都与叙州的联络线。周骏提出“四川人不打四川人”的口号，用以诱惑护国军，借以孤立陈宧。

陈宧宣布独立时，曾得到蔡锷的保证，护国军方面维持他的都督地位，必要时可以派兵支援。陈宧受到接二连三地向蔡锷告急。

应该说，陈宧这是在扯老黄历，因为他取消独立时，并没有征得护国军的同意，等于是自动脱离了护国军。

从道义上讲，蔡锷没有出兵支持他的义务，但是，周骏在四川停战期间，打着袁世凯的招牌，发起为个人争地位的战争，并挑拨川军之间的矛盾，他又不得不理。蔡锷当时身患喉结核病，且病情还在日益恶化，不能亲自督师作战。考虑到周骏太猖獗，于是派刘云峰率一个梯团开赴自流井，等候兵力集结后，再向内江、资中出兵。

陈宧自己统率的北洋军三个混成旅，在重庆的李炳之旅长已被曹锟扣留，在成都的冯玉祥、伍祯祥两个旅都不肯卖力，在陈宧的一再哀求下，冯玉祥才派兵出城抵挡了一阵。根本就无济于事。

王陵基的部队一路无阻地由龙泉驿直逼成都。陈宧被迫向周骏求和，约定一个星期内献出成都，周骏却限他3天之内缴械投降。

蔡锷得知成都危急，一面派罗佩金率兵驰援，一面电请北京政府制止周骏攻城。但陈宧已无力再战，自己离开成都，做了北洋派的第一个“逃跑将军”。

周骏虽然赶走了陈宧，但也没有在成都站住脚，两天之后，刘存厚率兵进入成都，周骏自知不敌，逃之夭夭。

段祺瑞本无意于撤退重庆的北洋军，并且发布命令，派曹锟为四川军会办，随后见四川卢旺达民军纷纷向重庆移动，北洋军有陷入重围的危险，才决定调北洋军退出四川，避免陷入四川民军的包围之中难以脱身。

随后，段祺瑞除任命蔡锷为四川督军兼省长外，还任命罗佩金为广西省长，戴戡为贵州省长。表面上看，罗佩金、戴戡是反对帝制的有功人员，提拔是对他们的奖赏，实际上，段祺瑞却是用心险恶。因为这两个人是蔡锷的左膀右臂，将他们调走，实际上是拆蔡锷的台。

蔡锷接到北京政府的任命书后，通过梁启超的关系，要求北京政府负责偿还半年以来四川护国军第一军的欠饷200万元，因为这笔款项云南根本就拿不出来。同时，他又请求“卸职养疴”。

四川方面并不知道这些情况，不断地打来电报，欢迎他早日赴任。

蔡锷认为这是“恶作剧”，使他“失却自由之身”。不止一次地电请梁启超转达北京政府准他辞职。

北京政府接到蔡锷的辞职报告，认为这是表面文章，只批准给假一个月，让他“就近调养”，并命罗佩金护理四川督军兼省长。

7月底，蔡锷到了成都，继续向北京政府请假辞职。稍后，北京政府批准给假两个月，改派戴戡会办四川军务。

蔡锷接到命令后，偕同蒋百里等人由成都出发，乘船顺流而下。在宜昌会见了从四川逃出来的陈宧。

陈宧此时已辞去湖南督军新职，又把所统帅的相当于一个师的北洋军在宜昌解散了。

原来，他从四川逃到宜昌的时候，又接到黎元洪的谋士们给他发来的电报，说总统对他取消独立之举深感满意。此时，总统正在提倡裁兵，如果你能把从四川带出来的军队首先自动解散，为各省裁兵做个榜样，无疑是对总统的莫大支持和信任。

直到这个时候，陈宧还没有弄清楚谁是北京政府的老大，不知道总统和总理因争权而不和，更没有想到，服从总统，就是给总理过不去，在没有得到北洋派领袖同意的前提下，居然擅自解散了部队，把北洋派的本钱给弄丢了。

在前一段时期，段祺瑞虽然恨陈宧，但他手里还有兵，还可以利用他为北洋效力。现在，他既然把自己的本钱给弄丢了，成了手无寸铁的光杆司令，就再也没有利用价值了，因此，决定等他回到北京的时候，直接交给军事法庭，借他的头立威。

蔡锷邀陈宧一同乘船到汉口。陈宧自觉与蔡锷同行，一荣一辱，很没面子，婉言谢绝了。

蔡锷抵达汉口，湖北督军王占元早已派楚信、楚义等巡防舰驶往武昌上游迎候，随后自己亲自乘楚材舰来迎接。武汉江面上，布满了大小不一的各种船只，分载着各机关、各团体欢迎的人。蔡锷的乘船刚刚抵达，欢迎的船从四面八方蜂拥而来，把蔡锷的船围在中间。

蔡锷坚辞王占元的盛情，没有登岸。王占元只得在楚材舰上设宴款待蔡锷一行。当晚，蔡锷换乘江裕号轮下驶。

蔡锷在武汉江中所受的欢迎，是一种让人怀疑的欢迎。后来才知道，这是北洋派摆的“鸿门宴”。

原来，长江上游经常有一些武装军人私带烟土，这已经是一件公开的秘密。蔡锷来自四川，北洋军估计他的随从中一定有人私带烟土。因此，王占元奉命假欢迎之名，用许多船只把蔡锷的船包围起来，如果船上夹带有烟土，全国称道的蔡锷顷刻之间就变成了毒贩子。可惜的是，他们在船上什么也没有查到，白忙乎了一场。

蔡锷顺流而下，到了上海后，就把自己隐藏起来，仅到“礼庐”拜访了梁启超，并通过梁启超，再次向北京政府提出辞职，请求“东渡养病”。

段祺瑞电请梁启超劝他到北京西山疗养，不必东渡日本。

蔡锷没有忘记袁世凯电召他到北京养病，从此成了袁世凯的政治俘虏的往事，托辞说北京烦嚣，不宜养病。

北京政府只得继续批准他休假三个月，派罗佩金代理四川督军，戴戡代理四川省长仍兼会办军务，并以熊克武为重庆镇守使。

9月8日，蔡锷动身去了日本，在九洲福冈医院治病。

陈宧迟蔡锷一天到汉口。王占元对他还算有礼貌，但暗地里却派密探监视他的行动。陈宧也从北京方面得到不利于自己的消息，吓得躲在汉口租界不敢北上。

广东仍是火药桶

南、北统一之后，北京政府总算可以代表全国了。只是广东方面的龙虎斗还在继续，李烈钧与龙济光谁也不让谁。

段祺瑞心里虽然扬龙抑李，但“混合内阁”里的阁员有的也是国民党人，要他们同意讨伐国民党的健将李烈钧是做不到的，于是，他暗中授意亲信徐树铮偷偷给江西和福建发电报，催两省出兵讨伐李烈钧。

各省督军依从政府之意，把广东争战的责任归咎于李烈钧，张勋率先发表通电痛斥李烈钧，准备江西、福建两省出兵支援广东。倪嗣冲电请政府下令“讨伐”李烈钧。北方各省随即掀起了一片叫嚣，张怀芝、赵倜、孟恩远、杨善德、阎锡山、冯国璋、王占元、毕桂芳、陈树藩等纷纷通电，对李烈钧进行口诛笔伐。

北洋军阀反对西南人物的目标几乎是一致的，但他们内部也存在矛盾。张勋以北洋派的盟主自居，不愿意做段祺瑞的尾巴，冯国璋自己也想当总统，更不愿意居于段祺瑞之下，大家口头叫嚣战争，心里却又害怕战争。段祺瑞的小动作虽然得到广泛响应，却也找不到一个自告奋勇的战将。李烈钧的滇军不是几个电报就能吓倒的。

段祺瑞极为恼火，发表通电处理广东问题，他在通电中说：

龙济光未交卸以前，责在守土，自应约束将士，保卫治安。李烈钧统帅士卒，责有攸归。着即均勒令即日停兵。此后如有抗令开衅情事，自当严行声讨，以肃国纪。

这个命令的意思很明确：李烈钧“首先开衅”、“违抗国纪”，龙济光为了“守土”和“保卫治安”，是正当防卫。

段祺瑞抹杀了一个事实：李烈钧是反对帝制派的人物，而龙济光曾因效忠“洪宪”皇帝而得封“王爵”；在广东北江首先开炮的不是滇军而是龙济光的部队，他想凭借中央威信来压制李烈钧，如果李烈钧不遵令，就是反抗政府。

同时，北京政府又致电广西，催促陆荣廷立即赴任，陆荣廷不便再拖，便约省长朱庆澜一起赴广东上任，并电告北京政府，即日启程。

黎元洪接到陆荣廷的电报后，立即下令广东、福建巡阅使萨镇冰选调兵舰赶赴广州，名义上是维护广东的稳定，保护当地侨商的利益，实际上是震慑李烈钧、龙济光，展示中央威力，让他们知难而退。

龙济光似乎不把海面上的几艘兵舰放在眼里，率部队坚守观音山，同李烈钧的部队杀得天昏地暗。

此后不久，陆荣廷率兵抵达肇庆，解决广东问题的枢纽立即从北京转向肇庆。

陆荣廷抵达肇庆后，听说广州仍然是炮声隆隆，假装有病，没有继续前进。

龙济光在滇军和桂军的双重压力下，终于知难而退，索要一笔巨款军费后，带了若干亲兵，去了琼州。

李烈钧得知龙济光已经离开，也通电解除职务，在广东的滇军由张开儒、方声涛两师长直接统领。告别滇军，去肇事会晤陆荣廷后，取道香港去了上海。

广东战事虽然就此了结，但广东人民的痛苦并没有解除。

广东滇军的军费不在北京政府的预算之内，广东和云南当局也互相推诿，这支部队成了没爹没娘、没奶的孩子，没饭吃的孩子饿急了，是会闹事的。

龙济光居天涯海角一隅之地，无时无刻不想冲出孤岛，夺回原本属于他的地盘，加之各派系之间明争暗斗，广东仍然是一个充满着火药味和阴谋的地方。

浙江发生内讧

段祺瑞在浙江搞了一场进行阴谋活动，成功地将浙江纳入了北洋派的势力范围。

浙江自前督军屈映光被迫卸任后，新任督军吕公望不能控制全局，1916年12月，段祺瑞派曲同丰到浙江“帮助”吕公望处理收束军队事务。

吕公望曾在北洋陆军速成学堂肄业，曲同丰是他的老师，有这样一层渊源，吕公望对曲同丰很有信心。曲、吕会谈时，吕公望曾提到浙江军官不听指挥，不服从调度的事情，特别提到杭州警察厅长夏超，说这个人专横跋扈，浙江人叫他“警察王”，吕公望对这个人极为不满。

“我这次出京的时候，段总理要我告诉你，叫你放手大胆地干，他会做你的后盾。”

“真的吗？”吕公望显得非常高兴。

“嗯！”曲同丰点点头说，“对于目无督军的浙省军警首长，都可以罢免和调动。”

曲同丰回北京后，段祺瑞果然调升夏超为浙江全省警务处长，改派吕公望的心腹傅其永为省会警察厅长。

警务处长虽然位在厅长之上，但是没有实权，夏超对这种明升暗降的调动表示不满。

夏超和浙江军界关系很深，由于他的策动，浙江督署参谋长周凤岐，浙江第二师师长张载阳、第一旅旅长朱伟良、第二旅旅长李炜章、混成旅旅长俞炜都向北京政府辞职。

这种辞职实际上是集体罢工，北京回电一律不准。

突然间，浙江局势就像一座火山，有随时爆发的可能。12月26日，新任浙江省会警察厅长傅其永到厅上任，在欢迎宴会上，突然有很多我闯警察厅，不问青红皂白，把傅其永抓出大门外，痛打了一顿，打得遍体鳞伤，死去活来。

同一天，杭州全城警察一律罢岗，电信机关都由武装人员把守监视。杭州官方发表吕公望的辞职电，说已将浙江督军和省长两职分别移交给张载阳和周凤岐。张载阳、周凤岐两人表示不愿接任。

浙江各界人士公推前浙江都督蒋尊簋继任督军，蒋尊簋也不肯出山。

吕公望当然不是自愿辞职，他知道事态严重，自己完全控制不了局面，连夜逃出杭州，潜往嘉兴，抵达嘉兴后，立即发表通电：

……夏超胆敢主使驻厅巡逻队长林文忠率众凶殴傅其永，傅身受重伤，生死莫测。全城警察同时罢岗，并煽动省城一部分军队，乘警察扰攘之时，监守银行电局，捏造公望辞职电报，私举师长张载阳为督军，军署参谋长周凤岐为省长。……数日以来，公望正督率省中正当部队竭力弹压，浙局不难底定……

段祺瑞接到浙江内部发生变化消息后，立即电请江苏督军冯国璋就近查办。

在处理浙江问题上，段祺瑞和冯国璋又重行合作了。

段祺瑞放了一把野火，想乘机派淞沪护军使、第4师师长杨善德带兵占领浙江，而冯国璋正想把中央直辖的淞沪军区收回到江苏省区内，乐得做个顺水人情，因此，他并未查办，就极力保荐杨善德继任浙江督军。

值得回味的是，北京政府明明知道吕公望的辞职电报是假的，可是仍然当做真的处理，发表明令，批准吕公望辞职，派杨善德为浙江督军，齐耀珊为浙江省长。

段祺瑞改组浙江的人事命令，并没有通过国务会议，因为如果提付国务会议，就不会通过，最初只是先进行查办，他借口新年内阁没有开会，而浙江的问题不能拖延不决，事急从权，先发布了这道人事命令。

北京政府的命令发表之后，夏超发觉自己落入了北洋派所设的圈套。赶走了吕公望，却给北洋军一个借口和机会，局势更糟糕了。1917年1月1日，杭州电报局又发出了吕公望的通电：

前因脑病骤发，电请辞职，未蒙中央允准，并承各界坚留，势难推诿。自元旦起，力疾供职。

这个电报当然也不是吕公望自己所发的，耐人寻味的是，电报故意装作不知道北京政府对浙江军政长官的人事命令。

在此紧要关头，浙江各方面都想挽救这场祸事。省议会通电反对更换督军、省长。浙籍名流章太炎公开发表谈话说：“杨善德比吕公望更坏，这样的人事更换，非浙江之福。”

浙军师旅长也联名电请维持吕公望的地位，以陈肇英团长为首的浙军全体中级军官也通电表示拥护吕公望。

浙江人士举行公民大会，坚持“浙人治浙”，公推各界领袖章太炎、沈定一、王锡荣、经亨颐进京请愿，请求收回更换督军、省长命令。

段祺瑞听到浙江方面一致拒绝北洋军，于是发表谈话，说杨善德赴浙，绝不带一兵一卒。并电催吕公望北上，另有借重。

浙江公民大会继续举行会议，有人建议除派“请愿团”外，再组“哭求团”进京请愿。

杨善德也表示不带兵入浙，可浙省公民代表请愿团还没有启程，上海的北洋军第四师整军待发的消息就已传到了浙江。

吕公望知道大局已定，只得亲自去找杨善德，表示愿意交卸，但要求杨善德实践诺言，不带兵入浙。

杨善德表面上和吕公望敷衍，暗中却命令部下对吕公望进行威胁，勒迫吕公望与自己发出联名通电，保证杨善德“斟带军队”入浙，希望浙江人人不要猜疑。

随后，杨善德“斟带”了一旅军队，全副战备开到杭州附近的临平，然后走马上任。

杨善德入浙后，撕毁诺言，源源不绝地派军入浙，从此浙江便纳入北洋系手中了。

冯国璋把杨善德送去浙江后，自以为淞沪护军使一职可以撤除，于是电请北京政府废除淞沪护军使，改设上海镇守使，归江苏军区管辖，并保荐前淮扬镇守使刘询为上海镇守使。他认为设置淞沪护军使，割裂江苏军区，是袁世凯用以牵制江苏的不正当措施。

1月6日，段祺瑞发表以淞沪护军副使、第十师师长卢永祥升任淞沪护军使的通告。冯国璋退一步保荐刘询为淞沪护军副使，段祺也不肯同意。直到这时，冯国璋才知道被段祺瑞算计了，充当了一次为人做嫁衣的“傻大姐”。

四、府院之争

秘书长之争

段祺瑞主持国家大权，拥护黎元洪，从表面上看，两人相处得很融洽，没有嫌隙，实际上，内部笼罩着一层黑幕，惹起的事端，让总统府与国务院之间，生出许多事端。

段祺瑞把黎元洪拥为总统，半是迫于护国军的压力，半是维系北洋军人团结的需要，骨子里，他从没有把黎元洪当总统看。论资历，前清时期，他担任过统制、军统、提督、代理过湖广总督，而黎元洪只不过是一个协统；论实力，他是北洋军的第一大将，黎元洪虽然是军人，却无兵无将，光杆司令一个，从武汉到北京后，角色就是政治俘虏，靠他的捧场才当上总统。因此，在段祺瑞的眼里，黎元洪顶多只能算是一个传事筒之用的傀儡。

黎元洪一生既是幸运也是不幸，幸运的是辛亥革命时，糊里糊涂地做了民国元勋，袁世凯称帝失败后，又莫名其妙地坐上了总统宝座。不幸的是，他坐上总统宝座之后，并没有过一天舒服的日子，原因是一人之下，万人之上的段祺瑞与他并不是一条心，一心想算计他，利用他。但此时的黎元洪，已不是袁世凯时代的囚人，他是大总统，是中华民国海陆大元帅，他的继任有法可依。尤其是有国会和国民党做他的后盾，南方实力派也支持他。虽然不敢做袁世凯式的独裁者，却也不想做傀儡，被人玩弄于股掌之中。

黎元洪与段祺瑞，既有旧恨，也有新仇。

旧恨是当黎元洪以副总统身份兼领湖北都督时，段祺瑞奉袁世凯的密令，以绑票的形式把他从来武汉押上北上的火车，结束了洪封疆大吏的生涯，从此过上了寄人篱下的日子。

新仇是段祺瑞虽然拥护黎元洪继任总统，可在袁世凯死后，段祺瑞去见他时，却是一言不发，演了一场哑巴戏，冷酷的面孔犹如面对一个陌生的政敌，加上张镇芳又从中挑拨。

张镇芳是袁世凯临终时的四个顾命大臣之一。他是袁世凯的表弟，与段祺瑞素来不睦。洪宪帝制时，他在大典筹备处办事，贪污舞弊，段祺瑞对他看不顺眼，骂他“黄带子”、“掌柜的”。张镇芳因此对段祺瑞恨之入骨。黎元洪继任总统后，便放了一把野火，说：“我们在项城灵前讨论总统问题，老段反对黎元洪继任，是徐世昌竭力促成的。”

黎元洪相信这句话，所以他恨段祺瑞，对徐世昌则有好感。

黎元洪是个明白人，尽管他对段祺瑞心存不满，表面上却不露声色，因为他没有兵权，总统之位不牢靠，随时有可能被拽下来的危险，而这个拽他的人，必定是段祺瑞。继任总统之后，对段祺瑞有所迁就。

“陆海军大元帅统率办事处”是袁世凯为抓军权而专设的机构，袁世凯和段祺瑞因此而闹得很不愉快。黎元洪既然无兵可掌，段祺瑞对这个机构早已深恶痛绝，便干脆下令撤销这个机构，让段祺瑞名正言顺地掌握军权。

黎元洪下的这道命令，是给段祺瑞一个人情，也是一个暗示——咱老黎刚上任，就将你在袁世凯那里争不到的东西给了你，今后唱戏，可是配合点。

段祺瑞却不这样认为，他将黎元洪扶上总统宝座，并不是真的要找一个顶头上司压在自己头上，而是把他当成一个傀儡，让他作为自己的盖章机器。

两人的想法背道而驰，接下来便生出许多污秽。

黎元洪就任总统后，调教育部长张国淦出任总统府秘书长。地位变了，处事作风也跟着改变。对重大问题，由不问到要问，由要问到多问。他认为，小事可以不问，大事必须过问。

这一下可苦了段祺瑞。本来已苦于有一个国会在一旁说三道四，让他对军国大事不能独断专行，现在又加上一个总统遇事掣肘，真的受不了。气恼的时候，冲着左右发火说："我是叫他来盖印的，不是叫他来压在我头上的啊！"

黎元洪与段祺瑞之间的矛盾，不久便在任命国务院秘书长人选上爆发出来，并由此而发展到水火不容的地步。

段祺瑞组阁后，有意让徐树铮当国务院秘书长，并请总统府秘书长张国淦向黎元洪转达这个意思。

张国淦又一次碰到的同一个难题。在袁世凯政府的时候，段祺瑞也是请他向袁世凯转达这个问题，结果碰了大钉子。黎元洪最恨徐树铮，绝不会同意徐树铮担任国务院秘书，但想到黎元洪的性情比较"温厚"，或许不会一口回绝，可事情却完全出乎他的意料。当他向黎元洪说出段祺瑞的意思后，黎元洪勃然大怒，冷冷地说："你去告诉总理，一万件事都可以依从他，只有这一件事办不到。"

徐树铮是江苏萧山县人，秀才出身，人称"小扇子军师"，22岁时到济南从军，投奔袁世凯不成，却意外地遇到了段祺瑞，并得到段祺瑞的赏识。

1905年，段祺瑞保送他到日本士官学校学习。1910年回国，成为段祺瑞的心腹。1914年出任陆军部副部长，部长段祺瑞不管事，由他主持陆军部工作，权倾上下。

袁世凯称帝的时候，徐树铮为段祺瑞出谋划策，劝他洁净自去，段祺瑞于是辞官退隐西山，他也离开了陆军部。

段祺瑞重新出任总理，徐树铮自然又成了他身边的红人。

徐树铮有段祺瑞做靠山，加之有文采，富谋略，因而自视清高，目空一切，不把任何人放在眼里。

黎元洪此前与徐树铮打过几次交道，每次都很不愉快。徐树铮为人狂妄。根本不把黎元洪放在眼里，有一次甚至在他面前拍桌子，黎元洪记忆犹新，余悸尚存，即使不是段祺瑞的心腹，也不会同意他出任国务院秘书长。

张国淦不敢向段祺瑞转达黎元洪的话，可不转达又不能交差，无奈之下，只好去找徐世昌出主意。

徐世昌知道这不是一件小事，只得亲自到黎元洪的家里去做工作。黎元洪还是那句话："一万件事可以依从，只有这一件事办不到。"

"不行啊！"徐世昌说，"我以为，一万件事可以不依从他，只有这件事必须依从。"

"为什么？"黎元洪不服地问。

"不要怕徐树铮跋扈，段祺瑞已经够跋扈的了。"徐世昌说，"多一个跋扈的不见得更坏些。"

黎元洪对徐世昌有好感，对他的话也听得进去，表示同意徐树铮出任国务院秘书长，但提出了一个附加条件。

"什么条件？"徐世昌问。

"我不想单独见这个人。"黎元洪说，"今后，国务院秘书长到总统府联系工作，必须由总统府秘书长陪同。"

原来，黎元洪做总统后，段祺瑞从不到总统府，遇事由徐树铮前来办理。徐树铮对黎元洪很不尊重，当黎元洪询问时，他总是说："现在是责任内阁制，有总理负责，总统不必多问。"

话说到这个地步，徐世昌不答应也不行。

1916年6月13日，黎元洪下达以徐树铮为国务院秘书长的命令。这一任命，对本来就已是剑拔弩张的府（总统府）院（国务院）关系，无疑是雪上加霜。

狂人徐树铮

黎、段之间本来就暗中较劲，中间再插进一个狂人徐树铮，无风也要掀起千重浪了。

徐树铮果然是个狂人，上任后自以为才智过人，加之又有段祺瑞替他撑腰，大有拔剑击柱，不可一世之概。对国务院内的同僚动辄横眉竖眼，大加训斥，与总统府的人打交道，更是颐指气使，盛气凌人。

秘书长负责国务院与总统府之间的沟通，国务院决定的重大事件形成公文后，由秘书长呈报总统府，总统签字盖印后，才能下文执行。徐树铮却不屑此事，经常叫手下的人去办这件事，以此怠慢黎元洪。

一天，福建省三个厅长同时调整工作，徐树铮带着文件到总统府盖章签发，黎元洪见三个厅长同一天任命，有些好奇地问："为何要同一天任命三位厅级官员呀？"

徐树铮果然是个狂人，两眼一瞪，不耐烦地说："总统只负责在最后一页签字盖章就是了，问那么多干什么？我忙得很，没闲功夫回答这些问题？"

黎元洪气得脸色发白。

"你？"张国淦实在看不下去了，冲着徐树铮说，"说的是人话吗？"

"我本来就不是对人说话！"徐树铮不屑地问，"怎么样？"

黎元洪怕他们两人打起来，连忙在公文上签字盖章。徐树铮拿起文件，冷哼一声，扬长而去，连招呼也不打。

"流氓！"黎元洪指着徐树铮的背影大骂，"我本来不要做总统，他们也公然目无总统。"

徐树铮还一手制定公布了《府院权限节略》与《国务院兼办总统府收发》两个文件，试图越俎代庖，包揽总统府的事权，并把总统府置于国务院的监督之下。这种专权擅势、有意挑衅的行为，势必激起黎元洪及总统府其他人员的极大愤恨，"此时府方空气，无人不以院方为敌人"（当事人张国淦之言）。如此看来，府、院之间关系极度紧张。

事实上，不但国务院秘书长在总统面前神气十足，就是秘书长以下的人员，对黎元洪也很不尊重。

有一个在国务院采访新闻的陈绍唐，经常称段祺瑞为“相国”。这个名称是袁世凯称呼国务卿徐世昌的，现在帝制已经取消，国务卿的官制也已废止，再用洪宪时期的臭头衔加在段祺瑞头上，应当是一种侮辱。段祺瑞却乐而受之。陈绍唐也因此取得国务院参议的名义。在徐树铮任秘书长之前，他经常被派到总统府办理公文盖印手续。龙济光取消独立，国务院嘉奖电里有“该上将军具有世界之眼光”这句话，黎元洪看了说用得不合适。

陈绍唐立即反驳道：“总统如此挑剔，总理只有辞职不干了。”

黎元洪被呛得两眼冒花。

还有一次，冯国璋保举第二舰队司令饶怀文为海军中将，国务院核准同意后，由陈绍唐送文件到总统府盖印。这一天，黎元洪的肝火很旺，忍不住问道：“你是什么人？跑来跑去的，国务院秘书长哪里去了？”

陈绍唐受了这场抢白，回到国务院后无中生有地说：“总统认为院方不应该核准这个保案，因为海军人员不能由陆军人员保举。”

为了这件事，段祺瑞请了几天病假，回家去生闷气。

8月1日，一直在府院之间左右弥缝、充当和事老的总统府秘书长张国淦因深感调解乏术而辞职。

不怕狠的丁世峄

张国淦辞职后，黎元洪命丁世峄继任总统府秘书长一职。

丁世峄是山西人，原为进步党人，后来倾向国民党，是现任参议院议员。又是京中“报界三杰”（黄远生、刘少少、丁世峄）之一，在舆论界有较大影响，平时颇有几分霸气，常以“表同情于弱者”自弱。他的登台亮相，意味着府院之间的冲突这台戏高潮的到来。当然，这场戏高潮迭起，丁世峄的出场，是其中的一潮而已。

丁世峄是黎元洪的重要幕僚之一，总统府一方强硬派力量的代表，算是一个狠人。上任之后，摆出一副将战斗进行到底的架势，豪情万丈地对一位议员说："决与歪鼻子较量一番。"

"不要这样啊！"那位议员劝道，"你的力量不足以与段祺瑞抗衡，小心惹火烧身。"

丁世峄不以为然。

歪鼻子指的是段祺瑞。据说段祺瑞早年随老爹在军营，正事不干，歪门邪道的事情总少不了他，老段一怒之下，掴了小段一巴掌。老段当时气急，下手太重，一巴掌把小段的鼻子打歪了，虽然经过多方求医，一直没有治好。此后，只要段祺瑞一发怒，最大的特征便是"歪鼻子"，气得越很，鼻子歪得越厉害。

丁世峄上任之后，针尖对麦芒，对徐树铮的挑衅毫不让步。他认为，府院职权极为不明确，"国务会议事前既无议事日程，事后又无议事记录，总理不见总统，但凭院秘书长往返其间。发一令而总统不知其意，用一人而总统不知其来历。总统偶询一二语，院秘书辄以现在实行内阁制，总统不必多口为答。"因此，他提出了一个划分府院权限的《府院办事手续草案》，建议大总统得出席内阁会议，发表意见，但不得参加表决；大总统对国务得自由行使其职权。如用人不同意，得拒绝盖印。阁员应随时向总统面商要政，国务会议前须将议事日程陈报，会议后须将议事纪录呈阅。

丁世峄的《府院办事手续草案》一经提出，立即遭到国务院方面的攻击，他们指责总统府要破坏《临时约法》规定的责任内阁制，妄图推行总统负责制。特别是徐树铮，因《草案》中的多数规定是针对他提出来的，反应更为强烈，因而对丁世峄恨之入骨，痛骂他们为"府中四凶"（丁世峄、哈汉章、金永炎、黎澍）的首凶。

段祺瑞看了草案，气得拍桌子骂娘，大叫道："好吧！我不干了，让黎黄陂（黎是黄陂人，段祺瑞口急的时候，就这样叫他）去干吧！"骂过之后，请病假回家休息去了。

黎元洪心里很不安，召集国务委员们商议。交通部长许世英认为，这件事必须要有人调解，并且只有徐世昌才能充当这个调解人。黎元洪也很赞同。当时，徐世昌已返回卫辉，黎元洪便写了一封信，派人到卫辉请徐世昌来京。

徐世昌刚收到黎元洪的信，段祺瑞的信使也到了。

原来，段祺瑞一怒之下撂挑子，并不是真的不干。回家之后事情陷入僵局，有些骑虎难下，如果自动回去上班，那很没面子，无奈之下，只得写信给徐世昌，请老朋友出面调解，实际上是自己给自己找梯子下。徐世昌是三朝元老，顾及双方的情谊，不忍坐视，立即动身赶往北京。

徐世昌到北京后，先去拜访黎元洪，再去会见段祺瑞。黎元洪暗示和解之意。

段祺瑞也不想把事情闹大，借坡下驴，销假回国务院上班了。上班后似乎想减少一点摩擦，给徐树铮下一道手谕："本院呈请大总统核阅文件，应责成该秘书长躬自递呈，用印后赍回，无论风雨黑夜，不得假手他人，以昭慎重而免差异。"

同时又呈报黎元洪说："逐日文件，均由徐树铮躬递。该员伉直自爱，不屑妄语，其于面对时，凡有声明为祺瑞之言者，祺瑞概负全责。"

段祺瑞这种对徐树铮既训诫又袒护的做法，无非是向总统府表示，此后，府、院之间的沟通，仍然还得经由国务院秘书长这一桥梁。

总统府方面经段祺瑞请假这一闹，不免也有些怯意，担心再在大总统有权列席国务会议等敏感问题上纠缠下去，段祺瑞会以辞职相威胁，因此在态度上有所松动。

双方既然都有退一步之意，接下来的事情就要容易多了，关于府院的权限问题，双方经过几轮讨价还价，最终达成五条折中协议：

（1）国务会议议事日程先期呈阅，事后送呈议事记录；

（2）国务会议散会后，推国务员一人入府报告议决事项；

（3）每星期五，国务员齐集总统府会商政务，举行聚餐；

（4）总统对国务会议议决案如有认为不合者，得命总理及主管阁员说明其理由，如仍认为不合，得交复议一次；

（5）未经国务会议议决之命令，总统得拒绝盖印。府院职权因此明确划分。

这五条办法，实际上是黎元洪的一次小小胜利，但段祺瑞仍然声称：凡徐树铮“有声明为祺瑞之言者，祺瑞概负全责”。

五、再造共和

新旧约法之争

总统府与国务院的明争暗斗暂告一段落，再来看新、旧约法之争的情况。

旧国会议员谷钟秀、孙洪伊等人见政府对各省及社会各界人士提出的建议置若罔闻，便在上海报纸刊登广告，召集议员自行集会，以拥护法统，维持新《约法》为奋斗的目标。广告通知，除以前投靠袁世凯的省议员外，其他所有省议员限6月30日前，齐集上海，定期开会。

段祺瑞得知旧国会议员齐聚上海的消息，坐不住了，于是致电南方各省及全国各重要机关，申明政府对恢复民国元年旧约法并无成见，只是需要考虑恢复的方法，不能操之过急。又致电上海国会议员说：“约法问题，议论纷纷，政府不便擅自断定。诸爱国俊杰，法理精邃，必能折中一是，希望详加讨论，示以周详！”说来说去，他就是不同意废止民国三年袁世凯制造的新约法，只同意对新法进行修正，或增加一些新的条款；或仿效约法会议办法；或参照南京参议院成例，由各省长官选派三名委员；或点出该省国会议员三人，组成修正约法委员会。

双方唇枪舌剑，你来我往，互不相让，谁也不能说服对方。

6月25日，上海海军突然宣布独立，推举驻上系海军总司令李鼎新、第一舰队司令林葆怿、练习舰队司令曾兆麟发表联合宣言，因拥护旧约法而向北京政府宣布独立。宣言说：

……今黎大总统虽已就职，北京政府仍然根据袁氏擅改之约法，以遗令公布，又岂能取信于天下，不克自由发表意见，餍足人心，其为帝党从中挟持，不问可知。我大总统陷于孤立，不克自己发表意见，即由此类推。是则大难未已，后患方殷。……今率海军将士加入护国军，以拥护大总统，保障共和为目的。非俟恢复元年约法、国会开会、正式内阁成立后，北京海军部之命令，概不承受。

海军宣布独立，提出的条件是：恢复旧约法，召开国会，成立新内阁。

这一突发性的事件，使南、北间的新、旧约法之争出现了戏剧性的转机。

海军站出来说话，让段祺瑞意识到事态的严重性，自身日益陷入孤立。

当时，中国海军共有三个舰队，第一舰队是海军的主力。只有第二舰队没有加入护国军的行列。中国海军的力量虽然不怎么雄厚，但一直掌握在北洋军阀的手里，在国民党反袁战争时期，曾经帮助袁世凯起过很大作用；护国战争时期，袁世凯常利用军舰运兵，威胁沿海各独立省区。这次海军独立，却是另外一种独立，是高举“护法”旗帜，是反对段祺瑞、支持黎元洪的独立。海军的独立，不仅严重地威胁北洋系势力下沿海各省区，同时还可以帮助护国军运兵北上，北方地区也将受到威胁。

战乱时期，还是枪杆子有话语权，海军的独立，让段祺瑞感到事态严重，不敢再自以为是了，立即通过各种渠道，与宣布独立的海军进行沟通，并致电南京将军冯国璋和淞沪护军使杨善德，请他们从中调停。

冯国璋、杨善德接到段祺瑞的密电后，反应都很冷淡。冯国璋本来也要求恢复旧约法，从内心讲，他站在海军这边；杨善德虽然是段祺瑞的爪牙，但在上海却是势单力薄，在这种情况下，他也只能置身事外，作壁上观。

段祺瑞绝望了，如果再坚持下去，自己恐怕得走人，不敢再坚持新《约法》了，便和黎元洪商量恢复旧约法。

黎元洪本来就对袁世凯充满了怨气，无奈自己只是一个傀儡总统，军国大事都由段祺瑞说了算，所以只能坐观其变，没有话语权。现在竟然段祺瑞主动提出恢复旧约法，当然是求之不行。

6月29日，黎元洪以大总统名义就约法、国会问题发表如下命令：

共和国体，首重民意。民意所壹，厥唯宪法。宪法之成，专待国会。我中华民国国会自三年一月十日停止以后，时越两载，迄未召复，以至开国五年宪法未定，大本不立，庶政无由进行。亟应召集国会，速定宪法，以协民志而固国本。宪法未定以前，仍遵行中华民国元年三月十一日公布之《临时约法》，至宪法成立为止。其二年十月五日宣布之《大总统选举法》，系宪法之一部，应仍有效。

同一天，段祺瑞还发布命令，依临时约法第53条，续行召集国会，定于本年8月1日召集国会复会。

持续了近一个月的新旧约法之争，至此终于暂告一段落。

命令发出之后，全国上下欢声雷动，分相传颂黎元洪、段祺瑞有再造民国之功，似乎看到了中华民国美好的未来。然而，现实总没有想象的美好，中华民国并没有走向共和、兴旺发达，而是进一步陷入群魔乱舞的局面。

惩办帝制祸首

新旧约法之争，以段祺瑞被迫屈服而告终，惩罚帝制祸首问题，又成为段祺瑞与西南各省相互争执的另一个焦点。

岑春煊、唐继尧等人见政府一直没有惩办帝制祸首，不断提出抗议。

关于帝制祸首问题，西南方面，除云南所提的杨度、孙毓筠、严复、刘师培、李燮和、胡瑛所谓 “六君子”和朱启钤、段芝贵、周自齐、梁士诒、张镇芳、雷震春、袁乃宽所谓“七凶”外（合称为“十三太保”），没有提出更多的名单。

事实上，参加帝制活动的岂止“十三太保”，除了不计其数的政治流氓称臣劝进之外，还有包括为袁家皇帝摇旗呐喊的各省北洋军阀在内。西南方面认为，如果牵涉过广，可能会影响到与北方的和平解决，但对这样一个重大问题，又不能避开不谈，因此，希望北方政府“象征性”地惩办一下，以便对全国人民有一个交代。在这个问题上，双方并不存在讨价还价，多争少的问题。

黎元洪、段祺瑞知道这件事不能再打马虎眼，必须要有一个交代。

但在具体落实上，段祺瑞与护国军之间仍然有分歧。段祺瑞本人与不少帝制祸首具有血肉相连的关系，而且，这些帝制派都是他所尊敬的袁世凯的“谋臣勇士”，他既继承了北洋派领袖的地位，袁世凯的私党，也就是他的私党，自然不愿对他们有所伤害，只是由于西南方面一再提出这个问题，他也不得不敷衍一下。

毫无疑问，所谓十三太保，不但是云南护国军指出的“内乱重要罪犯”，应当“明正典刑以谢天下”，而且也是举国皆知的洪宪王朝的罪魁祸首，绝对没有逃避罪行的余地。但在北京政府研究这批祸首名单的时候，却是一波三折。

首先，袁克定从彰德打来急电，替雷震春、张镇芳求情，两人的名字从名单上删掉了。

随后，冯国璋为段芝贵求情，李经羲又力保严复、刘师培，说他们是“当代不可多得的人才”，杀之可惜，这三个人的名字又从名单上消失了。

黎元洪认为李燮和、胡瑛是老同盟会会员，为了对国民党表示善意，通缉祸首的名单中不宜罗列与国民党有关的人物，这两个国民党的变节分子也逍遥法外了。

袁乃宽与袁世凯有同族之宜，段祺瑞把他的名字也删掉了。

这样一来，“六君子”仅剩“两君子”，七凶只留“三凶”，合起来“十三太保”只剩下“五太保”。

此外，有人替梁士诒求情，说他与银行界有关系，留着他可以帮助政府筹款。黎元洪不以为然，因而梁“财神”仍然榜上有名。

由于祸首的人数越研究越少，北京政府自己也觉得不好交代，才又补上并非首要分子的顾鳌、夏寿田、薛大可三人。

7月14日，黎元洪下令惩治帝制祸首杨度、孙毓筠、顾鳌、梁士诒、夏寿田、朱启钤、周自齐、薛大可等八人，其余的人一概从宽。

不难看出，北京政府的这个命令，仅仅拿了几个与北洋派渊源不深的投机政客开刀。不但如此，在命令发表之前，北京政府还提前暗示榜上有名的人赶快离开北京，因此，杨度、孙毓筠、梁士诒等人从容不迫地由北京搬到天津。不久，这批祸首又由天津南下到上海、香港一带，有的去了徐州，做了张勋的座上宾。

北京法庭没有捉到一个祸首，在北京政府势力下的各地军警和侦察机关，谁也没有把这个命令当回事儿，从来没有进行过认真的缉捕。而那些不在名单内的洪宪忠臣、帝制健将，由于命令中的“一概宽免”，仍然逍遥法外，官照当，钱照拿，甚至还敢于在北洋派这块招牌下，进行着下一次颠覆民国的阴谋活动。

北京政府下了一道“通而不缉”的命令，西南各省的首领还是认为问题得到了解决，“护国”任务已基本胜利完成，于是见好就收，不再坚持到底。

根据军务院组织时的宣言，军务院应当在国务院成立并经国会同意解除其职权。梁启超之流力求更早地实现南、北和平，极力怂恿唐继尧以抚军长名义，于北京政府发表惩戒办帝制祸首令的一天，宣布撤销军务院。

唐继尧事先没有与军务院各抚军进行协商，发出这个通电，而军务院各抚军也都装聋作哑，谁也没有说他不能这样做，于是，南、北“统一”就告成功了。

再造共和

8月1日，原来南下的议员陆续回京，参加国会在北京举行的第二次常会开幕典礼。

参议院议员到了138人，众议院议员到了318人。参议院仍由王家襄、王正廷为正副议长，众议院仍由汤化龙、陈国祥为正副议长，大会临时公推王家襄为主席。黎元洪总统及国务总理兼陆军部长段祺瑞，以及各部部长同时莅会。

黎元洪依照1913年（民国二年）公布的“大总统选举法”第四条，在国会上郑重宣誓就职。

这时，国民党在国内已经解体，民国的开国元勋如孙中山、黄兴、陈其美、胡汉民、于右任等人，有的亡命海外，有的被刺身亡。

二次革命失败后，国民党的一些重要人物都流亡海外，并分裂为两派。

一派是以孙中山为首的中华革命党，从命名上看，这个党是以革命为号召，袁世凯称帝之后，革命两字更是当时政治活动的主流，有人称之为国民党左派。但是，孙中山所组织的中华革命党是一个秘密团体，并没有建立起一个统一的组织机构。

一派是以黄兴为首的温和派，被人称为国民党右派，他们一部分散在海外，有的留在国内，有的则在日本，当孙中山筹组中华革命党时，也曾联络他们，但他们反对中华革命党的过激立场。

进步党领袖梁启超虽然能说会道，妙笔生花，可他和汤化龙一起，名义上标榜所谓的“不党主义”，实际上是想废弃进步党的旧名而另组一个新党。

进步党与国民党都是倾向于与北洋派妥协，他们之间很难找出一个明显的界限，他们所关心的也只是个人地位和小集团的政治分赃问题。

在这种情况下，国会中有人主张把国民党、进步党两党合并起来组成一个大党，由于缺少一个双方都认可的领袖人物，这个建议最终未能实现。

国会复会后，政党活动变成了短兵相接，进步党人在袁世凯死后提倡“不党主义”，所以在参加内阁中，只有一个范源濂。国会开幕后，进步党人首先分组成两个团体，一个是以汤化龙、刘崇佑为首领的宪法讨论会，一个是以梁启超、林长民为首领的宪法研究会。这两个会不久又告合并，并为“研究系”。他们在国会中和北洋派携手为朋友关系。

国民党方面，左派的中华革命党原是革命的秘密团体，主张采取激烈的革命手段，没有人进入国会，留在国内的国民党人，也都是一些温和派。

8月23日，参议院按旧约法开议提案。黎元洪向两院提交追认段祺瑞国务总理的议案。

两院议员接到咨文后，依惯例投票表决。众议院参加会议的两院议员有414人，投票结果以407票通过，之后交参议院议决，也以多数票通过，于是总理一席仍由段祺瑞接任。

其他阁员，除农商部长张国淦调任黑龙江省长、改由谷钟秀继任外，其余人员仍按原先的名单，提请两院追认，两院也以多数票通过。

孙洪伊、张耀曾先后到北京任职，只有唐绍仪一再推辞，始终不肯就任，外交部长只得仍由财政部长陈锦涛兼任，后来见唐绍仪坚辞不受，政府不得已特任伍廷芳为外交部长。

外省长官中，只有添了曹锟为直隶督军，而朱家宝专职任省长。

民国再造，中外欢庆，可欢庆之余，有一股暗流却在涌动，搅起暗流的源头，是总统和总理。

六、大盟主

张勋死缠乱打

国会开会，张勋又跳出来向国会开炮，电请铲除国会中"暴乱分子"与癸丑之役者，减少议员岁费以节约国家财政开支。前者是当年袁世凯用以解散国会的借口，实际上排斥国民党就是不要国会，因为国民党在形式上是国会中第一大政党，如果没有国民党参加，国会就会因不足法定人数而解体。

参加徐州会议的原来只有奉、吉、黑、直、豫、晋、皖7省代表，会后张勋继续吸收各省北洋军阀参加，因而有9省同盟及13省区大同盟的传说。加入同盟的军阀，尽管抱有不同的目的，但却有一点却是相同的，就利用这个同盟来保障个人的利益和地位。

除了参加的军阀外，还有帝制派和政治阴谋家隐身幕后，兴风作浪。这些人的目的也不尽相同，有的企图推翻共和制度，有的想利用军人作为政治斗争的工具。

除徐州外，天津也是一个策动政治阴谋的大本营，其中有推举段祺瑞为副总统、以徐世昌为内阁总理以及推翻黎元洪等。

天津、徐州之间，经常有秘密人物来往，据说徐世昌也曾秘密到过徐州。

8月间，众议院议员赵炳麟提出军人不得干涉议会案，张勋联合多人通电予以痛斥。后来，众议院议员陈允中等人质问督军同盟的问题。张勋再次通电排斥国会。

这期间，发生了一起司法部长张耀曾私带烟土案，后来虽然弄清楚了，张耀曾与这件事无关，可张勋仍然是死缠滥打，借这件事大做文章。

原来，司法部长张耀曾由云南到上海，住进了孟渊旅馆，恰逢上海海关在轮船上查获大宗烟土，据说张耀曾的随行人员孙世奇有重大嫌疑。张耀曾否认他的随行人员中有这样一个人。

张耀曾属于国民党的阁员之一，国民党加入内阁，是让段祺瑞非常气恼的一件事。正在这时，北京政府忽然发一道重申烟禁的命令，命令指出："不法分子，巧假护符，暗中贩卖。"这道命令显然是影射西南人物而借以打击他们。不久查明，私带烟土案牵涉到唐继尧的兄弟唐继禹，而与张耀曾无关。

事实证明，私带烟土案与张耀曾没有任何关系，可张勋却硬要将一盆臭狗屎强扣在张耀曾的头上，发表通电，说："张耀曾贩土营私，丧权辱国。国务院为一国最高行政机关，岂容有此类而厕足其间……此等阁员，此等议院，我辈国民断难承认。"

张勋借题发挥攻击阁员，又因张耀曾是国会议员进而攻击国会。这实际上是一种死缠滥打的流氓行为。

这时候，国会已经通过了内阁总理同意案，并通过了全体阁员名单，段祺瑞不能不站出来替国会说几句话了。他劝张勋不要再干涉国会。

张勋倒说得痛快，说他不是干涉国会，而是"监督国会"。

黎元洪见张勋横蛮不讲理，也派张勋的老朋友阮忠枢到徐州疏通。

张勋简直就是个疯子，不但不听劝，反而变本加厉，公然联合北洋军阀多人发表通电，用更大的火力攻击张耀曾，说来说去还是私带烟土那件莫须有的臭事。列名这个电报的有倪嗣冲、姜桂题、张作霖、冯德麟、孟恩远、毕桂芳、许兰洲、王占元、张怀芝、赵倜、田文烈、李厚基、田中玉、杨善德等15人。

这件事让以责任内阁自居的段祺瑞很没面子，如果他自己认为是这样的话，那么，他就应该采取措施以维护中央的威信，或者因无力制裁这些军阀而引咎辞职。似乎没有其他的办法。但是，攻击国会和攻击国民党阁员，却是他内心求之不得的事情。正是由于这个原因，他对这样严重的问题竟然视而不见，采取冷眼旁观的态度。

国会此时也没有章法，对这样严重的问题居然也哑口无言。只有西南五省实力派发表一个通电，谴责北洋派军阀"枭张作乱"。

张耀曾愤愤不平，向北京政府提出辞职。黎元洪安慰他“不必计较”，段祺瑞随口说了一句很不负责任的话：“见怪不怪，其怪自败。”

十三省大盟主

在段祺瑞的纵容、国会软弱无力、帝制派与阴谋政客从中煽风点火的种种情况下，张勋公然召开了第二次规模更大的徐州会议，并将7省攻守同盟扩大为“13省区联合会”。

参加这次会议的有山东督军张怀芝、第五师师长张树元、奉天督军张作霖、吉林督军孟恩远、黑龙江督军毕桂芳、江苏督军冯国璋、河南督军赵倜、湖北督军王占元、江西督军李纯、福建督军李厚基、直隶督军曹锟、直隶省长朱家宝、淞沪护军使卢永祥、第7师师长张敬尧、兖州镇守使施从滨、两广矿务督办龙济光、京师警察言观色总监吴炳湘、北京步军统领江朝宗等所派的代表。

会议决定，推举张勋这13省区的大盟主，并制定省区联合会章12条。

徐州会议的目的，不仅在于组织一个对抗国会、国民党和西南各省的军事同盟，也在于防止北京政府的中央集权，为各省军阀割据打下更坚实的基础。也就是说，无论任何方面，包括北京政府方面，凡有损害他们的权力和地位的事情发生，都认为是共同的敌人而以武力对付。

9月22日。安徽省长倪嗣冲亲自赶到徐州参加会议，并在会上大唱高调，建议解散国会，废止旧约法，罢免西南派唐绍仪、孙洪伊、谷钟秀、陈锦涛、张耀曾五位部长，要求形成决议通告北京。

这实际上就是把中华民国一脚踢开，改为中华军国。由于与会代表没有取得本省督军的这个授权，不敢做主，才使得倪嗣冲的阴谋没有得逞。

随后，国务院秘书曾毓隽从北京带来一份电稿到了徐州，电稿的内容是攻击唐绍仪，说他过去任内阁总理期间，有卖国行为，这一次又出任内阁成员，是在图谋不轨，等等。会议以讨论这份电稿为主题，并获得通过，然后以与会各省督军联名的形式发出通电。

这个电报比起攻击张耀曾的电报，火力更猛，列名者由15人增加到34人，几乎是用北洋派的全体名义，与一个手无寸铁的老官僚作战，而这个老官僚，正是国民党系的人物。

攻击张耀曾的事实虽然不正确，但还是有些牵连，但攻击唐绍仪的事情，完全是凭空捏造，例如说他向比利时借款，是用以解散南方的民军，唐绍仪辞去内阁总理是受到袁世凯的压制，而且还给他加了一个“要结外援，阴图不轨”的莫须有罪名。他们的目的只有一个，吓唬唐绍仪，他们怕这个电报吓不退唐绍仪，还放出风声，说要到天津查账，威胁他不敢到北京来就职。

这个电报是由张勋、倪嗣冲两人包办的，与会代表有的随声附和，有的根本就不同意，因而，有些人的名字也由倪嗣冲代签。

唐绍仪本来就无意于到北京来参加段祺瑞的内阁，他的外交部长一职，由黎元洪提名，他由上海动身到天津来，也是受黎元洪的邀请。一到天津，发现北方的空气对他很不利。立即发出辞职电报。

黎元洪派总统府秘书丁世峄到天津加以挽留，但没有结果。

其实，所有这一切，都是由段祺瑞暗中策划。段祺瑞认为：黎元洪坚决邀请唐绍仪入阁，是为了夺取内阁总理，因此，不惜采取种种手段，阻止唐绍仪来京。

段祺瑞利用徐州会议打击了政敌唐绍仪，可这个武器反过来也伤了他自己。在督军团猛烈攻击唐绍仪的同时，徐州会议还讨论了内阁问题，张勋主张推徐世昌组织内阁，让段祺瑞去干陆军部长。因此，徐州会议在北洋派内部，又产生了一个尖锐的问题——张勋与段祺瑞之间的矛盾。

徐州会议还存在张勋与冯国璋之间的矛盾。这两个从来就没有好过，总是在暗中较劲，冯国璋派代表参加会议，并不是来做小弟弟的，而是利用徐州会议酝酿政变，企图夺取总统之位。

但张勋就把他当成一个摇旗呐喊的小卒，没有征得他的同意，就在攻击唐绍仪那份电报上代签了他的名字，这让冯国璋很不爽，因此，他与自己一系的李纯、王占元都撤回了代表，表示不合作。

张勋当上大盟主之后，威风越来越大，除了退盟的长江三督之外，各省盟友逐步下降为他的奴才和应声虫，甚至有的人还恬不知耻建议，以后不必召开会议征求意见，一切由大盟主做主就是了。

盟主驻足徐州，使徐州成了当时的政治避难所和各色政治野心家进行阴谋活动的“市场”。被北京政府通缉的帝制犯顾鳌、薛大可都成了张勋的座上宾，被聘为机要秘书。张勋更有电报请杨度、孙毓筠等全部被通缉的帝制犯到徐州来做客。暗杀宋教仁的主犯洪祖述，也做了大盟主的座上宾。号称“文圣”的保皇党魁康有为应大盟主的邀请，也到徐州来进行活动。

种种情况说明，徐州又由“中华军国”向前发展了一步，成为复活“大清帝国”的半公开的活动场所。

黎元洪觉得张勋闹得过分了，多次催促段祺瑞公开制止督军团目无法纪的行为。

段祺瑞没有正当的理由反驳黎元洪，只得下了一道禁止军人开会干政的命令。

北京政府对禁止军人干政虽然不怎么热乎，但总算发表了一道命令，因此，那些唯盟主马首是瞻的各省军阀，纷纷电呈不再参加会议，并撤回派往徐州的代表，冠盖往来的徐州人去楼空，屯时安静下来。

冤　家

徐州会议期间，北京方面府院之间、国会与内阁之间以及内阁内部展开了白热化的斗争。在这些斗争中，正面交锋对垒的人物，开始是总统府的秘书丁世峄和国务院秘书徐树铮，两人铆足了劲，干上了，不久内务部长孙洪伊也参入战团，与徐树铮干上了。最后连总统府与国务院两方面都卷入这场冲突，使争斗更加复杂化和尖锐化。

孙洪伊是天津人，字伯兰，早年为袁世凯的幕僚，清末参与立宪运动，是宪政商榷会“韬园系”的领袖人物，在国会中有很大的影响力。他为人自负，心高气傲，在反对袁世凯称帝中脱颖而出，成为政界一位颇为活跃的人物。袁世凯死后，段祺瑞组织新一届内阁时，第一批名单中就有他的大名，本来，段祺瑞不准备安排孙洪伊，由于黎元洪的坚持，才安排他为内务部长，因而对黎元洪很感恩。

孙洪伊虽然是国务院内阁成员，却是身在曹营心在汉，平时“无日不至公府，参与庶政”，俨然成了黎元洪的高参。黎元洪宽厚待人，即使有什么逆耳的话也能容忍，偏偏孙洪伊是一个眼里揉不得沙子的人，遇到不平的事情，总要插上一杠子，旁若无人，很多人都怕他。正是凭借国会与总统府这些特殊关系，在国务会议上敢于直言，常与段祺瑞、徐树铮正面交锋。国务院上下无不为之侧目。有人甚至讥讽他是“民党部长”。

孙洪伊与段祺瑞、徐树铮的矛盾冲突，虽然有人事安排等各方面的因素，但最直接的原因，仍然是徐树铮的擅势跋扈，滥用职权。

在一次国务院内阁会议上，孙洪伊与徐树铮发生了正面冲突。当时会议讨论的议题是广东李烈钧和龙济光的军事冲突问题。孙洪伊与大多数阁员都主张去电调解。徐树铮有意偏袒龙济光，主张电令福建、广东、江西、湖南四省会剿李烈钧。两人唇枪舌剑，争辩不休。

根据国务院职权规定，国务院秘书长只能列席国务会议，没有发言权，更没有表决权。徐树铮硬要把自己当一道菜，依仗段祺瑞的暗中支持，不但在会上夸夸其谈，而且还咄咄逼人。阁员们顾及到段祺瑞的面子，没有制止徐树铮的发言。

徐树铮在内阁会议上大放厥词，已经够离谱的了，会后竟做出更为离谱的事情：置孙洪伊等多数内阁成员的反对意见于不顾，也没有经过总统黎元洪盖印，擅自以国务院的名义，命令福建、广东、江西、湖南四省会剿李烈钧。

直到江西督军李纯给国务院复电，称江西兵力单薄，只能担任防御，不能越境出兵，众阁员才知道这件事。

内阁成员们为之哗然。孙洪伊更是怒不可遏，当面指责徐树铮侵越职权。徐树铮也不示弱，反而说孙洪伊私自将国务院的机密泄露给报馆。

两人谁也不服谁，常常在大庭广众之下互相丑诋。孙洪伊见段祺瑞一意袒护徐树铮，更是愤愤不平，“日在总统府指挥一切”，对国务院送呈总统府盖章的公文，横挑鼻子竖挑眼，率意删改批驳；徐树铮则以《公言报》为喉舌，“每日以骂孙伯兰为日课，嬉笑怒骂，无微不至”。政见之争，变成了毫无意义的意气用事。

8月中旬，孙洪伊与徐树铮之争趋向白热化，起因虽然很多，最终在一项人事任免问题上总爆发，达到不可调和的地步。

根据当时的官制，荐任官（**文官各部科长、各省县长，武官营长及其同级官，均一荐举任官。**）以上的官员任免，必须经国务会议讨论通过，再交由总统以命令形式公布。但郭宗熙出任吉林省长的命令，却没有走这些规定程序，徐树铮在没有经过国务会议讨论的情况下，自己拟好文件并送总统府盖印后，就把命令发出去了。

另外，参议院提出对福建省省长胡瑞霖的查办案，徐树铮也是未经国务会议讨论，更没有征询主管部部长孙洪伊的意见，擅自以政府的名义咨复参议院，竭力为胡瑞霖辩护。

以上两件事，不但严重违反了制度，而且直接侵越了内务部部长孙洪伊的职权。孙洪伊忍无可忍，怒气冲冲地去找总理段祺瑞。

“孙部长！”段祺瑞看着怒发冲冠孙洪伊，不解地问，“什么事气成这样呀？”

“徐树铮眼里还有国务院，还有我这个内务部部长吗？”

“又发生了什么事呀？”段祺瑞不解地问。

“凡各省民政长官有关的任免，都是内务部长职权范围内的事情。”孙洪伊问道，“总理大人，你说是也不是？”

“不错！”段祺瑞说，“有什么问题吗？”

“郭宗熙出任福建省省长是怎么回事？”

“这……”段祺瑞一时语塞。

“胡瑞霖查办案又是怎么一回事？”孙洪伊得理不让人，继续质问，“徐树铮真能一手遮天吗？”

“树铮荒唐。”段祺瑞无言以对，只说了这一句，没有再作解释。

孙洪伊摆出一副将战斗进行到底的架势，向段祺瑞递上一份辞职报告以示抗议，表示："苟无正确办法，无返任理。"

段祺瑞也觉得徐树铮这两件事办得太荒唐，吩咐把胡瑞霖一案的咨文追回，可是国会已经印发出去，无法追回；又派交通部长许世英赶到孙洪伊的家里，退还辞职报告。

黎元洪也以"时局艰危，需贤共济"为言，劝孙洪伊不要萌生退意。并且还将他召进总统府，亲自做他的工作。

孙洪伊因辞职而得势，更是不依不饶，对徐树铮展开凌厉的攻势，提出旨在限制国务院秘书长职权的国务院五条办事程序，作为复职的条件：（1）凡答复议会之质问书，须由主管部起草；（2）颁布命令须由国务员副署；（3）院令须经国务会议通过；（4）阁议通过者，秘书不得擅改；（5）各项法令非经总理及主管部部长副署，不得发出。

段祺瑞预感到再争斗下去，只会使自己陷于更加不利的境地，被迫接受了这些要求。孙洪伊于是重返内务部供职。

徐树铮遭此重创，对孙洪伊更是恨之入骨，发誓要进行报复。

段祺瑞与孙洪伊之间的矛盾也因之而急骤激化。他越来越痛切地意识到，不挖去孙洪伊这颗埋在国务院的钉子，非但国务院永无宁日，就是自己的权势和威信，也要受到重大的影响。因此有了去孙洪伊之心。表面上他对孙洪伊作了让步，实际上，他是在以退为进，为以后一举掰倒孙洪伊蓄积能量。

孙洪伊在内务部精简机构，裁减冗员，一共裁减了袁世凯时代的内务部旧职员28人，这些人或多或少与北洋军高级官员有些联系，事情被捅到段祺瑞那里，段祺瑞暗中点了一把火。

被裁减人员有了总理的支持，以孙洪伊的做法不符合文官任免规定为由，向平政院提出诉讼。平政院也明白总理在背后撑腰，便裁定原告胜诉，要内务部限期撤销解职令。

孙洪伊坚决不干，声称平政院是袁世凯私立的机构，为非法机关，连机构都是非法的，裁定就是一张废纸，算不得数。

事情到了这个地步，段祺瑞只得亲自去找孙洪伊，要他接受裁决。

孙洪伊横下心坚决不同意。

段祺瑞气得火冒三丈，大骂道："你这是结党营私，滥用私刑！平政院的判决很合理，难道就没人管得了你。"

"我裁汰的是帝制余孽。"孙洪伊索性撕破脸，大声说，"官厅不能做这些人的保护伞。"

"好！算你狠！"段祺瑞说罢，甩袖而去。

段祺瑞一怒之下，下令撤销孙洪伊内务部部长职位，送呈总统府盖印。

黎元洪大吃一惊，压下这道命令，不肯盖印。徐树铮催促了四次，都无结果。

段祺瑞被彻底激怒了，一反常态，亲自去总统府，同黎元洪谈起了孙洪伊与徐树铮冲突的事情。黎元洪淡淡地说："孙部长性子太急，徐秘书也有点欺人。"

段祺瑞见话不投机，信口答道："孙部长是总统府中要人，树铮只不过是国务院一个委员，总统如果觉得树铮欺人，可以将他免职。"

"话不能这么说啊！"黎元洪说，"公道自在人心吗！"

段祺瑞见黎元洪只是和自己打太极拳，不提孙洪伊的免职令，只得单刀直入地说："孙洪伊的罢免令送来几天了，大总统不会不知道吧？"

"这……这……"黎元洪支支吾吾地说，"这事还得慎重考虑。"

"照大总统的意思，是我不慎重了？"

"这个嘛！这个嘛！"黎元洪说，"这可是你自己说的哟！"

"那好！"段祺瑞不再保持对总统的礼貌了，气势汹汹地说，"大总统既然不同意免孙洪伊的职，那就请免我的职吧！"

黎元洪像被人当头击了一棒一样，差点晕过去了，无可奈何地说："可以让孙洪伊自行辞职，免职令还是不下的好。"

"那就请总统看着办吧！"段祺瑞冷哼一声，甩袖而去。

"唉！"黎元洪看着段祺瑞离去的背影，轻轻地叹了一口气。

黎元洪想叫孙洪伊自动辞职，是在给孙洪伊找面子，也是给自己找面子，但他知道，这个面子打不打得回来，他实在心里没底。

七、殒星坠落

选举副总统

10月10日，是“重建共和”后第一个双十节，北京政府为了粉饰太平，特授孙中山以大勋位，授蔡锷、唐继尧、陆荣廷、梁启超、黄兴、岑春煊以勋一位。这里面包括建立民国和再造民国共和的“民国伟人”。但清室的重要人物世续、载涛、绍英、梁鼎芬也分别得到勋一位、一等文虎章、二等宝光嘉禾章、二等大授嘉禾章。其余拥护共和的护国军将领和拥护帝制的北洋军将领，也分别得到二级以下勋位、勋章。

根据北京政府的授勋条例，大勋位只能授给前任总统，勋一位授给对国家有特殊功勋的文武官员，文虎章授给武职官员，嘉禾授给文职官员。“宝光”和“大授”是高一级的勋章。以前，袁世凯把“勋章勋位”当做拉拢军人、政客的礼物，早有“关内侯，滥羊头”之讥。但实际授勋时，文武界限分得并不清楚，有文职授文虎章的，有武职授嘉禾章的。

北京政府这次授勋，与袁世凯当年授勋如出一辙。

授勋命令发出之后，黄兴表示不受。

岑春煊随之也表示不受，不受的理由是李烈钧有功而未授，他愿意把自己的勋一位让给李烈钧。

辫帅张勋也跳出来凑热闹，拒不受勋，不受的理由是授给的二等大绶嘉禾章级别太低，有损他的“盟主”身份。

这次授勋人员的名单是由黎元洪、段祺瑞两人联合提名。黎元洪的提名偏重西南人物，段祺瑞的提名大多为北洋军阀。由于授勋光怪陆离，无所不包，当时，有人称这次授勋下了一场“勋章雨”。

“勋章雨”之后，“韬园派”议员宋渊源提出补选副总统议案，实际上，议案的策划人是内政部长孙洪伊。

当时，全国上下都在推测，符合副总统资格者不过寥寥数人。论老资历，要算段祺瑞、冯国璋，论新资格，要算岑春煊、唐继尧。岑春煊、唐继尧虽有再造民国的功劳，但终究不及段祺瑞、冯国璋两人的势力。因此，舆论认为，副总统非段即冯。

补选副总统的议案虽然是宋渊源提出，但幕后策划人却是内务部长孙洪伊。

孙洪伊是“韬园派”首领，孙中山的追随者，孙中山是激进派，因而“韬园派”被称为国会中的激进派。

孙洪伊是直隶人，与北洋派的直系军阀颇为接近，而直系军阀首领就是冯国璋。他想将冯国璋推举为副总统，达到以冯制段的目的，议案提出之后，“韬园派”议员便在国会暗中进行拉票活动。

冯国璋的总统梦破灭之后，也存有“不得已而求其次”的愿望，见有人出来抬轿子，正是求之不得。

段祺瑞既然采取了责任内阁，所以对竞选副总统并不感兴趣，他邀请各党议员举行一次恳谈会，表示没有补选副总统的必要。

段祺瑞可以做议员们的工作，但不能阻止国会进行副总统选举，如果冯国璋真的当选为副总统，对他来说也许不是一件坏事。因为他根本就看不起冯国璋，如果冯国璋当选副总统，就必须到北京来就职，真的那样，反而易于控制，即使将来由副总统升任总统，仍然逃不出他的手掌心。因此，他不反对选冯国璋。所以，当国会通过补选副总统一案后，他立即指使心腹徐树铮、靳云鹏联名致函京城各大报纸，代表他表示不竞选副总统，如果国会选举冯国璋，他也不反对。

冯国璋竞选总统的消息传到徐州，张勋曾通电反对，并建议选举徐世昌为副总统，并电请江西国会议员予以协助。

10月30日，两院举行副总统选举会，出席议员741人，第一次，冯国璋得413

票，陆荣廷得176票，黄兴也得33票，都没有过3/4的法定数。

下午继续开会，举行第二次选举会，冯国璋得528票，陆荣廷得180票，仍然没有人当选。

第三次由冯国璋、陆荣廷两人对决，冯国璋以520票当选。

事实上，冯国璋在国会中并不是受欢迎的人，此时，孙中山、黄兴都不参加副总统的竞选，西南实力派唐继尧、陆荣廷也都无意于此。“韬园派”议员都在竭力为冯国璋拉票，国民党和研究系（进步党）议员也都不反对。最耐人寻味的是，张勋通电反对选举冯国璋为副总统，不但没有影响冯国璋参选，反而还帮了冯国璋的大忙。因为张勋在国会议员中是一个不受欢迎的人，出于对张勋的反感，很多人竟然把票投给了冯国璋。

黎元洪接到冯国璋当选副总统咨文后，致电冯国璋，并命他兼任江苏督军。

冯国璋怕丢了地盘，没有进京任职，而是在南京接受了这一职务。这样，北京政府的实权就完全处在段祺瑞势力的控制之下。

元勋早丧

北京选举副总统之后，接连传来不幸消息，先是黄兴在上海病逝，后是蔡锷在日本病故。

黄兴自二次革命失败后，在日本与孙中山分手后去了美国，云南护国军讨伐袁世凯的时候，他从美国赶赴日本，并于1916年5月9日回到国内。

袁世凯刚死，孙中山就致电黄兴，征询他对时局的意见。两人虽然因政见不同而分手，但仍保持书信往来。

黄兴回到上海不久，突然得了胃中血管破裂症，因吐血数盂而晕倒，医生认为这是劳瘁过度引起的。他在病中还接待了由四川路过上海去日本的蔡锷，两位元勋互相慰劳。蔡锷去日后不久，他竟在10月31日午后5时30分与世长辞。

黄兴原名轸，别字庆午，又名瑾午，湖南善化县榔黎市人，生于清同治十三年（1874年）9月16日，比孙中山小8岁，比宋教仁和蔡锷大8岁。

黄兴的一生与10月有关，可说是一种巧合，他生于10月，殁于10月，成功于

10月10日武昌起义，得病也是在10月10日。死时才43岁，英年早逝。

11月1日，孙中山致函海外各支部，通告黄兴病逝的消息，对开国元勋的英年早逝表示哀悼。

黄兴病逝的噩耗传到日本，正在病中的蔡锷痛哭不已，给黄兴写挽联：

以勇健开国，而宁静持身，贯彻实行，是能创作一生者；

曾送我海上，忽哭君天涯，惊起挥泪，难为卧病九州人。

杨度是洪宪六君子之首，他在政治上与黄兴、蔡锷唱反调，可私下却是莫逆之交，他也给黄兴写了一副挽联：

公谊不妨私，平日政见分驰，肝胆至今推挚友；

一身能敌万，可惜霸才无命，死生从古困英雄。

北京政府接到孙中山和唐绍仪发来的报丧电报，下令褒扬黄兴缔造民国的功绩，派王芝样致祭，拨给治丧费2万元。

将星殒落

11月8日，北京政府又接到蒋百里由日本发来的电报，报告护国讨袁第一大功臣的蔡锷在日本病逝。

11月1日是日本开长节，正在日本福冈医科大学医院治病的蔡锷伏在病房窗口看日本飞机演习，又受到一番刺激，病势日趋严重。他对蒋百里沉痛地说："中国的陆军还没有整理好，而别人的战争已经由平面转化为立体，我们不知道又落后了多少年啊！"

"将军病到了这个地步，暂时还是少想国事吧！"蒋百里见蔡锷身患重病，仍然在忧心国事，心里不知是一种什么滋味。

"我也知道我的病，所以才想到这些，再不想，恐怕就没时间想了啊！"

"将军安心养病，一定会好起来的。"蒋百里一边安慰，一边将他扶到病床上躺下。后来几天里，蔡锷一直卧床不起。

11月8日，蔡锷自知生命已经走到尽头，挣扎着坐起来，黯然对守在病床前的好友蒋百里说：“我是不行了，不能死于对外作战的疆场上，却死于病床上，真是死不瞑目啊！”

蒋百里心里一阵剧痛，眼泪都快流出来了。

“蒋兄！”蔡锷喘息地说，“我死后有一事相托，请你一定要记住。”

“什么事？”

“护国运动，我们是枪口对内，不应引以为功。”蔡锷喘了口气说，“千万薄葬，让我九泉无憾！”

蒋百里含泪点了点头。

“请你记一下，代我发一份遗电。”

蒋百里连忙拿来纸笔。由蔡锷口授，记下遗电：

国会、大总统钧鉴：锷病恐不起。谨口授随员等遗电陈四事：1．愿我人民、政府协力一心，采有希望之积极政策；2．意见多由于争权利，愿为民望者，以道德爱国；3．在川阵亡及出力人员，恳饬罗、戴两君核实呈请恤奖，以昭奖励；4．锷以短命，未克尽力民国，应行薄葬。

写好遗嘱的当天，一代伟人，功成而不居的护国元勋蔡锷将军与世永诀。年仅35岁。

11月10日，黎元洪大总统下令褒扬蔡锷，派驻日本公使章宗祥照料蔡锷的后事，并拨给治丧费2万元。

12月18日，北京政府公布国会议决的国葬法，22日，又公布国会关于国葬黄兴、蔡锷的决议案。

此后，全国各地纷纷举行“黄蔡二公追悼大会”全国各地的唁祭、祭辞和挽联抄数则如下：

孙中山所作挽联：

平生慷慨班都护；

万里间关马伏波。

梁启超所作挽联：

知所恶有甚于死者；
非夫人之恸而谁为？

康有为所作挽联：

微君之躬，今为洪宪之世矣；
思子之故，怕闻鼙鼓之声来！

唐继尧所作挽联：

所至以整军保民为要图，众论之归，大将慈祥曹武惠；
平时唯读书致用相敦勖，公言不死，秀才忧乐范希文。

丁怀瑾所作挽联：

成不居首功，败不作亡命，誓师二语，何等光明，故一旅突兴再造共和；
下无逞意见，上无争利权，遗书数言，如斯深切，问举国朝野奚慰英灵？

在所有挽联中，杨度的一联最引人注意：

魂魄异乡归，于今豪杰为神，万里河山皆雨泣；
东南民力尽，太息疮痍满目，当时成败已沧桑。

杨度是楹联圣手，他一生可传的挽联很多，可是他挽蔡锷的这副挽联，并不高明，这是因为两人政见立场相对立的缘故，所以他的下联可说完全是对蔡的成就唱反调。

至于小凤仙的挽联，则是在庄严肃穆的伟人事迹中的一段小插曲。小凤仙的挽联和祭文都是由衡州狂士王血痕代撰。小凤仙的两副挽联，当时传遍都下，第一联是：

不幸周郎竟短命；

早知李靖是英雄！

第二联是：

万里南天鹏翼，直上扶摇，哪堪忧患余生，萍水姻缘成一梦；
几年北地胭脂，自悲沦落，赢得美人知己，桃花颜色亦千秋。

小凤仙在蔡锷病逝不久，也殉情离世。

蒋百里在蔡锷死后，由日本拍电回国，电文说：

一年以来，公恶衣菲食以戕其身，早作夜息以伤其神。临终之际，犹以未能裹尸为恨。然蔡公身虽未死于疆场，实与阵亡者一例也。

蔡锷的好友丁怀瑾用行动来怀念蔡锷的遗志——功成不居，长揖归田。蔡锷东渡之前，丁怀瑾任四川富顺县长，听说蔡锷噩耗之后，立即辞去县长之职，闭门著书，常以蔡锷的人格和抱负勉励家人和子女，他称道蔡锷是真正开天辟地的人物。古人说名满天下，诽谤也随之而来，可蔡锷却打破了这个惯例，他的成败生死，不论是友是敌，是新是旧，没有人不对他由衷称道，理由很简单：蔡锷以天下为己任，却不以天下为己。

八、一支小插曲

孙洪伊被逐

府院之争还在继续，两方面结下的梁子还没有解开。面对段祺瑞咄咄逼人的气势，黎元洪内心已有了怯意，知道再坚持下去，恐怕自己的总统到了尽头，态度上便软了下来，他向段祺瑞表示，可以让孙洪伊自动辞职，而不是免职。

“政治家宁可站着生，绝不跪着死。”孙洪伊慷慨地说，“除非总统下令免职，否则，无论做出何种牺牲，决不投降。”

黎元洪为难了，派人把王士珍和孙洪伊请到总统府来商量这个问题。王士珍也劝孙洪伊让步，以一个专使身份出国考察，不免职，内务部的工作由副部长代理，以便缓和矛盾。

孙洪伊表示不愿出国考察。

“韬园派”议员吕复、褚辅成等这时也向孙洪伊伸出援手，在国会提出弹劾国务院徐树铮案，同时还准备进一步弹劾国务院总理段祺瑞。

徐树铮见事情闹大了，不免情虚胆怯，于是向总统府那边放出风：只要孙洪伊辞去内务部长之职，维护总理的威信，可以调任全国水利总裁，或者外放省长。

孙洪伊表示：“什么官我都不要，只要维持我的人格。”

“不辞职？不出洋？不外调？”段祺瑞大怒，“我们大家都辞职，让孙洪伊一个人去干！”

一方面表示坚决不辞职，一方面表示不把他逐出内阁就不能维持总理的威信。可维持了总理的威信，势必又会影响总统的威信，几个问题纠缠在一起，始终找不出一个解决的办法。

总统府的幕僚们建议，既然事情已经闹僵了，索性就将战斗坚持到底，坐不到一条板凳上，那就让他走人。段祺瑞的政治资本无非是北洋派的实力，只要在北洋派中找一人有实力的人代替他，便可太平无事。顺着这个思路，有人提议请隐居河南卫辉老家的徐世昌出山。他们认为，徐世昌在北洋派中的资望远在段祺瑞之上。并且张勋对他也抱有特殊好感，以徐代段不会引起严重后果。

10月下旬到11月，徐世昌俨然成为“解决时局的中心人物”，有关他的小道消息也到处流传，一会儿说徐世昌即将来京，一会儿又说他不肯来。最后又说徐世昌提出“拥护元首”；“维持合肥”（即段祺瑞）；“不入政界”三个条件。如果黎元洪答应这三个条件，他才会来京。

事实上，这个老官僚无时不想重登政治舞台，只是对段祺瑞有所忌惮，才推三阻四地不肯来。他与张勋经常有密电往来，徐内阁的呼声早已传遍全国。

张勋也表示了拥徐而不支持段祺瑞的态度，一面派他的参谋长万绳栻到卫辉劝驾，一面还代徐世昌安排了一份内阁成员名单。

11月16日，徐世昌抵京，为避嫌疑，当天故意没有到总统府谒见黎元洪。

黎元洪等不及了，第二天一大早，便亲自到五条胡同去拜访徐世昌，希望从他那里得到一些安慰。老于世故的徐世昌似乎不懂风情，海阔天空、漫无边际地闲聊，就是不谈他到北京来的目的。黎元洪乘兴而来，败兴而归。

秘书长丁世峄劝黎元洪不要灰心，他认为："半推半就是人之常情。徐世昌不会爽快地表示自己愿意做总理。段是个心地狭小之人，先发表免职命令，他一定会负气出走，这样，徐世昌就可以从容上台。"

黎元洪对这个建议不以为然。

还有人建议电召副总统冯国璋和陆荣廷进京，然后下令免去段祺瑞的职。黎元洪仍然没有同意。

总统府的谋士们不满黎元洪这种畏首畏尾的态度，他们背着黎元洪，直接给冯国璋发了电报，假造徐世昌已经同意出山的消息，请冯国璋发电给徐世昌捧场。

冯国璋虽然身在江苏，但他在北京有内线，消息也很灵通。他早就知道徐世昌不敢取代段祺瑞，同时，他也正因为自己当选为副总统，地位在段祺瑞之上而感到有些不安，想借机会敷衍一下段祺瑞，于是回电说，内阁还是维持现状为宜。

如此一来，黎元洪逐段的计划又多了一层阻力，徐世昌上台，也多了一层顾虑。

19日，徐世昌前往总统府，提出一个兼顾府、院双方威信的办法：孙洪伊、徐树铮两人同时免职；推荐张国淦继任国务院秘书长。

徐世昌认为，张国淦以前做过总统府秘书长，又做过段祺瑞内阁的阁员，这样一个与双方都有良好关系的人继任国务院秘书长，一定能够协调好府、院之间的关系。

黎元洪没有勇气拒绝徐世昌的建议，因为舍此之外，根本就没有更为妥善的办法。第二天，他便下令罢免孙洪伊的内务部长。张国淦也跟着上位，继任国务院秘书长。

22日，徐树铮拿了免他自己的职的一道命令到总统府盖印。黎元洪虽然盖了印，心里却忐忑不宁，要聘徐做总统府的军事顾问，还说了一些安慰他的好话。

段祺瑞虽然接受了徐世昌的调停，心里仍然有气，于是向总统府提出三点质问：(1)现在府方一切措施，是否与责任内阁制的精神完全相符？(2)府方经常延搁国务院的呈阅公文，如有贻误，责任由谁承担？(3)经国务会议通过应当发布的命令，府方经常拒绝盖印，是否能说明理由？

孙洪伊回到国会，仍然不断利用国会党团的力量打击段祺瑞。

段祺瑞并不想让孙洪伊的日子过得安稳。

1917年1月14日，一群军人突然冲进羊肉胡同孙洪伊的家里，翻箱倒柜搜查一遍。理由是据说孙家藏有八个“危险分子”，孙洪伊有“阴蓄死士进行暗杀”的嫌疑。

孙洪伊事先得到消息，仓皇逃往南京，托庇于冯国璋幕下，这是后话。

一般人认为，府、院之间的这一回合较量，以黎元洪低头服软，段祺瑞大获全胜告终。段祺瑞的看法却不同。他认为，孙洪伊被免职，是国务院内部的事情，不能视为是黎元洪的让步。既然国务院秘书长徐树铮已经去职，总统府秘书长丁世峄也应一并去职才算公平。

黎元洪认为段祺瑞这是得寸进尺，正想拒绝，恰好辫帅张勋又来凑热闹，发电报痛斥丁世峄。刚刚鼓起来的勇气又泄了。

丁世峄知道自己在总统府待不下去了，向黎元洪递上一纸辞呈，愤然离去。

黎元洪改任夏寿康为总统府秘书长。

第一次府院之争到此算暂告一段落，但曲尽情未了，好戏还在后头。

一支小插曲

府院之争，其实是黎元洪、段祺瑞二人之间的政治之争，权力之争，两人虽然争得不可开交，但也不想把事情闹大。

一天，陈绍唐到府学胡同拜见段祺瑞，见他心事重重，忍不住问道："相国这几天很有心事，想必是为了府院不和之事吧？"

"你的消息很灵通啊！"段祺瑞哼了一声说，"你有什么好办法吗？"

"办法倒是有。"陈绍唐看了段祺瑞一眼说，"不知相国想不想试。"

"说说看！"

"黎元洪是湖北人，喜欢用湖北老乡。"陈绍唐建议说，"相国不仿多用几个湖北人，使他感到满足，就不会在其他问题上斤斤计较了。"

"我用的湖北人还不多吗？"段祺瑞一连说出了几个湖北人的名字。

陈绍唐摇摇头说："这些人与府方的渊源太浅。"

段祺瑞皱眉想了半天，忽然咬牙切齿地说："有一个人也许与黎元洪的关系很深，就是那个该死的陈宧。"

"陈宧吗？"陈绍唐假作吃惊地说，"关系够得上，但这个人太坏了。"

此时的段祺瑞，也许是因为府院之争日益扩大而感到不安，不知不觉之中就掉入了陈绍唐这个小政客的迷魂阵里。几天之后，竟然亲笔给陈宧写了一封慰问信，欢迎他到北京来，许诺"另有借重"。

原来，陈宧自知段祺瑞对他深恶痛绝，于是派胡鄂公北上替他活动，陈绍唐就是胡鄂公收买的说客。事情办妥之后，胡鄂公返回武汉等候消息。

这一天，胡鄂公在汉口收到一封北京信件，发现左下侧注有"瑞缄"两个字，瑞字的最后一笔拉得特别长，这是段祺瑞习惯性写法。高兴地说："老段的亲笔信来了，其中必有好消息。"

陈宧于10月6日到北京，1917年1月20日，被任命为毅威将军。

同一天，北京政府还任命李烈钧为桓威将军，胡汉民为智威将军，拍文蔚为烈威将军，陈炯明为定威将军，李鼎新为曜威将军，汤芗铭为信威将军，周骏为翊威将军。

陈宦的一场祸事，就这样化险为夷，还取得了一个下台军人的荣衔，但他还不满足，还想得到一个有兵权有地盘的督军地位。

当时，各省军阀自立为王，不要说西南各省的督军北京政府调动不了，就是北方数省，北京政府也几乎无权过问。只有甘肃督军由省长张广建兼任，既无军事实力，且又劣迹多端，甘肃人民对他相当不满，曾集体向段祺瑞请愿，要求撤换张广建。

众议院也曾提案查办。段祺瑞为了要缓和与总统府之间的矛盾，想仿效“雍齿封侯”的故事，答应派陈宦继任甘肃督军。

做督军必须要有兵权作后盾。陈宦带入四川的军队在他退出四川时就已经解散了，只有旧部冯玉祥一旅驻防丰台、廊坊一带，陈宦决定率这个旅到甘肃。

由于冯玉祥在四川作战时不听调度，离开四川时又擅自行动而不表示合作，陈宦对他很不满意，打算撤换他而以冯部杨桂堂团长升任旅长。这件事由陆军部副部长傅佐良代办成功。

后来，事情突发意外，驻丰台的军人听说要将冯玉祥调任，愤然拆毁京津铁路，声称如果北京政府撤换冯玉祥或将部队调防，全体官兵愿与冯旅长共进退，请政府将该旅解散。

北京陆军部得到这个消息，立即派中将陈文运前往宣慰，答应将冯玉祥调往正定任直隶第六路巡防营统领，才平息了这场风波。

此后不久，傅良佐跑去找陈宦，说他本人负债4万元，希望陈宦向陆军部领到军饷到甘肃上任的时候，暂时“借用”一下，使他能够还清债务。

陈宦不懂这是官场上索贿行贿的门槛，竟然一口拒绝了。

如此一来，傅良佐对陈宦怀恨在心，指使国务院秘书厅不把陈宦出任甘肃督军的议案列入国务会议的议事日程。后来虽然列入了，又把这个议案压在最后，一连几天都来不及讨论。几天之后，段祺瑞把这件事淡忘了，没有再过问，而议事日程中，也不再有这个议案。

陈宦因不懂官场之道，将之前的一番努力化为泡影。

国会党派分裂

自从恢复国会以来，国会中的党派关系变动很大，但是，党派与党派之间，界线并不怎么鲜明，有时候让人看起来，似乎是一头雾水。

护国战争结束和国会重新召集的初期，进步党领袖梁启超、汤化龙曾提倡所谓的“不党主义”，这实际上是放了一颗欺骗全国人民的烟幕弹。

由于以前国民党和进步党以及其他政党相互争权，使全国人民对这些政党产生了抵触情绪，因此，梁启超、汤化龙等采取化大为小、废党立派的政治策略，取消进步党名称，在国会中分组为两个团体，一个是以汤化龙、刘崇佑为首领的宪法讨论会，一个是以梁启超、林长民为首领的宪法研究会。这两个会不久又告合并，并为“研究系”。

研究会和它的前身一样，并不是学术团体，而是一个崇拜实力而甘于为其工具的政治派别。此时，研究会主要依附于段祺瑞，与北洋派的另一位大佬冯国璋也保持着良好的关系，对黎元洪与西南实力派，也暗通款曲。

至于国民党方面，左派的中华革命党原是革命的秘密团体，主张采取激烈的革命手段，所以在国会中没有吸收分子。

国民党虽然仍为旧国会的第一大党，但早已名存实亡，属于国民党的议员分化为无数细小的单位。

有以孙洪伊为首的“韬园派”，以张耀曾为首的“宪政商榷会”以及由其分化出来的以张耀曾、谷钟秀为首的“政学会”等。

大体上，以孙洪伊为首的“韬园派”，与段祺瑞唱对台戏；由进步党蜕化而形成的研究系，拥护段祺瑞；由国民党分化出来的一些小派，拥护黎元洪。但也不是一概而论，“政学会”领袖张耀曾、谷钟秀都是段内阁的成员，他们不一定反对段祺瑞，此外，张耀曾、谷钟秀和“韬园派”的主要人物孙洪伊、丁世峄等人，以前都是君主立宪派或进步党人物，此时却又被称为国民党，这也是政党转化过程中的一个特点。

关于国会内部的争端，主要是对宪法问题的分歧。

国会审议宪法草案时，研究系的议员主张国会采取一院制，省制另由法律规定而不订入国家根本大法之中，并且反对省长由民选的规定；国民党各派议员则完全采取相反的意见。实际上，这是中央集权与地方分权之争。研究系所代表的是当权的北洋派的利益，反对派代表的是地方军阀的利益。

在审议的过程中，北洋派军阀经常发表关于宪法问题的意见，大体与研究系产生共鸣，在反对省长民选这个问题上表现得尤其突出。

冯国璋曾发表长电讨论宪法问题，传说这些电报都是由梁启超执笔，因此，梁启超被人冠以“政治阴谋家”的绰号。

这时候，西南各省虽然有倡制省宪和主张实行联省自治的微弱呼声，但西南军阀追求的却是实力和地盘的扩张，对国会内宪法之争很少形成一个成熟的意见。西南各省议会所发表的有关宪法问题的通电，与国民党各派的主张大体相近。

12月8日，众议院召开会议，讨论省制问题。会上，研究系议员与“益友社”（国民党）议员在表决手续上发生了重大争执，竟然发生到大打出手，抛墨盒、砸椅子，很多人都受了伤。

这一事件，是国民党与进步党在国会中交锋对垒的重演，议员们把议会会场当做战场，使国会“尊严”为之扫地。北洋军阀对研究系与国民党两大不同政治派别虽有所厚薄，但对整个国会并没有什么好感。

辫帅张勋主张乘机解散国会。

倪嗣冲通电说：“中国不亡于真专制之政府，而亡于假共和之国会。”

张作霖通电说：“国会捣乱，妨碍国是。何物党有，妄兴妖论。”

转眼到了阴历年年底，又是云南起义纪念日，经两院议定，总统公布，放假休息。大家既要搞庆祝，又要忙过年，公事就暂时搁置一边了。

12月29日，以冯国璋为首的全国22行省、三个特别行政区的军民长官给北京发出一封长电，希望政府“军政、财政、外交诸大端，皆宜早定计划”，早日制订宪法。

其实，这封电报是梁启超为了维持段内阁，怂恿冯国璋联合各省发出的。

西南各省军民长官也都附和列名。北方各省督军也纷纷以个人名义发表拥护内阁和辱骂国会的通电。

这些联名通电惹恼了张勋，因为通电抢了他的风头，让他这位13省区大盟主很没面子。为了证明自己的存在，张勋也联合一些军阀发出一个请北京政府罢免国民党系三部长（财政部长陈锦涛、司法部长张耀曾、农商部长谷钟秀）的电报。

1917年1月，倪嗣冲和北方各省军阀代表到南京向冯国璋祝寿。贺客中有段祺瑞的亲信徐树铮、靳云鹏、吴兴新、曾毓隽、丁士源等。寿宴结束之后，倪嗣冲邀请各省代表到徐州举行会议。

国务院得知消息之后，曾发电劝请各位代表取消这次会议。其实，这次会议是段祺瑞暗中策划的，他想驱逐黎元洪，驱散国会，但又不愿背这个恶名，希望假张勋这个大老粗之手，施一招借刀杀人之计。

各省军阀也知道段祺瑞是在做样子，并不是真心禁止他们开会，因此，仍然按原计划全都去了徐州，这便是第三次徐州会议。

1月9日，徐州会议开幕第三天，决定了五点：（1）请总统罢斥"佞人"；（2）取缔国会；（3）拥护总理；（4）淘汰阁员；（5）促成宪法。

第三次徐州会议，实际上是段祺瑞的胜利，因为所有的决定都有利于他。

徐州会议期间，研究系领袖梁启超到北京鼓吹解散国会。研究系是个温和妥协派，现在又和北洋实力派携手，正如民国二年（1913年）进步党支持袁世凯一样，梁启超这次进京，以调解人自居，意在调解府、院之间的矛盾。

其实，黎元洪的要求并不过分，他可以不反对内阁制，但根据《约法》规定，各省督军应受大总统的管辖，不应接受内阁总理的指挥而成为攻击总统的工具。

梁启超劝段祺瑞在礼貌上对总统让步，有话好商量。段祺瑞油盐不进，既不肯敷衍，实权上一点也不让步。

干戈仍然是干戈，没有化为玉帛。

第八章 张勋复辟

黎元洪、段祺瑞两人本来都看不起张勋，但当他们迫切需要外援时，却又把这个怪物当成救命的活菩萨。可惜的是，黎元洪、段祺瑞两人都看走了眼，他们以为张勋是一个粗人，不善于使用政治阴谋，不会耍手腕，但他们万万没有想到，这个粗人玩起阴谋来，比谁都狠。

一、对德绝交案

日美争夺战

张国淦出任国务院秘书长以后，比较注意府、院之间的联络与沟通，府、院关系一度趋于缓和。段祺瑞的作风也有所改变，“亲与总统见面之事渐多”。黎元洪更是刻意迁就，“证之于事实，则如有以何种事情求总统者，总统每交国务院而不赞一词”。由于双方积怨已深，特别是导致双方冲突的根源、即权力这块蛋糕的分配一直没有得到很好解决，府院之间这种相互“礼让”的关系，其实是一种表象。没过多久，这种表面上的和平，很快又被新的“政争”所湮没。

1917年2月1日，德国为挽回在第一次世界大战中的败局，宣布实行无限制潜艇战略，无论是交战国还是中立国，逮着谁就揍谁。这种野蛮做法激起了世界各国的愤怒，很多小国敢怒不敢言。

美国也是中立国，德国的潜艇战略让美国再也不能置身事外。美国对外贸易主要靠海运完成。潜艇战略之后，美国的商船也成了德国潜艇攻击的目标，货物和船员的生命安全受到严重威胁。美国当然不愿意受制于人，于是以德国违背国际公约、蹂躏人道为由，宣布与德国断绝外交关系。

这样一来，世界大战最后胜败之局就要见分晓，东、西帝国主义对中国的争夺战，在这一时期也就更加尖锐起来。北京政府表现出来的府院之争，实际上也是这种争夺战的反映。

段祺瑞已走上了亲日路线，美国则想通过中国的亲美分子，把黎元洪拉到亲美路线上来。于是，一场恶狗夺食的较量正式拉开了序幕。

2月4日，美国照会包括中国在内的各中立国政府，欢迎与美国采取一致行动。

2月5日，美国驻华公使芮恩斯秉承本国政府训令，向北京政府外交部递交照会，劝北京政府响应美国的号召，与德国断绝外交关系，以加强中美两国之间的“友好合作”关系。

外交部长伍廷芳主张接受美国的劝告。这位留美博士幻想争取美国在经济上和政治上援助中国，抵制日本侵略，并在战后国际和平会议上争得一定的地位。

黎元洪正因为段祺瑞已靠近日本，并引得外援而引为担忧，自然也想找一个靠山，增加自身的砝码，用以对付专横跋扈的段祺瑞，美国主动抛出橄榄枝，当然是求之不得了。

段祺瑞也认为参战能获得借款和军火供应，可以大大便利其“武力统一”政策，虽然他是一个盲目崇拜德国的人，但此时他走上了亲日路线，日本与德国互为敌对国，他当然不能再亲德了。关于是否对德断交，他还得看日本人的脸色。于是以国务院的名义，给驻日公使章宗祥发了一份电报，让他试探一下日本人的口气。

章宗祥很快就回话了，说日本本野外相并不反对中国对德绝交。

日本的这一表态与以前的态度有所不同。第一次世界大战爆发的时候，英、法、俄三国劝诱中国参战，而日本却极力反对，向袁世凯表示，中国既然已经宣布中立，没有再对德绝交参战的必要。袁世凯一来想讨好日本以换取对自己帝制的支持，二来忙于帝制，无暇顾及外事，故而宣布中国中立。

当时，日本竭力反对中国对德断交，其实是别有用心。因为中国一旦加入协约国，在大战期间，日本就没理由侵略中国，战后也很难独占中国，且中国一旦参战，就会走上亲英、美路线，日本就失去了对中国的控制。

现在的情况不同了，它已经和段祺瑞的北京政府狼狈为奸，结成了友好同盟，正要利用中国对德断绝外交关系进而宣战，把中国的军事、政治、经济、外交完全置于自己的控制之下。所顾虑的只是美国争夺对中国的领导权和控制权。

在与外国主人相勾结的同时，府、院在国内的动作也开始了。国务院向各省军阀发去密电，征求对德国绝交的意见；黎元洪也没有闲着，以总统府的名义，向全国“名流”发去密电，征求对德国绝交的意见。

从不同渠道反馈过来的信息，几乎相同。

孙中山、唐绍仪、康有为、马君武一致反对与德断绝外交关系。

冯国璋受孙洪伊的影响，明确表示反对对德断绝交；张勋、倪嗣冲、王占元也持相同观点；其他各省北洋军阀也都主张继续保持中立。

北洋军阀众口一词，固然有德国公使辛慈从中活动起了一定作用，更重要的是这些军阀害怕抛弃自己的地盘，带兵到遥远的欧洲去打仗。

在野人士反对，是由于这件事一旦发生，中国将会和侵略中国最凶残的两个敌人英国和日本成为同一个战壕的战友。

各省议会和商会团体，则以安定社会秩序、振兴实业为理由，纷纷通电主张中立。

全国人民反对卷入世界大战的漩涡，认为德国的潜艇战略对中国影响不大，中国没有必要参加国际强盗相互之间的不义战争。

黎元洪与段祺瑞走的虽然是不同的外交路线，但在对德断绝外交关系的问题上却形成了一致意见。

2月9日，国务院决定对德国的潜艇战略提出抗议。

同一天，外交部长伍廷芳以外交部的名义答复美国公使的照会，声明中国与美国采取一致行动，并拟进一步做必要的准备。

段祺瑞关心的是日本人的态度，当天下午，派汪大燮到日本公使馆作一些说明。同时派陆征祥到英、俄两国公使馆作了说明。他还电令驻日公使章宗祥，向日本政府说明中国政府向德国提出抗议的情况，向日本示好。

日本外相本野虽然在口头上表示感谢，但在语气上却有不满。原因是中国政府不是在决定前同日本商量，而是在事后进行通报，也就是说，中国对德国提出抗议，由美国主导的。很显然，日本在日、美中国争夺战中，输了一招。

日本政府当然不愿意看到这样的事情发生，于是催促中国政府，要进一步采取对德断绝外交关系和参战的准备。想在今后进入绝交与参战阶段，让中国离开美国，听从日本的安排。

中国对德国发出抗议，德国在限定时间内并没有作出答复，于是，对德国绝交就摆上了议事日程。围绕这个问题，外国列强对中国展开了争夺战。

日本秘密外交

美国公使芮恩斯在外交部长伍廷芳的陪同下，亲自拜访黎元洪，提出中国应派兵赴欧洲参战，作为交换，他答应的中国要求，停付庚子赔款、增加关税、撤销领事裁判权以及撤退各国驻兵等问题，都可以商量。

日本则表示，中国对德宣战，只宣战，不出兵。目的是想以中国参战为幌子，由日本派教官、供应军火，训练一批中国军队用以发动内战。这是日本与段祺瑞的阴谋。

第一次世界大战此时已到了最后关头，英、法、俄等参战国听说中国要与德国断绝外交关系，也纷纷向中国伸出橄榄枝，说中国如果加入协约国，将来改正关税、收回领事裁判权、缓付战争款等问题都可以商量。

日本政府由于在中国找到了可靠的代理人，于是高调介入，利用世界大战进入到最后的紧张阶段，英、法、俄等国迫切希望中国参战这一事实，通过秘密外交，先后胁迫英、法等国签订密约，承认日本在中国山东的特殊权利。

2月16日，英国驻日大使葛林照会日本外相本野，保证英国政府在将来和平会议上，支持日本继承德国在中国山东的权力以及日本对赤道以北德国各岛屿的领土要求。

作为回报，本野也答应，保证日本以同样精神支持英国对赤道以南德国各岛屿的领土要求。

接着，本野又能以同样的手段，与法国、俄国、意大利三国，达成秘密交易。

让人惊讶的是，西方各国要求中国参战，不与中国交谈，却把交换条件给了日本，中国反而成了受害国。日本政府这种偷偷摸摸的外交，是在“中日亲善”洋洋盈耳的气氛下进行的。这充分以说明，帝国主义对弱国表示的“亲善”，除了笑里藏刀外，没有其他的东西。

由于日本寺内内阁采取所谓“对华亲善”策略和对西方国家进行秘密外交，巩固了前任大隈内阁用军事恫吓与外交讹诈所获得的成果，但还留下美国这个缺口。后来，他们用交换条件，也将这个缺口给补上了。

由于西方国家纷纷出卖中国以换取日本的好感，日本在中国这场争夺战中占了上风，美国陷入孤立。

美国本来想拉中国下水，加入对德宣战的行列，但又担心日本乘中国参战之机，扩大其在华影响，从而损害美国在华利益。为了保持美国在华势力，美国政府只得暂时放弃对中国的竞争，避免与日本发生正面冲突，同时，又害怕中国完全接受日本的支配，因此向北京政府表示，中国对德抗议后，没有必要与美国采取一致行动，以避免引起国际纠纷而美国无能为力，关于中国政府所提参战后中国的权利与义务问题，中国应多与协约国商量。

这就是说，美国认为，中国如果对德宣战而不出兵，对美国无利，只能便利日本利用中国参战之名，更有效地控制中国。如果中国政府采取下一步行动，美国政府只能睁一只眼，闭一只眼，推开不管。

所谓“多与协约国商量”，就是表示美国没有勇气因争夺中国的领导权和控制权而过分触怒日本，希望通过协商，间接地取得有利于美国的条件。

美国这样退让，尽管是棋输一招，但也不很失体面。

美国的态度改变了，黎元洪的态度接着也有了转变，他见段祺瑞积极主张参战，担心段祺瑞借此加强对自己和全国的控制，转而也赞同美国对中国的参战立场。

总统府的谋士们认为，中国对德参战，即使成功，也是段祺瑞的成功，对黎元洪有害而无利。因此提出，要参战就得先倒段，倒段后再参战，则胜利的果实就属于黎元洪。据当时的总统府秘书长夏寿康说：“黎元洪内心是赞成参战，但不愿与段阁合办”。

段祺瑞把参战作为扩大自己势力的手段，黎元洪则把参战与否当做与段内阁斗争的工具，新一轮府、院之争开始了。

由于美国在中国对德问题上采取虎头蛇尾的态度，使得黎元洪、段祺瑞两人的外交政策走向两种不同的方向。黎元洪由赞成而变为对德绝交与宣战的反对者，段祺瑞则始终是这个政策的坚持者。

冯国璋进京

对德国的外交问题，不仅仅是黎元洪、段祺瑞两人在较劲，朝中大臣、社会名流，也都在关注这个问题。

2月20日，冯国璋由南京动身北上，在津浦路上分别会见了倪嗣冲，在倪嗣冲的陪同下到徐州，与长江巡阅使张勋就中国对德外交问题进行了交流。

冯国璋表示，中国在对德问题上应该保持中立。倪嗣冲、张勋两人完全赞同他的观点。火车经过济南，张怀芝也上车迎候，并陪送到德州才返回济南。

冯国璋到北京后，黎元洪因为他是初次以副总统的身份到北京来，因此给予隆重的欢迎，并请他下榻总统府。

冯国璋为了避免与黎元洪过多地接触、给人造成一种亲黎疏段的感觉，执意要下榻禁卫军司令部。

当于晚上，黎元洪到禁卫军司令部拜望冯国璋。

德国公使辛慈知道冯国璋是反对对德绝交的，特地在使馆里设盛宴招待冯国璋。冯国璋为了避嫌，并没有赴宴。

冯国璋进京后，黎元洪、段祺瑞都认为自己多了一个帮手。

黎元洪认为，冯国璋的意见和他是相同的，而副总统也不能与总统唱反调。

段祺瑞则认为，冯国璋与自己同为北洋派大佬，到底是一家人，且他还经过张国淦不断地用电报向他解释外交问题，没有理由不站在自己这一边。

冯国璋也是一个人精，进京后并不急于表态，先在徐世昌的家里与徐世昌、段祺瑞、王士珍三人开了一个小会，经过这次交谈，他才发现，总统和总理两人的外交政策，处于两个极端，从此，他不再发表自己的意见，有人问起他，他只是说这了“疏通府院意见与研究对德问题”而来。其他的什么也不说。

段祺瑞没有拉上冯国璋做帮手，但却找到了另一位帮手，他就是研究系首领梁启超。

梁启超本人也是一个亲德派，由于他所依附的段祺瑞坚持对德宣战，于是见风转舵，“不惜以今日之我与昨日之我宣战”，由一名著名的亲德派转变为极端的反德派。他曾经写了一本赞颂德国的书，由于这一转变而不能出版，他的老师康有为为这事，把他痛骂了一顿。

为了研究外交问题，段祺瑞在国务院组织了一个“国际政务评议会”，每逢星期一、三、五，都要召开座谈会，研究对德断交后的外交问题。段祺瑞自任会长，外交部长伍廷芳任副会长，被邀参加失员有陆征祥、夏诒霆、汪大燮、曹汝霖、熊希龄、梁启超、孙宝琦、汪精卫等。实际主持人是国务院秘书张国淦。北洋派元老徐世昌偶尔也来参加一次。伍廷芳似乎并不热乎，以有病为借口，经常派在外交部工作的儿子伍朝枢代表出席。

段祺瑞把这些“名流”、“外交家”、“言论家”组织起来，目的就是作为内阁的外交参谋。

在此之前，段祺瑞曾派徐树铮以考察陆军的名义，到德国观察欧洲战争的局势，徐树铮途中给段祺瑞写了7封信，内容多是对德国的赞赏，由于不合胃口，段祺瑞只看了前两封，后面的边封都没有拆，就丢到废纸篓里去了。

2月28日，段祺瑞命陆征祥以总理代表的身份，与驻京协约国公使商谈中国参战后的权利与义务，就一些具体问题进行协商。

关于权利方面，陆征祥提出：逐步提高中国关税；协约国缓讨庚子赔款10年，对德陪款则永远撤销；废止《辛丑条约》中关于天津周围20里不得驻扎中国军队，以及中国不得在大沽口修炮台等规定。

关于义务问题，段祺瑞根据日本政府的指示，中国不出兵到欧洲参战，只担任以原料及劳工供给协约国。

英、俄、法、日、比、意、葡七国公使对中国方面提出的条件进行会商，公推法、比两国公使为代表回答陆征祥，对中国提出的条件原则上赞同，并催促中国先行采取对德宣战的步骤。

在这期间，日本政府派非正式代表到中国，先与中国在野人士徐世昌、梁启超等人进行会谈，竭力鼓励中国对德绝交宣战，并代传达本野外相的意见，中国对德绝交，事前不必向协约国讨价还价。

日本政府之所以派非正式代表来中国活动，是为了避免刺激中国人民的感情。其中有一个名叫西原的日本人，是寺内首相的“私人代表”，专门到中国来秘密协商对中国的“经济援助”。

同时，英、俄、法各国公使，也纷纷访问梁启超，进行同样的活动。倒是最先鼓动中国对德绝交的美国，成了旁观者。

段祺瑞出走津门

3月1日，段祺瑞率全体内阁成员到总统府召开特别会议，专门讨论对德断交问题。

黎元洪认为，这个问题应该先征求国会意见。

第二天，段祺瑞邀请参众两院议长和国会中各政党领袖举行座谈会，说明对德国绝交的必要性，与会者没有人提出反对意见。

3月3日，国务院办公会议通过了对德绝交案，并拟好致日本节略，准备电令驻日公使章宗祥向日本政府提出，请日本帮助中国参战之后得到希望获得的权利。

段祺瑞带领全体阁员再次来到总统府，请黎元洪在向对德绝交案的文件上盖印，然后提交国会通过，并将致日本公使的电报发出去。

黎元洪不以为然，说这是一个关系到国家的重大问题，不可草率从事，得慎重考虑之后再作决定。

“什么？”段祺瑞脸色都变了。

“有军人反对对德宣战。”黎元洪慢腾腾地说，“对德绝交是对德宣战的先兆，这样大的事情，应当先统一军人的思想才行。”

“协约国都在催促我们对德绝交。”段祺瑞恼火地说。

“中国是一个有主权的国家，咱们的事情，能由别人说了算吗？”黎元洪声色俱厉地说，“大总统有宣战、讲和的特权。”

“总统虽有特权，但责任却在内阁。”范源濂拍着桌子大声说，“总统既不对国会负责，又可推翻内阁决议案，这样的总统，就像专制的皇帝。”

“打住！打住！”张国淦拉了一下范源濂说，“有事可以心平气和地商量，不必感情用事吗？”

“总统既不要我负责，国会又要向我问责，这样的总理，我没法干了。”段祺瑞说罢，冷哼一声，甩袖而去。

当天下午，段祺瑞让车站挂了专列，准备去天津，正要出发的时候，副总统冯国璋急匆匆地赶来了。

原来，冯国璋正在出席陆军军官的一个欢迎会，得到段祺瑞负气出走的消息，当即向大家告假，驱车赶到车站，劝段祺瑞不要意气用事。

段祺瑞对冯国璋来北京的表现本来就很恼火，余怒未息地说：“总统这个人无法与他共事，口口声声说宣战、讲和是总统的特权，可现在是责任内阁，总统有特权，内阁就无事可做了。既然这样，我还守在这里干什么？所有的事让他一个人去干吧！”

段祺瑞说罢，不顾冯国璋的劝告，乘车去了天津。

段祺瑞走了，内阁成员表示与总理共进退，纷纷提请辞职，北京政府一时处于瘫痪状态。

黎元洪让步

段祺瑞气走津门，黎元洪吓得不知所措，总统府的幕僚们却高兴得手舞足蹈，他们整天都想赶段祺瑞下台，见段祺瑞主动撂挑子，纷纷建议黎元洪顺水推舟，乘机改组内阁，让段祺瑞回不了内阁。

黎元洪何尝不这样想？但想归想，真干起来却没有这个胆量，因为段祺瑞不是一个人在战斗，他的身后可有北洋军，只要他登高一呼，立即就能掀起滔天巨浪。

5日晚，黎元洪请徐世昌、王士珍和冯国璋到总统府召开紧急会议，征求他们的意见。

“怎么会闹到这个地步呢？”徐世昌的口气略显埋怨。

“我也不想啊！”黎元洪无奈地说，“段祺瑞这个人你不是不知道，老子天下第一，与德国断绝关系这样的大事，没有经过国会讨论，就要我盖印，我敢盖吗？”

“可以商量吗！”王士珍说，“不至于闹到决裂的地步吧！”

“徐老！王老！”黎元洪恳切地说，“段祺瑞撂挑子，你们两人接手吧！请徐老组阁，王老出任陆军部长，如何？”

“不行，绝对不行。”徐世昌，王士珍一口回绝。

“这恐怕不是办法。”冯国璋也不赞成。

“为什么？”黎元洪仍然不死心。

冯国璋说：“直隶省长朱家宝传过来一个消息……”

“什么消息？”黎元洪紧张地问。

“芝泉拟好了通电，要请各省军、民长官评个是非曲直。”

黎元洪见段祺瑞向北洋军借势，彻底没了脾气，无奈地对冯国璋说：“那只有麻烦你走一趟了。”

“去了怎么说？”冯国璋看着黎元洪。

“外交问题就听他的，我完全没有意见。”黎元洪顿了一下说，“但以少数服从多数为好。”

“芝泉，回京吧！不要再斗气了。”冯国璋劝慰地说。

“回去也得有个说法呀！”段祺瑞说，“驴唇不对马嘴，回去找气怄吗？”

“总统说了！”冯国璋说，“只要国会通过对德绝交案，总统依法执行，绝不加干涉。”

段祺瑞回到北京，在冯国璋的陪同下拜访黎元洪，彼此就与德断交问题上达成协议。然后，冯国璋返回南京去了。

段祺瑞以国务院名义，在迎宾馆设宴招待两院议员，将政府的外交政策作了说明，要求他们对对德断交案投赞成票。

段祺瑞在内阁和国会中并没有遇到什么阻力。外交部长伍廷芳和海军部长程光壁虽然都属于国民党，但此时的国民党在组织上已处于瘫痪状态，国会中占有优势的已经不是号称第一大党、实际四分五裂的国民党，而是研究系。黎元洪虽然是进步党的领袖，但现在研究系的实际领袖是梁启超，而梁启超又完全站在段祺瑞一边，为段祺瑞的外交政策摇旗呐喊。因而，对德绝交案在参议院、众议院在投票表决时，顺利获得通过。

1917年3月14日，北京政府正式照会德国公使，宣布与德国断绝外交关系。同时，宣布收回天津和汉口的德国租界。解除中国境内的德国武装，停付德国赔款和欠款。

对德国侨民作宽大处理，凡在各地部门服务的德国人，一律留用，各地德国商人照常营业，德国传教师照常可以进行传教活动。

德国公使辛慈下旗回国的时候，黎元洪还赠给他很多珍贵的礼物。

辛慈乘车到上海的时候，上海官方还派人到车站迎接，兵士举枪致敬，一切都与断交前的礼节一样。

北京政府将停付的德国陪款和欠款提存中国银行。

德国公使刚走，列强为争夺德国在华利益，纷纷找上门来。

荷兰公使公然送来照会，声称他受德国政府的委托，代管德国在华利益，中德并没有宣战，中国政府不能适用对待敌国的办法对待德国，不能没收德国在华利益和财产。

英、法、俄等国也不甘落后，要求将上述款项提存到外国银行。

一场新的较量又开始了。

二、督军团大闹北京

山雨欲来风满楼

黎元洪下达对德绝交令后，认为对德国的这篇文章已经做完，总算松了一口气。

段祺瑞却不这样想，对德绝交案只是他走出的第一步，下一步便是对德宣战。正因为两人各有所想，你打你的锣，我唱我的调，交恶的关系并未因对德绝交而缓和，反而更加恶化。

梁启超追随段祺瑞，发表一篇题为“绝交后之紧急问题”的文章，鼓吹对德宣战。

全国各地反对对德宣战的呼声很高。康有为、张勋、王占元先后通电，反对对德宣战。康有为甚至以伍子胥自居，激动地说出了“请悬吾目于国门，以视德舰之入”的话。

冯国璋也从南京发来电报，反对中国对德参战。

段祺瑞见了冯国璋的电报，大为恼火，连忙发电质问，为何出京后与在京时的言论前后不符，反复无常。

冯国璋似乎不想正面与段祺瑞发生交锋，回电说，电报是新聘的秘书伍宪子拟的稿，也是他发的，不代表他本人的意见。

这样的解释很荒唐。伍宪子是康有为的门徒，受康有为的指使，有可能怂恿冯国璋反对参战，但他绝对不敢未经冯国璋同意，就以他的名义向弱京发电报。

一直到这个时候，黎元洪仍然认为对德问题只能走到绝交这一步，反对进一步采取行动。

一天，段祺瑞邀请徐世昌、梁启超、王士珍等人同到总统府，同黎元洪商讨对德宣战问题，并请黎元洪说明反对对德宣战的理由。

"我对这个问题没有成见。"黎元洪话锋一转，"但我认为少数应服从多数，现在舆论界都反对宣战，不能不引起重视。"

"舆论？什么舆论？"梁启超自命不凡地说，"我就是舆论界人物，但我就坚决主张对德宣战。"

"你能代表舆论吗？"黎元洪不满地瞟了一眼梁启超，转而盯住王士珍，"军界不赞成对德宣战，聘老就是一个。"

王士珍被黎元洪逼得毫无躲闪之地，只得含糊其辞地说："欧洲战场炮火连天，谁胜谁败还真说不定，德国陆军世界第一，如果德国战胜，事情就难办了。"

事实上，黎元洪与段祺瑞两人的对立，已发展到水火不容的地步。

黎元洪的军事幕僚们也推波助澜，竭尽所能地进行倒段活动。哈汉章利用前清末年与冯国璋在军咨府共过事的关系，怂恿黎元洪联冯制段；蒋作宾认为段祺瑞一直看不起土匪出身的奉天督军张作霖，就借总统的名义，给张作霖发了一封密电，许以高官厚禄，诱惑张作霖拥黎倒段。不幸的是，蒋作宾的密电被段祺瑞的亲信、陆军副部长傅良佐截获。

段祺瑞得到这个消息，怒不可遏，拟了一道逮捕令，要将蒋作宾缉捕入狱。

张国淦生怕府、院为这件事情闹翻了，苦口婆心劝段祺瑞要冷静、慎重考虑，不能因小失大。段祺瑞才忍下了这口气。

段祺瑞原本看不起张作霖，经历这件事后，派人到奉天去拉拢张作霖。

3月27日，广东督军陆荣廷进京。这是护国战争以后，第一个进京的西南派军人。

陆荣廷由上海取道津浦路北上，在南京拜访了冯国璋，途经蚌埠又会见了倪嗣冲。倪嗣冲陪同他到徐州会见了张勋。

张勋和陆荣廷早年在苏元春营中同事，有了这层关系，他亲自到车站迎接，见面之后感慨地说："转瞬数十年，少年已成白头啊！"

"是啊！"陆荣廷哈哈大笑，"你是个能人，这些年可是大名远播啊！"

“你不也一样吗？”张勋笑着说，“护国运动，你在西南搞得风生水起，我可没少给你拍手叫好。”

宴会期间，倪嗣冲大谈反对对德宣战的理由，请陆荣廷发表意见。

“军人以服从为天职，对外交问题不应当表示意见。”陆荣廷无意发言。

“陆帅打官腔，那我就无话好说了。”倪嗣冲有些无趣。

“今天老兄弟相聚，不谈国事，只叙旧情。”张勋见局面有些尴尬，连忙解围。

陆荣廷进北京后，分别拜见了黎元洪、段祺瑞。

29日，陆荣廷到清宫拜见了宣统皇帝溥仪。因为这件事，复辟派到处散布谣言，说陆荣廷“献女为妃”，“宣统皇帝赐以内币3万”，说得有鼻子有眼。

段祺瑞对陆荣廷寄有很大期望，想像以前拉拢龙济光一样，把陆荣廷拉过来作为在西南各省中的得力帮手。

黎元洪也不笨，也想拉拢陆荣廷。

陆荣廷有“再造共和”的虚誉，国会也在迎宾馆设公宴招待。

陆荣廷到京受到的热情招待，远远高过刚离开北京的副总统冯国璋。

陆荣廷似乎很低调，逢人便说自己不贪名、不图利、不争权、不要地盘，愿“解甲归田”，并推荐部下陈炳焜、谭浩明继任广东、广西两省督军，示意北京政府撤换与他不能合作的广东省长朱庆澜。

黎元洪、段祺瑞心里透亮，陆荣廷看似低调，实际上是以退为进，索要更高的地位、更大的地盘。

4月10日，北京政府发表命令，任命陆荣廷为两广巡阅使，并根据他的请求，命陈炳焜为广东省督军，谭浩明为广西省督军。

这是继张勋任长江巡阅使后的第二个巡阅使。但张勋不能节制长江各省，陆荣廷却节制广东、广西两省。从此，巡阅使成为驾乎督军之上的一个大头衔。

陆荣廷北上，得到了想要的东西，没有和任何人告别，悄然离京，回南方去了。

4月中旬，财政部长陈锦涛受贿案爆发，被革职查办，财政部长一职出缺。

在黎元洪的主张下，由袁世凯“嵩山四友”之一的李经羲继任财政部长。黎元洪选中李经羲，是有用心的。

李经羲是李鸿章的侄子，与北洋军的淮系有渊源。黎元洪原想请北洋派元老徐世昌或王士珍代替段祺瑞组阁，由于这两个人不敢接受，只得退而求其次，把李经羲这个有实力背景的老官僚塞进内阁，作为备用胎，一旦机会成熟，就可以让他取代段祺瑞。

北京的政局，看似风平浪静，私底下却是暗流涌动，总统府、国务院、国会三方之间的角力，错综复杂的政治斗争，北方政局危机，已经面临到大爆发的前夜。

督军团进京

段祺瑞铁了心要追随日本对德宣战，总统的反对，国会中的不同声音，他都不以为虑，他所顾虑的是军界的反对之声，这才是致命的。如果不稳住军界，让他们的态度改变过来，就将引起北洋派的分裂和全国的动乱。

4月中旬，段祺瑞向各省发出急电，请各省督军进京讨论外交问题，如果不能亲自来京与会，请派全权代表参加会议。并派心腹靳云鹏到南京去迎请冯国璋与会，一再电请陆荣廷、张勋二人一定要赴会。

冯国璋上次进京，就知道中国的外交关系与府院之争这潭水有多深，已经受人利用过一次，不想再为冯妇，借口防务吃紧，不能分身，派代表参加会议。

张勋是一个老子天下第一的人，不愿充当段祺瑞的配角，坚决拒绝北上。

陆荣廷已从左右为难的政治斗争漩涡中脱身，正在享受西湖的明媚风光，不想再到北京来活受罪。

第一个应召进京的是北洋派急先锋倪嗣冲。倪嗣冲在袁世凯时代为安徽督军，袁世凯死后，因不是北洋嫡系，段祺瑞对他并不感冒，将他改任安徽省长。在黎、段为“参战”闹得越来越凶的时候，他出于对自己利益的考虑，坚决反对“参战”。在蚌埠动身的时候，还大谈了一番“反战论”，声称对德宣战，必将引起亡国之祸，到天津后，又公开痛骂主张对德宣战的梁启超是“亡国文妖”，一路将反战之歌唱到北京。

倪嗣冲是一介莽夫，没有摸清行情，他之所以高唱反战调子，是认为总统比总理官大，过去，他效忠袁世凯大总统，从中捞到不少好处，这次总统、总理不和，他把砝码压在总统一边，所以一到北京，立即就去见总统黎元洪。到了总统府后，态度极为恭顺，一番巴结之后，便保举侄儿倪毓棻为陆军中将，保举儿子倪幼忱为陆军少将。在袁世凯时代，倪嗣冲几乎是有求必应，以他的想法，“宽厚慈祥”的黎元洪总统，一定会与他达成这次政治交易。

黎元洪对段祺瑞召开军事会议很不满，对倪嗣冲更是厌恶，早想借一个督军开刀立威，送上门来的倪嗣冲是第一个进京的军人，不待他说完，脸色一沉，大声呵斥道：“怎么？你是到北京来是为侄儿、儿子要官的吗？他们配当中将、少将吗？”

倪嗣冲遭此暴喝，无地自容，虽然怒火从脚底一直窜到头顶，却没有胆量冒出来，只得诺诺连声，悻悻退了出来。

倪嗣冲又跑去拜见段祺瑞。段祺瑞虽然同样厌恶他，可做人比黎元洪圆滑得多，他将厌恶藏在心里，将笑容挂在脸上，态度和蔼可亲，还向他详细地说明了对德宣战并不需要出兵的内幕。倪嗣冲仿佛找到了知己，态度来了个180度大转弯，立即由反战派变为主战派最得力的健将。

段祺瑞的阵营多了一员大将，黎元洪给自己制造了一个敌人。

随后到京的有：山西督军阎锡山、河南督军赵倜、山东督军张怀芝、江西督军李纯、湖北督军王占元、福建督军李厚基、吉林督军孟恩远、直隶督军曹锟、察哈尔都统田中玉、绥远都统蒋雁行等。其余北方和西南各省督军都派代表列席。

4月25日，军事会议正式召开，出席和列席的督军、督军代表有二十余人。海军部长程璧光、陆军训练总监张绍曾也都应邀参加了会议。

段祺瑞亲自主持这次会议，他向大家说明，这次会议有两个议程：讨论军制和外交问题。督军团公推李纯发言。

关于外交问题，会议之前就已达成统一意见，大家都不反对对德宣战。段祺瑞将准备好的“赞成总理外交政策”签名单拿出来，请大家签名，各省督军和代表一致签名通过。

这种表决方式，同当年袁世凯召集国民会议代表投票赞成君主制一样，人们都说这次会议是北洋派的“旧戏重演”。

接下来的议程便是统一军队编制，规定军官标准以及裁兵节饷等问题。

对德宣战无关痛痒，督军们签名表态做的是顺水人情，裁兵节饷关系到切身利害，谁都不愿接受。

段祺瑞似乎也不在意，此后的军事会议，督军都跑去串门、逛街，不再出席会议，只派代表参加。段祺瑞也不再出席会议，改派陆军部副部长傅良佐主持，会议也都是讨论而已，没有作出决定。这次军事会议，实际上成为只讨论外交的一次会议。

各督军没有参加会议，居然结帮到各协约国公使馆串门，各国公使也公然设宴招待这些军界大佬，这是一件很奇怪的事情。

督军团会议传开后，黎元洪大为惊讶，他原以为督军团是坚决反对对德宣战的，不料一夜之间，这些军人全都成了段祺瑞对付自己的利剑。

黎元洪痛斥督军团

5月1日，国务院正在召开办公会议，忽然闯进来二十多名督军和督军代表，声称要参加国务会议。这些军界大佬闯进会场，大喊大叫，尤其是倪嗣冲叫得最凶，叫嚣中国要无条件加入协约国，而且还要从快从速。

张怀芝大叫：“地方言百姓都是要打德国的，如果不尊重民意，就会闹出风潮，咱们这些地方官，可负不了这个责任啊！”

孟恩远、李厚基也跟着起哄，都主张对德宣战。

此时的内阁，其实没有几个人，外交部长伍廷芳已提出辞职、教育部长范源濂请假，新任财政部长李经羲没有到职，内务部长出缺，交通部长许世英因贿案被革职查办，参加会议的只有海军部长程璧光、农商部长谷钟秀、司法部长张耀曾三个人。

面对气势汹汹的军界大佬，几位部长连说话的机会都没有，对德宣战问题就算在国务会议上通过了。

5月2日，段祺瑞邀请两院议员到迎宾馆参加茶话会，要求通过对德宣战案。

参议院议长王家襄表示，对德宣战案如果提交到国会，两院议员一定会凭良心投上自己代表国民的神圣一票。

众议院议长汤化龙一会儿拍大腿，一会儿搔头皮，有些不知所措，不知说什么好。

段祺瑞见他实在不想说，只得举杯请大家略用茶点，然后宣布散会。

在段祺瑞的策划下，督军团及各省代表以地方首脑的身份，在北京举行议员招待会，以求议员助一臂之力。军人直接与国会接头，这还是民国成立以来的第一次。

招待会后，倪嗣冲、张怀芝、曹锟等军人来到总统府，要求见黎元洪。

黎元洪知道这些人是受段祺瑞的指使，恼怒地问："你们到底要干什么？以军人的身份闯进国务会议，干预国政，这是违法的。"

"咱们这不是关心国家大事吗？"倪嗣冲说，"怎能说是干预国政呢？"

"宣战、讲和，是本大总统的特权，容不得你们说三道四。"黎元洪怒喝道，"你们的责任是守土，战与不战，这是本大总统的事，不需要你们插手。"

"各国公使都希望中国参战吗！"倪嗣冲心有不甘。

"你是省长！"黎元洪怒喝，"有什么资格与外交团对话？"

"我们是奉命进京参加军事会议。"倪嗣冲两手一摊说，"不能算擅离职守。"

"你是省长！"黎元洪怒斥："有什么资格参加军事会议？"

这些军界大佬，即使是在袁世凯时代，也没有受过如此训斥。他们万万没有想到，素称宽厚慈祥的黎元洪，会给他们碰大钉。无奈他是总统，心里尽管直冒火，却不敢顶撞，只得诺诺连声地退了出去。

当天晚上，总统府举行小圈子秘密会议，讨论怎样对付专横跋扈的段祺瑞。黎元洪的军事幕僚都说：今天总统的脾气发得好，看这些老粗敢不敢再来欺负总统。

“实在是憋不住了，才发这么大的脾气。”黎元洪叹口气说，“脾气发了，心里顺畅多了。”

段祺瑞在府学胡同的家里，也召开了一个小圈子秘密会议。他觉得局势很严峻，总统和国会两道关都不容易打通。并对黎元洪给督军团难堪表示愤慨。

“没有大不了的事！”傅良佐站了起来说，“总统不盖印，咱就驱逐总统！国会不通过，咱就解散国会！”

“这不是办法啊！”张国淦说，“一切事情，应当走正常轨道上进行。”

“对！”段祺瑞赞同地说，“还是应当按正常轨道办事！”

段祺瑞所说的正常轨道，并不是正常程序，而是指袁世凯的那一套：武力威胁加伪造民意。他指使各督军策动各省人民团体，向政府发送对德宣战的请愿文电。

因此，各省“人民团体”纷纷向北京发送电报，内容千篇一律，如同当年袁世凯在表决国体时期发动各省通电一致赞成君主制的情景如出一辙。不同的是，段祺瑞的手法比袁世凯的手法要低几个档次，以至漏洞百出，如上海“人民团体”的电报从北京电报局发出，而真正从上海电报局发到北京来的电报，却是清一色地反对中国参战。

黎元洪知道全国各地的社会团体都反参战派，本想发通电征求意见，利用“民意”对抗段祺瑞的“军意”。谋士们认为这样做，将会使北京政府陷于极端严重的危机，劝止了黎元洪这个念头。

5月6日，段祺瑞率全体内阁成员到总统府，请黎元洪在拟好的关于对德宣战案的咨文交国会文件上盖印。

“这个问题关系太大！”黎元洪认真地说，“还是再考虑考虑吧！”

“大总统！”范源濂愤然说道，“你这是优柔误国啊！”

“你在对谁说话？你以为你是谁呀？”总统府掌管印章的唐浩镇看不过去，

出来帮腔。

"我还不伺候了呢！"范源濂说罢，愤然而去，出门随手关门用力过猛，门玻璃震碎了。

段祺瑞看了黎元洪一眼，没说什么，起身离去。

黎元洪也没有再说什么，示意管印章的唐浩镇盖印，将原件交与张国淦带回国务院。

黎元洪立即找来司法部长张耀曾，问他如果国会不通过宣战案，段祺瑞能不能解散国会。

"即使解散国会，就应召集新国会通过宣战案后，才能公布执行。"张耀曾大说，"但是，约法并没有解散国会的规定，违反约法，就等于是谋反。"

"是吗？"黎元洪精神为之一振，问道，"对，谋反就是造反！"

此时的黎元洪，把一切希望都寄托在国会上，因为国会中为数不少的政学会议员和他保持着良好的关系，同时，他也知道，督军团大闹北京城，已经引起了国会方面的不满。除了研究系外，各党派议员也都不甘心充当段祺瑞驯服的工具，看上去，宣战案要在国会获得通过，不是一件容易的事。

三、较量

段祺瑞孤注一掷

5月7日，段祺瑞把对德绝交案提交国会表决。

第二天，段祺瑞邀请国会各党派主要人员108人举行座谈会，向他们解释对德宣战的四个疑点问题：第一，说明俄国发生革命以后，俄国新政府只会继续对德作战，不会讲和；第二，保证参战后对日本没有秘密外交，中国政府不偏重哪一国；第三，对德宣战后，中国并不出兵作战；第四，欧洲战场上，德国现在已经转攻为守，没有取得最后胜利的可能。

众议院召开秘密会议，决定将“宣战案”先提交全院委员会审查。就当时的情况看，这实际上是对参战案的否决。

段祺瑞知道了这个消息，决定孤注一掷，借“民意”逼国会就范。

在短短的两天时间内，北京城突然出现了“五族公民”、“陆海军人代表”、“政学商界请愿团”、“军界请愿团”、“学界请愿团”等光怪陆离的团体，这些团体纷纷给众议院上书，要求批准对德宣战案。

10日下午，众议院举行全院委员会审查对德宣战案，这些“公民团”从四面八方涌向众议院门口，人数达数千之多。看见议员走过，他们硬向议员塞送“请愿书”和“警告”传单，议员如果拒不接受，当场便遭到拳打脚踢，邹鲁、吕复、田桐、陈策、吴宗慈、郭同等十余人，都挨了打，其中田桐受伤最重。

“公民团”推举张尧卿等人为代表，到众议院楼上议长室求见议长汤化龙，要求列席会议旁听。

“不行！这不合法。”汤化龙断然拒绝。

“那好！”张尧卿威胁地说，“今天众议院必须通过政府提交的对德宣战案，否则‘公民团’对国会和议员将采取激烈手段，请大家慎重考虑。”

“怎么？”汤化龙问，“恐吓呀？”

“别把我的话不当回事哟！”张尧卿说罢，率众大摇大摆地下楼去了。

众议院门外的情况很乱，一些不明身份的人围在门口大喊大叫，为了维持会场秩序，来了很多武装警察，四面的便门也有佩枪警察站岗。

警察宣布，为了保证议员们的人身安全，所有议员禁止外出，但是，令人费解的是，冲击会场、对议员的人身安全带来严重威胁的“公民”代表，却可以自由出入。议员们被彻底“保护”起来了。

议长汤化龙觉得情况不对，向总统府和国务院打电话求救。

总统府答复：已请段总理立刻处理这件事。

国务院答复：总理已派警察总监吴炳湘马上赶到国会处理这件事。

现场担任“保护”国会的警察和宪兵与“公民团”彼此不相侵犯。外面指挥“公民团”的是陆军部的办事员张尧卿、刘世均、刘文锦、赵春霆、吴光宪、赵鹏图等人。有人看见国务院参议陈绍唐乘汽车往来指挥，还有人看见靳云鹏、段芝贵也曾到场。至于那些摇旗呐喊的“公民”们，小部分是北京城的军人和警察，大部分是乞丐、挑夫和无业游民。

下午正式开会，议员们对公民团大闹众议院十分愤怒，主张不解决突发事件，就不讨论对德宣战案。临时决定将全院委员会改为大会。议员张伯烈率先提议，请内阁总理、内务部长、司法部长三人到会，质询北京秩序是否能够维持。当场获得通过。

汤化龙立即分头打电话，请段祺瑞等人到会接受质询。

段祺瑞发现事情比自己想象的还要糟，为了摆脱困境，只好派教育部长范源濂去解释。

范源濂赶到国会，声明对“公民”请愿这件事，事前毫无所闻。正在这时，院外的“公民”们大喊大叫起来，大有冲进会场之势。范源濂觉得事态严重，与汤化龙商量对策。

“请总理亲自来一趟吧！”汤化龙看了范源濂一眼说，“总理如果不到面，有人会说这件事是他策划的，以后想说恐怕也说不清了。”

范源濂无奈，只得打电话向段祺瑞转告汤化龙的意思。

段祺瑞回答说，已命吴炳湘解散公民，公民解散之后，他便前往众议院。

到处的叫骂声、起哄声、掌声，此起彼伏，乱哄哄一片。

天快黑了，国会工作人员出外购买食物，刚走进门口，“公民团”一拥而上，将工作人员买回来的食物抢夺一空。

警察见状，慌忙把所有的门都关起来。据说是怕“公民团”冲进来对议员有所不利。

议员们似乎并不惊慌，有人说：“民国二年选举总统，我们已领教过这种阵式，现在是第二次，我们不怕什么了。”

6时左右，北京警察总监吴炳湘才到，“公民团”仍然包围国会不散，这位警察总监并没有下令解散“公民团”，只是派警察请“公民团”派代表进院，劝他们先行撤退。

“公民团”代表要求面见汤议长或范部长。

汤化龙避不见面，范源濂接见了他们。几位代表提出三条意见：(1)要求国会当天通过对德宣战案；(2)国会如不通过，要求政府解散国会；(3)政府如不解散，公民将自动捣毁国会。

这不是什么条件，这就是最后通牒。

时间到了7时半，乱哄哄的场面突然鸦雀无声，“公民”们自觉地让出一条通道，一辆汽车进来了。

段祺瑞从车上下来了，请愿团掌声雷动，段祺瑞满脸笑容，向大家挥手致意，然后快步走进众议院。

“段总理！外面到底是怎么回事？”议员们大声质问。

“门外的警察都是吃干饭的吗？”有人大声质问，“为什么不将这些人赶走？”

“不驱散门外那些人，这个会就不要开了！”

“人民到国会和平请愿，这是他们的权利吗！”段祺瑞耍着官腔说，“不能以武力驱散他们，如果这样做，有可能引起军民冲突，甚至造成流血事故。和平劝导才是最好的方法。”

汤化龙宣布暂时休息，引段祺瑞与范源濂及随行人员到会场后面的小厅休息。

吴炳湘奉命到门外劝请愿团回去，有事明天再来。

“如果明天议员不到会，我们就去捉他们！如果明天开不成会，就请政府解散国会！如果政府不接受人民的意见，就放火烧掉国会。你们说怎么样？”有一个人站在凳子上大喊。

“好！”一众捣乱分子报以热烈掌声，但却没有散走。

休息室的几个人如同几尊“木偶”，眼睛看着鼻子，没有人开口说话。议员们在大厅里却是谈笑风生，说有段总理在这里，就不怕外面的“公民”逞凶了。

事实也正是如此，“公民”把议员包围在院子内，议员又把总理包围在休息室内，形成了僵局。

晚餐的时间早过了，大家饥肠辘辘，苦不堪言，突然，下起了面包饼干雨。

原来，国会隔壁是政余俱乐部和政学会两个党派的聚会场所，面包饼干是从那边抛过来的。这样，肚子问题算是解决了。

“公民打议员，议员为何打不得总理！”被“公民”打伤的议员邹鲁越想越气，突然站起来，冲向休息室。

休息室顿时乱成一团，议员们担心事情闹大了，有人上前死死地抱住他，才没有让事态进一步发展。

直到晚上9时，“公民”们还没有散去的意思，现场仍然僵持着，突然，有人向议院内投掷砖瓦，一块飞石击中了日本联合通讯社记者中野。

段祺瑞担心引起外交纠纷，这才命令吴炳湘打电话叫来一队骑兵，驱散了“公民团”。

被围困达10小时之久的议员们，没有心情也没有精力再继续开会了，一个个疲乏不堪地走出会场。

“公民团”大闹众议院是段祺瑞的亲信幕僚策划的一场闹剧。而所谓的公民，实际上是花钱请来的一批乞丐、车夫、游民。

北京《醒华报》登出一个叫王合新“公民”的来信，揭露了“公民团”的黑幕。他在信中说：他到北京来谋事，经同乡合肥人陆军部秘书谭君毅介绍，加入公民请愿团，言明从12点钟起，随大家包围议院，每点钟给大洋5角，散场即付款。并允诺点名册造成具报总理以后，可派一差使。他站到晚8点半才走，还被警察打了一枪托。当晚去找潭先生领钱，潭不给。第二天再去讨，潭避而不见，让一个小青年出面，说事情弄糟了，总理不认账，恐怕还要惩办凶手，喝令他以后不许再提此事。气愤不过，才写信揭露这件事情。

众议院停议参战案

“公民团”事件发生后，全国舆论大哗。

在强大的舆论压力下，内阁成员伍廷芳、程璧光、张耀曾、谷钟秀同时辞职。此前的财政部长、交通部长因贿赂案被免职，教育部长范源濂在家“养病”。段祺瑞偷鸡不成反蚀把米，陷入了空前危机。

5月12日，国务院召开例会，段祺瑞成了光杆司令，秘书长张国淦劝段祺瑞暂时引退。

“为什么要辞职？”段祺瑞说，“我不辞职，黎元洪能奈我何？”

“事情不是这样啊！”张国淦说，“内务部长孙洪伊被免职，命令并没有经签字，还不是照样发生了效力。”

“真的能这样？”段祺瑞两眼盯着张国淦。

张国淦点点头，表示肯定。

“那你就替我准备一份辞职报告吧！”段祺瑞说罢，头也不回地走了。

“张秘书长！”刚从国外考察归来的徐树铮跑到张国淦的家里，大声咆哮，“你受总统府的指使，迫使总理辞职，将来北洋派如果瓦解，要拿你是问！”

“我不想同你吵！”张国淦说，“你真想弄清楚，就去问总理吧！”

段祺瑞正在家里陪徐树铮喝茶，秘书涂凤书送来一份文件，请他审核。

“什么文件？”

“总理让秘书长代拟的辞职报告。”

“什么狗屁辞职报告！”徐树铮放下茶杯，抢过秘书手中的文件，扯得粉碎。

“这……？”涂凤书看着段祺瑞，不知怎么办。

“你先回去吧！”段祺瑞摆摆手。

从此以后，段祺瑞不再提及辞职的话。每天照常到国务院上班。他还打算等参战案在国会通过后，便着手重新组阁，连发三道咨文，催促众议院从速通过对德宣战案。他很有把握，国会一定会通过参战案，内阁也不会陷入危机。

“段祺瑞还在照常上班吗？”黎元洪惊奇地问幕僚。

“一个人在唱空城计呢！”有人打趣地说。

“看他的独角戏唱到几时？”黎元洪也有些幸灾乐祸。

按惯例，内阁成员辞职，总统应该加以挽留，挽留不住，再准其辞职。但这一次，黎元洪对辞职内阁，概不挽留，仅仅对伍廷芳的辞呈留中不发，其余的都批“交院”审议。目的是一旦段祺瑞下台，以伍廷芳替代，成立一个过渡内阁。

“公民团”事件发生后，黎元洪派哈汉章到南京，想联合冯国璋作为倒段的同盟军。冯国璋表示由王士珍组阁最为适宜，并发电对“公民团”包围议会的行为表示不满。这是北洋派直系军人与皖系军人不合作的一种反映。

黎元洪请王士珍到总统府商讨组阁问题。王士珍没有这个胆量，坚决拒绝组阁。

段祺瑞想作困兽之斗，见国会拒不批准对德宣战案，决定用武力威逼黎元洪解散国会。

这一天，山东督军张怀芝代表督军团进见黎元洪，声称国会反对参战，请大总统“立于解散”，遭到黎元洪的严词拒绝。

18日，北京《京报》披露了段祺瑞与日本秘密勾结的消息，说日本给段祺瑞政府1亿元的借款，作为交换条件，中国聘请日本技师为管理人员，主持中国军火工业，聘请日本武官训练中国参战军。

消息一经传出，全国人民为之震动，这对摇摇欲坠的段内阁又是一个沉重的打击。英文《京报》主笔陈友仁在揭露消息的当天被捕。

孙中山、唐绍仪、岑春煊等人从上海发来电报，要求严惩威胁国会的暴徒，这也加强了原属国民党的国会议员的倒段的决心。孙中山以个人名义电请国会先否决对德宣战案，不必侧重倒阁问题。

19日，众议院召开会议，议员褚辅成提出一个问题：对德宣战一案原是以总统的名义提交国会议决，为何三次催请表决的咨文都由国务院发出？而国务院发出公文应由国务会议决定，现在国务院仅有总理一人，根本就没有举行国务会议。因此，他认为国务院的咨文不合手续。他建议在内阁没有改组之前，停止讨论对德宣战案。这个提议，以多数人的同意获得通过。

国会与段祺瑞也进入到短兵相接阶段。

较　量

国会恢复以来，原来属于国民党的议员纷纷组织各自为政的小集团，力量分散，研究系以第二政党在国会中反而占据主要地位。由于段祺瑞指使督军团并又组织“公民团”威胁国会通过对德宣战案，激怒了研究系经外的全体议员，驱使他们在倒阁的问题上重新联合起来，从此，研究系议员又转入孤立寡援的地位。

研究系在国会内维持段祺瑞内阁和通过对德宣战案的两个主张，都陷入绝望。此外，研究系关于宪法的主张，在二审中也没有通过。因此，研究系对国会产生了一种新的感觉，感觉到这个国会仍然是由国民党多数把持国会，还没有成为他们的有力工具。

研究系从来就是口谈政治而事实上并不重视政治的投机政客集团。他们看到段祺瑞与国会已经形成势不两立的局面，督军团在段祺瑞的授意下，准备采取高压手段迫使总统解散国会，他们的领导者竟然产生了一种幻想，企图解散国会后，在新国会选举中，依靠北洋派的力量，击败国民党而成为国会中的第一大政党。根据这个幻想，在国会将要被武力蹂躏的危急关头，他们并没有与国会中其他党派联合起来共同挽救国会的命运，而是采取冷眼旁观的态度，并进而投向督军团的怀抱，反过来替督军团出谋划策，破坏国会。

在众议院推迟讨论外交案的同一天，督军团又在倪嗣冲的家里召开紧急会议，研究系的重要人物竟也公然参加这个会议。督军团准备上手段，对国会施加压力，迫使国会通过对德宣战案，如果这一招还不奏效，就联名呈请总统解散国会。如果达不到这个目的，督军团就不离开北京，集中力量，与国会战斗到底。

有人提醒这些愣头青，说国会并没有否决对德宣战案，只是说推迟讨论时间，而推迟讨论的原因，是因为受到“公民团”威胁国会的刺激，是由于内阁不是一个完整的内阁，这些理由都是站不住脚的。此外，军人公开干涉外交，并以此为借口攻击国会，毕竟不是一件光彩的事情。不如借口国会宪法二审会中所通过的宪法草案条文，严重地违反宪法精神，呈请总统解散国会。

军阀们大多都是一些体格强壮、头脑简单的莽夫，对法律问题一窍不通，认为这个点子比他们的高明，决定采纳这个建议。

倪嗣冲又补充了一个意见，就是总统如果拒绝解散国会，各督军便联名辞职，宣布不负地方治安的责任。

倪嗣冲的昏话，居然获得一片叫好声。

但毕竟还有人没的昏过头，他们提醒说：这样做不是一个办法，因为宪法还没有完成，只是一个草案，以这个作为借口，要求总统解散国会，说客气一点，是理由不充分，说不客气一点，就是无理取闹。

“那怎么办呀！”有人说，“难道就这样算了不成？”

有人提出这着棋分两步走，先呈请总统向国会咨文修改宪法草案，如果遭到拒绝，再请总统解散国会。

有人提出一种担忧，说督军团赖在北京不走，可能会产生另一种后果，如果总统命令北京的军警监视咱们的一举一动，那督军们就成了政治俘虏而无用武之地。

有人又提出，联名辞职也不是办法，如果说督军们是在自己的地盘上，以辞职为要挟手段，可以吓倒总统，但在北京辞职，如果总统真的批准了，督军们现在是光杆司令，没有反抗能力，反而是送肉上砧板。真到了那个时候，哭恐怕也哭不出来。

于是有人提出一个新的建议，不如在总统拒绝解散国会之前，督军们打伙儿离开北京，回到自己那一亩三分地上去进行反抗。

由于研究系替督军团“运筹帷幄”，接下来，督军团演出了一系列“精彩节目”。

同一天，督军团开快车，拟了一份改正宪法的草案。呈文中说，“唯有仰恳大总统权宜轻重，毅然独断，如其不能改正，即将参、众两院，即日解散，另行组织。”

这个呈文，根据当时的传说，是由研究系的“幕后军师”们捉刀。一切迹象证明：研究系不仅想依靠督军团的势力挽救他们在议场内已经失败了的关于宪法问题的主张，而且还企图在做不到时就解散国会，以便在下届国会中取得多数党的地位。

这个呈文公推年龄最长的孟恩远领衔。督军和都统列名者为孟恩远、王占元、张怀芝、曹锟、李厚基、赵倜、倪嗣冲、李纯、阎锡山、田中玉、蒋雁行。由代表代替签名者为杨善德、张作霖、陈树藩、张广建、毕桂芳、姜桂题、杨增新。各省代表以本人名义签名者为冯国璋的代表师景云，刘显世的代表王文华，唐继尧的代表叶荃，谭延闿的代表张翼鹏。全部列名的督军和军事代表共计22人。只有安徽督军张勋，两广巡阅使陆荣廷，广东督军陈炳焜，广西督军谭浩明，四川督军戴戡并无代表在北京，所以榜上无名。

这个呈文看起来是22省区军事首长发出的共同声音，实际上是倪嗣冲一手包办，一部分督军根本就不知道这件事，一部分在“团结北洋派”的大题目下随声附和，还有一部分是被冒签或硬拉进来的。

呈文写好后，倪嗣冲派人依次送往各督军的住处，请他们签名。李纯在天津没有回京，倪嗣冲就以长途电话通知他，已经代他签了名。

湖南代表张翼鹏不敢代谭延闿签名，要请示后才能决定。倪嗣冲说：“你不能代表他，我却能代表他！”张翼鹏慌忙地签上了自己的名字。

此例一开，江苏代表师景云也不敢代冯国璋签名，而用自己的名字签名。

云南代表叶荃、贵州代表王文华既未看见这个呈文，也并无人前往接洽签名，但是他们榜上都有名。因此，叶荃曾向黎元洪声明被人冒签。

冯国璋和西南各省督军也纷纷把自己的代表撤回。

倪嗣冲将呈文送到国务院，请国务院转呈总统。徐树铮在呈文上盖了将军府的大印，另外拟好一道解散国会的命令，一并送往总统府。

当天，从总统府传出消息，说总统已经看了呈文。总统认为：各督军以个人的名义，以国民一分子的名义，在宪法草案上提出某些建议，这是可以的，但是，以联名的方式提出，并且要求解散国会，这不是一种正常的行为，火车脱轨了。总统是国家的最高行政首长，没有干涉国会制宪和解散国会的权力。他愿意以个人的名义，邀请国会议员谈话，代为转达督军们的意见，供议员们参考，但绝对不能命令国会怎么做。因此，这个呈文不能批答。

这些消息说明：黎元洪在督军团的面前表示的态度，是动摇和软弱的。

20日，黎元洪果然邀请国会中各政党领袖：政学会领袖谷钟秀、研究会领袖汤化龙、益友社领袖吴景濂、政八俱乐部王正延等人到总统府开座谈会。

在座谈会上，黎元洪提出督军所指责的关于宪法草案的三个“缺点”，希望国会加以考虑。各政团领袖也说他们对此没有什么成见，可以转达本团体议员考虑这些意见。显然，各政团领袖在军阀集体示威运动中，同样表现出一种动摇和软弱的态度。

因为从总统到各政团领袖，对督军团的违法行为视而不见，反而还要考虑他们在违法状况下提出来的一些非法要求。

座谈会结束后，有人问黎元洪，如果督军团一定要解散国会，怎样对付。

"不违法、不盖印，不怕死！"黎元洪坚决地说，"这就是我的决心。"

第二天，黎元洪召见孟恩远，指着呈文问道："这是你们弄的吗？"

"嗯！"孟恩远点头承认。

"你们要解散国会，没有法律根据。"黎元洪说，"当前的问题不在国会，而在内阁。"

"为什么？"孟恩远不解。

"总理成了光杆司令。段祺瑞一个人撑起内阁。"黎元洪冷冷地说，"解决时局的唯一办法，就是段祺瑞辞职，另外组织一个健全的内阁。"

"总统有合适人选了吗？"

"徐世昌、王士珍、李经羲、赵尔巽这四个人，都有可能继任总理。"黎元洪看了孟恩远一眼，说，"你可以将我的意见转达给各位督军。"

孟恩远退出之后，赶到曹锟的住所，再一次召开督军团紧急会议。散会后，孟恩远又单独到总统府见黎元洪，报告各督军讨论的结果——主张维持段内阁。

当天晚上，督军团又在府学胡同段祺瑞的家里举行会议。散会后已经是11时左右，有一批督军和各省军事代表，实践其"打伙儿离开北京"的计划，连夜乘特备的专车去了天津。

四、徐州复辟会议

段祺瑞遭贬

当督军团大闹北京的时候，有一个最好出风头的人却置身事外，他就是长江巡阅使、怪人张勋。

黎元洪、段祺瑞两人都看不起张勋，到了这个时候，两人竟然同时都想到了他。都想把他拉过来，加入自己的阵线。

在黎元洪眼里，张勋是个在外交上反对对德宣战，在内阁上不热心段祺瑞的人，只要稍加动员，一定能为我所用。于是，他接受李经羲的推荐，派江西籍国会议员郭同到徐州与张勋联络。

在段祺瑞的眼里，张勋是一个仇视国会和轻视总统的人，这样的人，一定能成为自己一个战壕的战友。于是，他派心腹徐树铮前往徐州，请他借参战问题予国会以致命之打击。

张勋虽然是个粗人，但他不傻，而且还有自己的主张：解散国会他绝对赞成，驱逐总统也无不可，如果这两者的目的是为了拥护段祺瑞，那他又绝对不愿意干。他的目的是复辟，他要利用府、院之争，国会与内阁之争，寻找复辟的机会。

张勋向黎元洪的密使郭同说："大总统是一位忠厚长者，咱断乎不许别人欺负他老人家。如果有用得着张某人之处，咱愿替他老人家效犬马之劳！"

"嗯！"郭同喜出望外地说，"总统要的就是这句话。"

张勋会见徐树铮时，拍着胸脯说："总理如能赞成复辟，解散国会、驱逐总统这两件事，我姓张的包了"。

张勋虽然是一个怪人，但他时刻都在做着复辟梦。他也估计了复辟的可能性：第一，段祺瑞表示无可无不可的态度；第二，冯国璋和陆荣廷可引为同志，其余的一般武人，他早已窥破了他们的心理：对内阁问题、参战问题、复辟问题一切都无所谓，他们没有中心思想，只以个人权位及地盘为前提。张勋又自命深深懂得一般人的心理，以为民国的封疆大吏不及前清督巡抚尊贵。他认为，北京政府两大巨头同时向他抛出橄榄枝，给他提供了一个千载难逢的复辟帝制的好机会。因此，他借机放出了两颗烟幕弹。

黎元洪听了郭同的汇报，认为有张勋做他的强援，对段祺瑞下手将是胜券在握，于是让人放出消息说："我看政局日益混乱，段总理难以支撑大局，不如乘机休息一段时间，到时再来。"

段祺瑞得到消息，觉得黎元洪近来严词厉色，绝不假借，看来是真的要向自己开刀了，反复权衡，还是不愿意辞职。于是连夜召开秘密会议，与亲信们商讨对策，让他失望的是，所有人都劝他作必要的退却，以便积蓄力量，待机反攻。连最靠拢他的研究系人物，也是这个态度。他知道总理这把交椅坐不下去了，只得派范源濂到天津，请徐世昌出面组织新内阁，表示自己在新内阁担任陆军部长一职。

徐世昌知道段祺瑞不是真心要下台，他自己也不想往火坑里跳，拒绝了范源濂的邀请。

段祺瑞转而亲自拜访王士珍，请他暂时代理总理。王士珍又是作揖，又是打躬，表示"敬谢不敏"。

这一天，段祺瑞出人意料地到总统府拜见黎元洪，迫切地表示："我找过徐菊老，找过王聘卿，他们都不肯出山。请总统速为我找到替身，以便交卸。"

"我一时还没有找到合适人选啊！"黎元洪打起了哈哈。

段祺瑞出了总统府，立即命陆军部同铁路局接洽专车，声称当天晚上要离开北京。

段祺瑞其实是在演戏，因为直到这个时候，他既没有正式递交呈职报告，而且还和督军团保持着密切的联系，企图达到留任的目的。

段祺瑞之所以要演这套把戏，是想以此和缓黎元洪下令免除他的职务，以便争取时间搞动作。

在此以前，段祺瑞的党徒曾建议他重新组阁，并采用清一色的自己人，以便与国会和黎元洪作战到底。他没有接受这个意见。此时，他拟就了一张补充阁员的新名单：以夏寿康为内务部长，饶汉祥为司法部长，汤芗铭为海军部长，孙宝琦为财政部长，庄蕴宽为农商部长，汪大燮为交通部长。

耐人寻味的是：这张名单中，几乎没有一个是段祺瑞的私党，前面三名都是黎元洪喜爱的湖北人，其余的人也都是黎元洪具有相当好感的人。

段祺瑞行的是"苦肉计"，他想以此换取黎元洪维持他内阁总理的地位。

段祺瑞命秘书长张国淦带着这份名单去征求黎元洪的意见。

"名单清一色的安徽人吧？"黎元洪冷冷地问。

"总统看了就知道了。"张国淦微笑着递上文件。

黎元洪扫了一眼文件，脸色立即有所转变。

张国淦退出之后，黎元洪立刻召集幕僚们讨论这份名单。大家都很乐观，认为段祺瑞外强中干，也有认输的时候。

这时候，伍廷芳已答应代理总理，王士珍也答应在段祺瑞下台后尽力帮忙，东交民巷外交团方面也已接洽好，督军团都已离开了北京。黎元洪认为，时机已经成熟，是向段祺瑞下手的时候了。

23日，张国淦再到总统府来讨回信。

"你回去告诉段祺瑞。"黎元洪冲着张国淦。

"回去？"张国淦问，"批文呢？"

"叫段祺瑞休息吧！"黎元洪摆摆手。

"总统大人！"张国淦请求说，"不能再考虑考虑吗？"

"不许再说，再说，老子一枪打死你！"站在黎元洪身边的金永炎突然拔出手枪，指着张国淦的胸膛，凶狠地说。

“张秘书长是客人，不要这样。”黎元洪朝金永炎摆摆手，示意他退下，然后派卫士护送张国淦离开总统府。

同一天，那位年老多病、很久没有上班的伍老博士出人意料地来到国务院总理办公室，将3道总统命令交给文印局发表。

第一道命令：免去段祺瑞国务院总理之职，特派外交总长伍廷芳暂代国务总理；第二道命令：派陆军部副部长张士钰暂代陆军部长；第三道命令：派王士珍为京津一带警备总司令，并派江朝宗、陈光远为副司令。

同一天，段祺瑞带着家眷前往天津，临先前发表通电，控诉总统以非法手段免去他的国务总理，不承认这个命令有效；电报末尾署名为“国务总理段祺瑞”，显然仍以在职的国务总理自居。

伍廷芳也发表通电，否认命令违法，他根据《约法》的第34条，解释总统有任免文武官吏之全权，并且举出“民元唐（绍仪）、熊（希龄）免职，陆（徵祥）、赵（秉钧）受代，先例具在，与《约法》皆无抵触”。

伍廷芳这是以北洋派之矛，攻北洋派之盾，因为更换内阁总理的命令，不经原任内阁总理签字，已由北洋派的创立者袁世凯开了头，而当时并没有被认为违法，那么，这次发表的命令，也不能认为违法。

张勋的如意算盘

在北京政府发生府、院之争、督军团大闹北京城的时候，外间风传清室要复辟。清朝灭亡已有好几年了，怎么可能会再卷土重来呢？人们以为这只是一个谣言。其实，复辟还真大有人在，主角就是怪人张勋。

张勋也不是不重视个人利益，正为了个人利益才进行复辟活动的。张勋以一个北洋系的外围而虎踞江南，袁世凯在的时候，对他也礼让三分，可见他并不是一个简单的人物。民国成立了五六年，他和他的部队留着辫子，我行我素，但他也不是完全没有政治主见，他忠于清室，做梦都想复辟，只能批评他头脑不清楚，他的决心还是有的。当北京城内发生府院纠纷，以及督军团大闹北京城的时候，他却在徐州捻须微笑，他策划清朝复辟的谣言煊腾一时，日本报纸也大字揭露，可是一般人都不重视，一般人有种妥协心理，大家认为袁世凯有那么大力量，一搞洪宪帝制就一败涂地，谁还会傻到重走袁世凯灭亡的老路呢？

张勋则不同，他曾仔细地研究袁世凯失败的原因，他认为：袁世凯称帝失败，是因为在北方失去了冯国璋，在南方失去了陆荣廷，冯国璋不肯支持帝制，陆荣廷反对帝制。如果袁世凯当时得到冯国璋的支持，北洋派就不会解体，袁世凯也有足够的力量对西南用兵，以武力统一中国，完成帝业。如果陆荣廷不在广西举兵反对帝制，蔡锷所率的护国军一定会被袁世凯击败，反袁力量将溃不成军。可惜当时袁世凯智者千虑，竟有一失，对冯国璋、对陆荣廷都存猜忌之心，使冯国璋坐观成败，而陆荣廷则站起来反对，北观南反，再加上蔡锷率护国军从中搅局，袁世凯的帝业不失败，那才真是怪事了。

张勋既然有了这些认识，于是得出结论，认为只要取得北冯南陆的合作，天下事便无不可为。他虽然是一个大老粗，但他在徐州这段时间，却是极力结交文人，这些文人多数是遗老和复辟派，如前清翰林江西人杨增荦和刘廷琛，广东人温毅夫，贵州人胡嗣瑗等。杨增荦和刘廷琛向张勋推荐京社党人潘博为张勋的机要秘书，潘博是康有为的高足，有此线索，康有为也和张勋有了往来。

潘博算得上一个能呼风唤雨的政客，他在张勋身边不久，知道张勋想拉拢冯国璋，便自告奋勇愿意担任此一任务，于是，张勋把他推荐给冯国璋。

冯国璋也延请潘博为记室。潘博在国璋冯面前不断称赞胡嗣瑗，冯国璋被说动，聘请胡嗣瑗为江苏军署的秘书长。

1916年春，陆荣廷的儿子陆裕勋被袁世凯毒死，冯国璋派潘博到南宁去吊丧，潘博在陆荣廷面前捏造了一个冯国璋的意见：“如果推戴项城为皇帝，反不如拥立清帝复辟。”

潘博接着又在陆荣廷面前海谈天下大势，认为如果徐州的张勋，南京的冯国璋和西南的陆荣廷联结起来干一件大事，比如复辟之类，一定会成功，没有干不成的事。

陆荣廷这个人城府极深，喜怒不形于色，加之又是痛失爱子，伤心到了极点，对袁世凯是恨之入骨。他内心根本不赞成复辟，但却有一个强烈的愿望，就是向袁世凯报仇。潘博既然代表冯国璋，又代表张勋，只要冯国璋、张勋反袁，他是求之不得，至于说采取什么办法反袁，他倒不怎么计较，因此，当潘博说得唾沫四溢时，他还是耐心聆听，但没有表示。

潘博回到南京后，又去徐州见张勋，他告诉张勋说：陆荣廷赞成复辟。

1917年3月，陆荣廷从两广经徐州赴北京，张勋到车站去迎接他，两人是老朋友老同事，张勋坚邀陆荣廷在徐州下车，设盛宴款待这位朋友。在宴会上，张勋向陆荣廷说起“民国不如清朝，共和制度不如君主政体”，以试探陆荣廷的态度。

陆荣廷不置可否。张勋认为潘博的游说已经成功，陆荣廷的确不表示反对，只是不便公开赞成复辟而已。

陆荣廷进京后，曾往故宫谒见溥仪，外间曾风传陆荣廷“献女为妃”的谣言，更使张勋相信陆荣廷是同道中人。

南陆既然已经“入彀”，还要努力于北冯。

当督军团在北京城闹得乌烟瘴气的时候，冯国璋曾派潘博到徐州来探听张勋对时局的态度。张勋问起冯国璋的态度。

“冯国璋是个胸无主见的人。不过善于谋己，如果大帅和北洋诸帅都主张复辟，他是不会反对的。”潘博信口开河，根本就没有想到他这句话会带来一个什么样的后果。

张勋果然听信了潘博的话，以为冯国璋也是自己同道中人。为了慎重起见，他特地给冯国璋宣了一封信，把北方发生的政潮归咎于国民党，捏指那是国民党企图推翻北洋派的政治阴谋。最后还说：为了抵制西南，为了巩固北洋团体，必须另谋解决时局的方案。

张勋是在向冯国璋投石问路，借以窥探冯国璋对复辟的态度。

几天以后，冯国璋回信了，除了极力附和外，还请张勋拿出具体办法，主持这件事情。并表示，自己愿追随其后。

张勋接到冯国璋的回信后，肯定地认为：冯国璋不反对复辟。

其实，这是一桩错误公案，从中也可见民国初年军阀们的糊涂。因为冯国璋没有见过张勋的信，甚至连这件事都不知道。整个事件，都是潘博一手策划的。

原来，潘博得知张勋写信给冯国璋，立即打密电给胡嗣瑗，叫他用冯国璋的名义答复张一封信，不必给冯国璋过目，复信只要能使张勋满意就行。

冯国璋素来不大看公文，所以，胡嗣瑗就可以瞒天过海，偷天换日。

张勋不肯到北京参加军事会议，是不愿充当为段祺瑞摇旗呐喊的走卒。他要以督军团大盟主的身份留在徐州，指导督军团的一切行动，正如大将不必亲临前线一样。当督军团致电叙述他们威胁总统解散国会时，张勋曾发电表示："议会不良，百政阻滞，改组更张，其何容缓？勋在去岁召集之初，固已早持另组之说。今诸公决议以宪法种种弊端为言，义正词严，一秉大公，至所心折。唯惜发之较迟耳。预决进行，要在毅力。勋虽无似，愿为后盾。"

黎元洪、段祺瑞两人本来都看不起张勋，但当他们迫切需要外援时，却又把这个怪物当成救命的活菩萨。可惜的是，黎元洪、段祺瑞两人都看走了眼，他们以为张勋是一个粗人，不善于使用政治阴谋，不会耍手腕，但他们万万没有想到，这个粗人玩起阴谋来，比谁都狠。

张勋对黎元洪说的是一套，对段祺瑞说的又是一套。他想利用黎元洪将段祺瑞驱逐出内阁，再利用督军团将黎元洪拽下台，然后拥溥仪登大位。当督军团与黎元洪因解散国会问题僵持不下的时候，他又电邀督军团到徐州举行第四次徐州会议。

徐州复辟会议

5月23日，由北京挂专列直达徐州的有倪嗣冲、张怀芝、王占元、赵倜、李厚基和各省军阀代表共计二十余人。值得注意的是，孟恩远随车到天津就下了车，曹锟托病回保定去了，原来在天津的李纯也未随同前往，王占元在徐州只住了一晚，就由陇海路到郑州转车南下。实际参加第四次徐州会议的只有督军团的一部分和一些军阀代表。但这次徐州会议有几个督军亲自参加，便显得比前三次徐州会议更盛大。

督军团到徐州的第二天，北京政府发表了罢免段祺瑞的命令。倪嗣冲在会议上痛骂黎元洪，主张推倒这个让人痛恨的总统。

事实上，这些剑拔弩张的将军们没有一个真心拥护段祺瑞，他们所关心的只是北洋团体的利益，认为总统今天可以罢免段祺瑞，明天就可以选择其他人开刀，黎元洪在位一天，北洋派就一天不得安宁，此时的督军团除了造反之外，别无选择。

张勋乘机提出复辟清室的主张。这个主张前几次徐州会议曾暗示过，因时机不成熟，没有提出具体方案。如今政局发生变化，时机已经成熟，他便提了出来。徐树铮也参加了这次会议，他想听听他的意见。

“段总理只求驱逐黎元洪，什么手段都可以用。”徐树铮愤然表示。

张勋认为，徐树铮是段祺瑞的第一心腹，既然有此表示，段祺瑞不会反对复辟。

会议讨论决定：先由参加会议及有关各省的督军宣布与北京政府脱离关系，要挟黎元洪解散国会，张勋伪装成调解人，暂时不参加行动。

五、超级阴谋家

螳螂捕蝉

黎元洪从来没有想到要与北洋派为敌，他的目的仅仅是赶走一个目无总统的段祺瑞。为了避免北洋派因罢免段祺瑞可能引起的误解，他派专使赴天津劝请北洋派元老徐世昌出面组织内阁。

徐世昌洞察时局，不想趟混水，把使者拒之门外，让人传话：不能进京。

黎元洪只得再请北洋派的另外一块金字招牌王士珍组阁。并亲自到王士珍家里劝驾。

王士珍声称对官场已经看淡，经不住黎元洪一再纠缠，才说了真话："我与芝泉无论是私情还是公谊，都万难取而代之，总统的盛情，我极感知遇之恩，但出面组阁，却是不能。"

"为什么呀？"

"世人会以为我卖友求荣，不会原谅我啊！"王士珍说，"为了不辜负总统一片盛情，我可以在新内阁中出任陆军部长。"

黎元洪无奈，只好任命李经羲为国务总理，并提交国会审议。

黎元洪命李经羲组阁，是用以安定北洋派和拉拢张勋的一种手段。这个时候，他已经知道督军团又在徐州开会，但他对徐州会议不像以前那样深恶痛绝，反而存有一种幻想。期待张勋能够制止督军团进一步的破坏行为，把时局从恶浪逆流中扭转过来。

这个时候，督军团的分化逐渐暴露出来。

以冯国璋为首的直系军阀，纷纷表示了与他们的同僚的不同态度。冯国璋致电督军团，反对解散国会，劝他们在行动上应当慎重点。并致电王士珍，劝他出来组织内阁。

孟恩远、李纯、曹锟、田中玉、陈光远、江朝宗、陆建章等人，也纷纷电劝王士珍组织内阁。

26日，重回北京的孟恩远、李纯一同谒见黎元洪，请改提王士珍组织内阁。

"我原来是希望聘卿组阁啊！但他死活不肯答应。"黎元洪说，"如果你们能够说服王士珍，我的咨文随时可以收回来，改提王士珍组阁。"

"还有一件事情，我想向总统说明一下。"孟恩远有些不好意思地说。

"什么事？"黎元洪说，"说吧！"

"上次列名督军团请解散国会的那个呈文，并不是出于我的本意，有些事情是身不由己。"孟恩远歉意地说，"这件事情，还要请总统谅解。"

“啊！”黎元洪大度地说，“这件事情已经过去了，咱们就不必再揭这一页书了。”

不久，王占元也派何佩瑢到北京，向黎元洪作了如孟恩远同样声明。

众议院、参议院破例开会，审议通过李经羲为国务总理的同意案。

李经羲是袁世凯称帝时的“嵩山四友”之一，国会对他并没有好感，由于北京已陷于无政府状态，为了安定北洋派，拉拢张勋，稳定大局，才匆匆通过了李内阁。

黎元洪任命李经羲为国务总理的命令发表后，王士珍致电北洋派各省督军，力劝他们致电祝贺李内阁。

王士珍为何要电劝各省督军发贺电呢？这里面有名堂。因为北京内阁必须取得各省军阀的贺电，才敢登台，否则就表示军阀不拥护，这个内阁就站不住脚。

三天前还极力主张王士珍组阁的直系军阀，都发电报向李内阁表示致贺。冯国璋虽然没有贺电来，但也致电黎元洪，同意李经羲组阁。张勋致电黎元洪说：“中央困难情形，已分告各督，务以国家为重，乞勿念。”

黎元洪忙得焦头烂额，但他担心的事情还是发生了。

5月29日，安徽省长倪嗣冲宣布与“中央脱离关系”。随后河南、浙江、山东、山西、福建、陕西、奉天等省纷纷响应，宣布独立。

这次北洋各省宣布独立，和以前南方各省宣布独立的性质完全不同。以前是南方各省反对北京政府，这次是北洋军人反对北京政府，以前的北京政府掌握在北洋军阀手里，而此时的北京政府只有一个赤手空拳的总统，毫无抵抗力量。

北方各省宣布独立，李经羲躲在天津租界不敢出来。

黎元洪先是派秘书长夏寿康、军事顾问金永炎到天津专程迎接，又派直系军人江西督军李纯前往劝驾。李经羲已经吓破了胆子，一会说要往北戴河避暑，一会又说愿意让位于王士珍，坚决不肯去北京。

段祺瑞到天津后，家里每天车水马龙，门庭若市，政客、议员你来我往，络绎不绝。他见时机成熟，决定在天津组织临时政府，推举徐世昌为陆海军大元帅，驱兵进京，赶走黎元洪。并拟好了临时政府的阁员名单，致电各省征求意见。

安徽督军张勋没有替段祺瑞抬轿子的意思，用命令的口吻告诫说："不得于通常名目之外另立名目。"

由于张勋的强力介入，段祺瑞准备组建临时政府的计划宣告流产。

就在这个时候，徐树铮由徐州回到天津，把徐州会议内容向段祺瑞作了汇报，为了应付徐州会议后的新情势，段祺瑞对计划作了相应调整：暂时不反对复辟，甚至必要时伪装同意，以鼓励张勋放心大胆地进行复辟，借张勋的力量，达到驱逐黎元洪的目的。一旦张勋复辟成功，立即抬出拥护共和制度的大旗，起兵打倒张勋。这样一来，既赶走了黎元洪，又有再造共和之功，将政治主流抓在手中，是段祺瑞重整旗鼓、卷土再来的一大妙计。

段祺瑞的计划非常高明，在当时却是高度机密，局外人无从得知，独立各省的军阀也都被蒙在鼓里，他们盲目地追随段祺瑞、张勋，实际上被这两个阴谋家玩弄于股掌之中。

可怜的张勋，一心妄想复辟，哪知螳螂捕蝉，还有黄雀在后！

怪事丛生

各省督军并不知段祺瑞的野心，因而也就出现一些怪现象。

倪嗣冲自命为北洋派中的李烈钧，在宣布独立的电文中仍称黎元洪为"我大总统"，"拥护中央"。他的侄儿倪毓棻的电文却又有"誓师北伐"之语。

张怀芝由徐州回到济南，遭到山东省议会议长的质问，说他不应该出席非法召集的徐州会议，不该列名干预宪法，要挟解散国会。如果以后再有这些行动，山东人民不承认这样的督军。由于议会的阻力，山东直到6月1日才宣告独立。

张作霖在倪嗣冲宣布独立的前一天，致电倪嗣冲说："同志皆当世贤豪，何至不如蔡锷？"他质问倪嗣冲为何不成为蔡锷，其实他自己也没有做蔡锷的勇气，由于受第28师师长冯德麟的牵制，不敢宣布独立。一直到张勋致电冯德麟进行调解之后，他才宣布独立，派兵进驻山海关。

冯国璋在南京召集军事会议，表示："我的地位是副总统，应当辅佐大总统，并且服从大总统的一切措施。各省反对中央，我已去电加以劝阻，劝阻无效，只有听候中央解决。"他当然知道，黎元洪没有兵权，不但控制不了各省军阀，甚至连话语权都没有，所谓听候中央解决，实际是采取旁观态度，甚至还幻想利用政争，取得副总统代行总统职权的机会。

孙中山、章太炎曾通电痛斥冯国璋在总统与叛督之间持中立，揭破冯国璋的假面具说："冯不讨贼，反唱调停，觊觎继任，诳词虚饰，应认为内乱犯，实为罪魁，倪、张犹在其次。"

为了逃避全国舆论的攻击，冯国璋倒填日期发表致电，向国会请辞副总统一职。

直系军阀王占元宣布中立，并劝黎元洪解散国会以平息政治风潮。

另一个直系军阀李纯，直到6月5日还留在北京，黎元洪想请他担任陆军部长，以便调停时局，因见张勋即将带兵到北京，时局已无调停之望，才于8日由京汉路南下回任。

曹锟是唯一宣布独立的直系军阀。原因在于他的地盘介于北京与独立各省之间，如果不宣布独立，很有可能与出兵"北伐"的独立各省发生冲突，因此在电文中说："为保卫地方起见，与中央脱离关系。"电文中对黎元洪没有丝毫伤害之语。宣布独立后还经常跑北京，他的独立，实际上是中立化的独立。

各省军阀宣布独立之后，省长都被这些拿枪杆子的赶走了。

陕西省长李根源被陈树藩软禁起来，被迫称病辞职。

山西省长孙发绪是黎元洪一手提拔起来的，为了保住自己的官位，竟厚颜无耻地讨好督军团，致电北京政府，请求废止《临时约法》，由各省代表组织制宪会议，在过渡时期推举徐世昌组织临时政府。最终还是被阎锡山赶走了。

李厚基派福州警察厅长、闽海道尹去见福州省长胡瑞霖，被勒令离开时，前往督军署辞行，李厚基连门都不让他进，派人送给他2000元路费，以保护的名义派兵将他送上船。

西南六省纷纷通电，反对军人干政，反对解散国会。

5月30日，湖南督军谭延闿通电主张调解，淮军老将姜桂题表示附和，并建议邀请冯国璋、张勋、谭延闿等到北京，与王士珍共同组织"调人会议"。

孙中山反对调停，致电西南六省，建议兴兵讨逆。

国民党系海军部长程璧光电劝独立各省取消独立，保障共和。

李烈钧由上海到广州，拟率领在粤滇军张开儒、方声涛两个师的兵力北伐。

广东督军陈炳焜、广西督军谭浩明与李烈钧联名发出通电，发起滇、黔、川、湘、粤、桂六省联盟，建议公推陆荣廷为盟主，请陆荣廷到广东主持大局，"遵守《约法》、拥护共和为始终不渝之宗旨"，又请冯国璋"坚持护法之心"。

唐继尧通电西南各省，建议在广州组织临时政府，遥推黎元洪为总统。

西南六省其实也不是铁板一块，四川有川军、滇军冲突，广东有滇军、桂军暗斗。由于六省人民都有反对北洋军阀、反对内战的共同意愿，在孙中山的影响下才不得不表示反对督军团，其实并无出兵北伐的意图。甚至以陆荣廷为首的桂系军阀，还想勾结北洋派中冯国璋为首的直系，以保持南、北军阀分疆而治，互不侵犯的局面。

摒弃"公府佥壬"

督军团宣称独立是"兵谏"，如果黎元洪肯接受他们所提的条件：解散国会、改正宪法、组织健全内阁、摒弃"公府佥壬"（指总统府军事幕僚处的一批幕僚和与黎元洪接近政客和国会议员）四个条件，就可以取消独立，向黎元洪俯首认罪。

督军团所说的兵谏，其实是用以欺骗黎元洪的一个口号，如果黎元洪屈服，他们即借口总统威信已失而将黎元洪赶走。这是徐州会议的预定计划。

黎元洪这时还想采用避重就轻的方法，接受其中一二条，如改正宪法、摒斥佥壬，以平督军团之怒；至于解散国会，对民国说来简直是一件大逆不道的事情，他就提出“不违法、不恋位、不怕死”九个字来表示不接受的决心。

由于黎的态度逐步软化，原属于国民党的国会议员纷纷避难南下，或者躲在六国饭店里观望风色。

属于国民党在北京的报纸纷纷停刊。

研究系议员则有80余人提出辞职以拆国会的台，国会不待解散已经形成瓦解。

那些“公府佥壬”如幕僚哈汉章、金永炎、黎澍等人，得知黎元洪在抛弃他们，也都主动提出辞职。

黎元洪铁了心要讨好督军团，没有作任何的挽留，只要提出辞职，一律予以批准。连不在“公府佥壬”名单之内的总统府秘书长夏寿康、副秘书长饶汉祥，也都通电自请处分。

黎元洪的软弱，不仅没有挽回时局的危机，反而助长了督军团的嚣张气焰，使他们认为“兵谏”是打击总统的有效武器。

在督军团扣留路局车辆运兵北来的严重威胁下，困在总统府的黎元洪到处乞援求救，一再电请徐世昌、梁启超进京进行调解。

徐世昌以“杜门谢客”作了回答，梁启超以“与世暂绝”给了交代。

5月30日，黎元洪向独立各省发出表明心迹的电报，并致电张勋说：

芝泉磊落光明，功在民国……为谋必忠，爱人以德。……执事元老壮猷，万流仰镜。望即剀切劝导，以安大局。

6月1日，他又发电质问督军团说：

今日为宪法而独立，则尚在二读之时；为元首而独立，则并无谋叛之事。

黎元洪更是三番五次地催促李经羲到北京组织内阁。

李经羲不敢就职，但却劝黎元洪电召张勋进京调停时局。他荐举张勋有如下理由：张勋是督军团大盟主，其力足以控制督军团，加以张勋未向北京政府宣布独立，因此具有居间调停的良好条件；张勋和他的私人关系很密切，如肯进京调停，就能够加强他的内阁地位，并支援总统，稳定时局，

正在这个时候，张勋给北京发来电报，表示拥护总统，愿意充当调停人。

黎元洪在所有努力失败后，把赌注压在辫帅张勋身上，电邀他进京调解时局。

黎元洪请张勋进京，正好掉进了张勋布下的陷阱。罢免段祺瑞之前，从徐州回来的郭同告诉他，张勋拍着胸脯说："我有三不做。一不做总统，二不做总理，三不做部长，决无私心。黎元洪是个好人，忠厚长者，如果他有什么难言之隐，我张某人一定帮他。"

正是由于有了张勋的拍胸担保，才有了黎元洪邀请张勋进京的决定。

6月1日，黎元洪除派专车前往徐州迎接张勋外，还以总统命令召唤他进京调停时局，命令说：

安徽督军张勋来电沥陈时局，情词恳挚。本大总统德薄能鲜，诚信未孚，致为国家御侮之官，竟有藩镇联兵之祸，事与心左，慨慊交深。张勋功高望重，公诚爱国，盼即迅速来京，共商国事，必能匡济时艰，挽回大局，跂予望之！

6月2日，天津河北大马路中州会馆门前，忽然挂出一块"独立各省总参谋处"招牌，参谋处的总参谋，就是被通缉的洪宪帝制要犯雷震春，雷震春在通电中说：

巩固共和政体，另定根本办法，设立临时政府、临时议会。

参加这个组织的有帝制派、复辟派、段党、研究系以及其他一些阴谋政客和投机分子，这个组织号称是独立各省联合军事机构，也就是独立各省所组织的变相的"临时政府"。它公开地发布宣言："此次用兵，专为黎氏一人。"

毫无疑问，这个组织的目标是在驱逐总统，但在驱逐总统以后的下一步

骤，究竟是拥戴段祺瑞上台，还是拥戴溥仪复辟，却暧昧不明。

这个组织的成立，使时局更趋险恶。

6月2日，北京各国公使推法国公使康悌访问代理内阁总理兼外交总长伍廷芳，质问中国政府有没有安定时局的能力。

伍廷芳信口回答说："张勋一到，时局即可解决。独立各省军队决不会开到北京来。关于北京治安，政府完全负责。"

同时，天津各国领事也警告"独立各省总参谋处"，要遵守《辛丑条约》，不得在天津采取军事行动。

这个不法机构既然不能统一独立各省的意见，又得不到帝国主义的欢心，因此，成立不久，便销声匿迹了。

这个时候，日本政府暗中参加了段祺瑞的推翻总统、以便重掌政权的阴谋。

伍廷芳则请美国发表支持黎元洪的正式宣言，从外交上给黎元洪助威，并请芮恩施公使邀集日、英、法各国公使表示同一态度。因此，芮恩施邀请对北京政府提出联合劝告，以加强黎元洪的地位。

法国公使表示，如果英、日两国同意，法国也可以合作。

日本公使则以"不干涉中国内政"为由，拒绝参加这次行动。英国公使紧随日本之后，也表示不合作。

6月6日，芮恩施接到美国政府的训令，由美国一国单独向北京政府提出劝告说：

中国是否对德宣战，是次要问题，中国之最要问题，乃在国内统一，方能享受国际间应享之地位。美国政府所以关心中国政体及行政人物者，仅系根据中美两国之友谊。

美国这个劝告提出后，立即引起日本的强烈反对，日本报纸斥责美国政府干涉中国内政，并警告美国说：

日本在中国处于特殊地位。日本不干涉南美各国的内政，美国也不应干涉中国的内政。

日、美两国为了争夺在华利益，居然狗咬狗地打起了口水仗。

张勋打的是一种心理战，使黎元洪完全落在他的摆布之中。其实，他既不拥护黎元洪，也不拥护段祺瑞。他所要拥戴的，是只能供他玩弄的溥仪。许多人以为，张勋这个人心直口快，可他这次对黎元洪所摆布的天门阵，对北京政府和督军团所采取的两面光政策，却又是一个诡计多端的阴谋家。

一个阴谋家，在世人的眼里又貌似心直口快，那就是一个超级阴谋家了，这样的超级阴谋家，其欺骗性更大，更能取得别人的信任，他所设的圈套，更容易让人钻进去。

黎元洪就是没有识破张勋超级阴谋家的身份，错把豺狼当成了朋友，因而才发出了那样一道命令，以至引火烧身，引狼入室。

如果他提前识破了张勋的阴谋，他的结局可能不会那么惨，至少能体面地下台，而不至于被人赶出总统府。

历史没有如果。命令发出了，狼也来了。

六、引狼入室

解散国会，没人签发命令

1917年6月7日，张勋带领辫子军步、马、炮兵共10营约5000人及随员148人，浩浩荡荡北上，第二天便抵达天津。他在动身之前，向各独立省发出通电说："挈队入都，共规长策。盼坚持原旨，一致进行。各省出发军队，均望暂屯原处，勿再进札。勋抵京后，当即驰电筹备。"

北京的局势骤然紧张起来，风传张勋是醉翁之意不在酒。

黎元洪得知张勋率大队人马来京，预感到情况有些不妙，开始怀疑张勋不怀好意，立即致电徐世昌、李经羲，请他们劝告张勋“减从入京，以免京师人心恐慌。”

仿佛是要印证黎元洪的预感，8日下午，秘书长夏寿康在天津发来电报，说张勋请总统下令解散国会，限三天之内实行。

解散国会是独立各省提出的条件。黎元洪请张勋出任调解人，就是想尽可能满足独立各省要求，但不解散国会。而这个请来的调解人，居然比背叛政府的督军更狠，直接给北京政府下达了解散国会的最后通牒。

黎元洪这才发现，自己犯下了引狼入室的大错，“请神容易送神难”，张勋是一个不按常规出牌的疯子，如果拒绝了他的要求，他什么事情都做得出来。黎元洪犹豫了，一再表示“宁可牺牲总统，决不解散国会”的决心动摇了。现在他所求的只是一个既能满足叛督与调解人的愿望，又能顾全总统面子的两全之策。

9日，黎元洪下令裁撤总统府军事幕僚处，并邀请国会各政团留京领袖28人到总统府商谈，请他们劝告两院议员提出总辞职，政府给每人发2000元补助金，即由国会自动宣布闭会，以免被迫解散。这等于事实上接受解散国会的条件，但不采取以总统命令的形式解散国会，给总统留下一点颜面。

张勋不考虑黎元洪的面子，坚持要解散国会，声称这个问题没有讨价还价的余地。此时在天津，张勋复辟已经是公开的秘密。那些复辟派，也都成了张勋的座上宾。

黎元洪心急如焚，派秘书瞿瀛带着他的亲笔信赶往天津，请徐世昌协助张勋进行调停。并提出三条意见：（1）总统府幕僚业已解散；（2）改正宪法力求办到；（3）解散国会应当研究适当的手续。同时声明，决不留恋总统，万一调停无效，愿意辞职，由副总统依法继任，只求不发生变更国体的非常行为。

瞿瀛在天津碰到前任总统府秘书长张国淦。张国淦悄悄将瞿瀛拉到一旁问道：“你来干什么？”

“奉总统之命！”瞿瀛说，“请徐世昌协助张勋调停。”

“没用，张勋复辟不是一个计划，而是一个行动。”张国淦说，“无论是徐东海，还是李经羲，在张勋面前都说不出硬话。”

“那怎么办？”瞿瀛急了。

“唯一的办法，只有阻止张勋带兵进京。”

“谁阻止得了呀？”

“非段祺瑞莫属！”张国淦说，“你赶快回北京，劝总统重新起用段祺瑞为内阁总理，这是解决时局的唯一办法。”

“这不好吧！”瞿瀛说，“才罢免半个月，又重新起用，这叫总统何以对天下？”

“现在不是争面子、闹意气的时候，而是民国存亡的问题。”张国淦沉声说，“还不快走！”

黎元洪听了瞿瀛的汇报后，立即召集幕僚们研究。有人气愤地骂道：“张国淦是个混蛋，他怎么成了段祺瑞的说客呢？”

“复辟只是谣言。”又有人说，“民国都几年了，谁还敢公然复辟，倒行逆施呢？”

“即使真有其事，我们宁可断送于张勋之手，不能让姓段的再来欺负总统！”

“说得好！”黎元洪放弃了阻止张勋复辟的最后机会，兴奋地说，“我们抱定宗旨，不要中别人的诡计！”

张勋没有等待黎元洪的回音，命令辫子军先头部队开进北京城，分别驻扎在天坛、先农坛两处。这是公开向黎元洪示威的一个步骤。

仅在几天之前，黎元洪采纳了李经羲的建议，想利用张勋去劝退督军团，而此时请来的神竟成了自己的催命鬼。他急如星火地电令在天津的夏寿康去找李经羲，请他劝告张勋不要轻举妄动。

李经羲果然不敢向张勋说硬话，反而请夏寿康转告黎：“张勋进行复辟不可否认，也不必讳言。但是，据我的观察，他还认为现在不是进行复辟的适当时期，现在他的目的在于解散国会。总统以礼貌接待他，同时接受他的意见，据我的观察，他是一个血性男子，他一定会支持总统的。”

黎元洪像中了魔似的，立刻吩咐把总统府大礼堂粉饰一新，并加意布置一番，准备以此为张勋进京后的行馆。总统府大礼堂以前从不招待贵宾，只曾招待过副总统冯国璋一次。同时，他又召集总统府的外国顾问研究解散国会是否违宪的问题。他的目的是想在违宪之中找出一个不违宪的新解释。

在袁世凯当权时期，首先建议采行君主立宪制，并且首先向袁世凯自称外臣的日籍法律顾问有贺长雄说："《约法》虽然没有解散国会的规定，但也没有不能解散国会的规定，这就足够说明解散国会并不违法。"这真是一个非党荒谬的解释。

黎元洪曾经说过"不违法、不恋位、不怕死"，此时，他把这句话抛到了九霄云外，认为解散国会事小，清室复辟事大，两害相权，取其轻，下决心解散国会。

解散国会就是取消共和制度，这是为清室复辟铺平道路，黎元洪头痛顾头，脚痛顾脚，根本就没有考虑取消国会的后果。

在辫子军开到北京的时候，京津临时警备总司令王士珍也放弃了全力维持北京治安的诺言。于9日晚间搬到总统府来睡觉，表示与总统共生死的决心。

王士珍奉黎元洪之命，去找代理总理伍廷芳，请他下达解散国会的命令，遭到伍廷芳的拒绝。王士珍料知大祸即将临头，偷偷溜回西单牌楼堂子胡同私宅，准备逃出北京。

有人把这个消息报告黎元洪，黎元洪急派步军统领江朝宗等人前往劝阻。王士珍知道无法脱身，只得暂时留在北京。

这个时候，解散国会已经不是问题，可由谁签发命令却成了难题。在新任国务总理李经羲没有到职之前，由代总理伍廷芳签发符合法律程序的。可伍廷芳出任代总理，是为了帮助总统对付段祺瑞的，现在总统向邪恶暴力屈膝，竟然要解散国会，他当然不肯盲目服从了。

三天期限马上就要到了，可解散国会的命令还没有发表，张勋在天津气得暴跳如雷，大骂黎元洪是个混蛋。

张勋在天津一跺脚，黎元洪在北京就要头发晕。无奈之下，只得派人请伍廷芳到总统府来商量。伍廷芳推说有病，拒不到场。

黎元洪在无奈之下，只得又派夏寿康到天津找张勋解释。

“你又来干什么？”张勋没好气地问。

“总统派我来的。”夏寿康哭丧着脸说。

张勋冷着脸说：“有话就说，有屁就放，别哭丧着脸。”

“总统说了，他同意解散国会，可没有人肯签发这道命令啊！”

“伍廷芳呢？”张勋吼道，“他死了吗？”

“他死活不签啊！”

“真的吗！”张勋咬牙切齿地说，“我派人去找他。”

张勋知道是伍廷芳不肯签发命令，立即便派人前往恐吓，如果再表示拒绝，将以激烈手段对付他。可这个督军团大盟主的赫赫威风，在这位年老多病的老博士面前，一点作用也不起。于是反过来又冲黎元洪发脾气，大叫道：“老子不管你们怎么办，我只要结果，把那个鸟国会解散了。”

在天津，夏寿康奉了黎元洪的命令，手里拿着一道空白命令纸到处乱找人。想找一个国务总理签名。他去找李经羲，李经羲敬谢不敏：“我没有就职，不算国务总理。”

他又找到了段祺瑞，段祺瑞爱理不理地说：“我已经下了台，没有签发命令的职权。”

夏寿康显然忘记了，半个月之前，黎元洪已经下命令免去了段祺瑞的内阁总理，而段祺瑞显然也忘记了他到天津后，仍然自居为合法总理，不承认总统的免职是有效的。

黎元洪无奈，只得继续去找签发命令的人，自己不便再出面，便找王士珍、江朝宗去见伍廷芳，劝他看在私人感情份上，为了解除总统的困难，签发这道命令。

“职可辞而名不可署，头可断而法不可违！”伍廷芳说得掷地有声。

“即使不为总统作想，也要为你个人的安全着想啊！”江朝宗哀求道，“你老人家高抬贵手，签发了吧！”

伍廷芳冷笑一声，说：“大不了一死，死又算得了什么呢？”

江朝宗见伍廷芳油盐不进，急得跪下来向他磕头，哀求他签发这道命令。

伍廷芳索性闭起眼睛，不再说话。

解散国会

12日晚上，从天津传来消息，说张勋已经不能再等，当天晚上如果不发表命令，他就带队返回徐州，让独立各省军队自由行动。

实际上，张勋也陷于两难境地：督军团讥诮他带领大队人马吓不倒一个赤手空拳的总统；而返回徐州，就是自动解北京政府之围。

黎元洪已经吓破了胆，他既怕张勋到北京来，又怕张勋回徐州去，既怕张牙舞爪的督军团，又怕装腔作势的调解人。

12日，黎元洪被逼得走投无路，只得请王士珍以平津警备总司令的名义函，劝国会自动休会。

王士珍两手一摊说：“我没有这个职权，也没有这个先例啊！”

“你就帮我的忙。”黎元洪哀求地说，“权且代理国务总理，签发这道命令吧！”

“如果总统一定要这样办，我就辞职出京，一切事情我都不管。”王士珍无法，只得说了狠话。

“不要再谈辞职出京吗！”黎元洪说，“要走，我们大家走！”

当天晚上在总统府召开紧急会议，参加会议的有王士珍、江朝宗、陈光远、吴炳湘、夏寿康等人。

大家面面相觑，谁也拿不出一个具体意见。次日凌晨，会还在继续，江朝宗义形于色地说：“我来替总统解围，签发这道命令吧！”

“你是步军统领啊！”王士珍问，“符合程序吗？”

“这不是问题。”夏寿康说，“请总统任命他为代理国务总理就行了。”

黎元洪如同落水之人抓到一根救命稻草，绝处逢生，一连发了三道命令：

免伍廷芳代理国务总理一职；任命江朝宗暂时代理国务总理；解散国会。

命令下达之后，黎元洪总算是松了一口气，为了表明心迹，他命令秘书再起草了一道命令，承认解散国会是一件违法的事情，自己是不得已而为之。

那个像变戏法一样由一名非内阁成员一跃而成为代理国务总理的江朝宗，也发表了一道通电，同样也承认他签发解散国会的命令，是一种违法行为，自己为情势所迫，挺身赴国难。

解散国会的命令发布之后，在上海避难的国会议员发表联名通电，说民国《约法》中总统没有解散国会之权。江朝宗连国务员都不是，不能代理国务总理。且总统受人威胁，自己也承认非法，所有解散国会命令无效。

黎元洪顾不了这些，张勋更不把这些话当回事。

引狼入室

6月13日，张勋十分高兴地在天津德租界寓所开了一次会议，通报了他即将进京，共筹国是的消息，然后邀李经羲到段祺瑞的家里，请段祺瑞同往北京“共筹国是”。

段祺瑞婉词谢绝了。

张勋又到徐世昌的家进行了很长时间的密谈。密谈的内容是商量复辟。据外间所传，徐向张勋提出三个条件：1. 给他以摄政或类似摄政的名义，畀以全部政权；2. 把他的女儿许给溥仪为“皇后”；3. 实行君主立宪。

张勋回到寓所后，曾把他与徐世昌会谈的情形告诉来访的一些复辟派分子。

刘廷琛听了大笑说：“这个人真不愧为活曹操啊！”

张勋原来是很敬重徐世昌的，这一次他识破了徐的诡计，一会儿想做民国的大元师，一会儿又想做“大清帝国”的摄政王和“清朝国丈”，因此，对徐世昌是由敬重转为鄙视。

6月14日，张勋以胜利者的姿态，偕同李经羲、张镇芳、段芝贵、雷震春等乘专车到北京。

黎元洪、江朝宗、陈光远、吴炳湘等人到站欢迎，由前门车站到南河沿张勋的家，沿途用黄土铺地，全线戒严，分段布置辫子军站岗，城楼上和城墙上都站有全副武装的兵士。这是以前皇帝出巡的气派。

黎元洪早已传下命令，开中华门迎接。

从民国成立以来，中华门为迎接贵宾只打开过三次：第一次是袁世凯迎接南京政府派来的宋教仁等五位专使，第二次是迎接孙中山，这是第三次。

北京市民从门缝里偷看这位张大帅：头戴瓜皮小帽，帽子中央嵌有一方宝石，脑后垂着一条大辫，身穿纱袍，套以佛陀金边的玄色大马褂，脚穿乌缎鞋。无论怎么看，都是一个不伦不类的怪物。

张勋的架子还真不小，进京后竟然没有去总统府拜见大总统，直接去了南河沿他在北京的家。

第二天直到9时，才乘车出门，先去拜访王士珍，然后才去总统府。

黎元洪备盛筵款待，邀王士珍、李经羲、江朝宗等作陪。

16日，张勋头戴红顶花翎，偕同定武军四个统领，乘汽车到神武门，然后换乘轿子到清宫，由清室内务府总管世续引他进养心殿谒见溥仪。

张勋行跪拜大礼，自称“奴才”，“恭叩圣安”。

溥仪赐坐，赏他紫禁城骑马，四个皇妃也都到养心殿来和他交谈。然后是赐宴，还赏了他不少古玩字画。

张勋又到东交民巷遍访各国公使，日本林公使设宴招待他。

神秘人

张勋抵到北京，使他站到了人生抛物线的最顶端，而抛物线的最顶端，也是坠落的开始。张勋在这个最顶端，甚至没有经过任何短暂的停留，立即便向下坠落。

根据徐州会议的决定，一切国家大事，由大盟主全权处理，事后电告有关各省。

张勋到北京后，便以大盟主身份对各省发号施令，过足了大盟主的瘾，可惜的是，他让这个瘾过了头。

以前，无论袁世凯，还是段祺瑞当权的时期，都把各省军阀当做天之骄子，遇事要和他们商量，不商量就行不通，如此一来，养成了各省军阀目空一切的习性。袁世凯、段祺瑞都是北洋派的领袖，对各省军阀尚且如此迁就，他张勋算老几？居然敢对各省军阀颐指气使，发号施令而没有任何商量的余地？督军团里面有段派，也有冯派，这些大小头目，没有人真正甘当张勋的奴才。在督军团向黎元洪进攻的时候，必须推出一个人来出面，张勋才得风云一时，现在黎元洪的抵抗力已不存在，大盟主还要独断独行，谁能容忍？

张勋与各省之间的矛盾，最先发生在内阁问题上。

李经羲提出的组阁名单，大部分为洪宪帝制派和复辟派，实际上是张勋以前想推戴徐世昌组阁时开出的名单，说穿了，就是张内阁。

督军团并不赞成这个内阁提名，但又不便与张勋正面争吵，于是借题发挥，反对这个张冠李戴的内阁。

张作霖致电北京，说李经羲不肯签发解散国会命令，是有意与南方勾结，他建议仍然推戴段祺瑞组阁。

曹锟发表电文，建议组织军人内阁。他认为，段祺瑞难复出，徐世昌不问事，主张请王士珍组阁。

阎锡山、张怀芝、杨善德也先后致电，一致主张王士珍组阁。

从这些电文可以看出，督军团虽然对内阁人选的意见不统一，但反对李经羲却是一致的。

根据以往的习惯，每一个新内阁产生，必须有各省军阀致电祝贺，才能保证这个内阁不致夭折。李内阁所接到的都是一些劝退的电报，没有一份贺电，他不敢就职。

张勋为了保持自己的威信，又是发电报，又是派代表做督军们的思想工作，请他们支持李内阁。过去，这些工作都是由黎元洪做，此时的中央已不是黎元洪的中央，他也乐得置身事外。张勋尽管费了九牛二虎之力，始终不见效果。相反，曹锟、张怀芝、张作霖、倪嗣冲又联名劝李经羲不要登台。此外，李经羲还接到章太炎的电报，骂他“引寇入都，扰乱法纪，如崔胤之召朱温”，“名为总理，实是副官。”

张勋从来没有尝过这样的苦头，气得暴跳如雷，大骂：“反对李内阁，就是反对中央，反对中央就是造反！谁敢造反我就打谁。”他口中的中央就是他自己。

这时候，张勋与张作霖之间也出现了裂痕。以前，张作霖称呼张勋为张徐州，对他特别恭顺。后因张勋收容了由奉天逃出来的叛将汤玉麟，引起张作霖的不满。张勋索性把与张作霖势不两立的第28师师长冯德麟也召到北京来作为复辟的帮手，让张作霖更是怀恨在心。

张勋所谓“谁敢造反我就打谁”的豪言，不过是恫吓而已，他心里清楚得很，辫子军欺负老百姓还行，真要是到战场上冲锋陷阵，一个个都是草包。他建议组织一个六巨头元老院以总揽全局，六巨头就是他自己、徐世昌、段祺瑞、冯国璋、王士珍、陆荣廷。但除了王士珍一个人在北京外，没有谁愿意到北京来做政治俘虏，因此，这个计划无法实现。

张勋在无奈之下，请王士珍和他联名发电，为李内阁作最后的努力。总算王士珍那张老脸还起作用，督军团虽然不表示拥护李内阁，但反对的浪潮已逐步减退，最终表示默认。随之，北方各省相继取消独立。

24日，李经羲终于就职国务总理，兼任财政部长，不过，他在通电中自称三个月后便要辞职。

第二天，黎元洪又下令，命李经羲兼盐务督办。

李经羲准备组建一个“第一流人才内阁”，只是他所物色的人，没有一个愿意朝火坑里跳，无奈之下，于29日免去张耀曾司法部长及谷钟秀农商部长的职务，改任江庸代理司法部长，李盛铎代理农商部长，龙建章代理交通部长。

6月28日，由天津到北京的火车进站了，车上下来一个人，只见他一身农夫打扮，用大蒲扇遮着脸，左右看了看，然后快步出了车站，显得很神秘。

四个辫子兵守候在站外，见神秘人出了站，恭恭敬敬地迎上去，请他上了停在路边的一辆马车，一声鞭响，马车向南河沿张公馆急驰而去。

神秘人刚进张公馆，张勋就传出命令，不接见任何宾客。

神秘人不是别人，他就是大名鼎鼎的维新派领袖、保皇党党魁康有为。

原来，康有为和张勋的参谋长万绳栻早有密电往来。他正在上海草拟"宣统皇帝"复位伪诏，接到万绳栻的电召，立即剃掉胡须，化装成一个老农夫，由津浦路北上，随行的有沈曾植和王乃澂。

康有为在张公馆和张勋进行一番密谈后，转乘人力车去了西砖胡同法源寺。

七、张勋复辟

闹剧上演

康有为隐藏在法源寺，自以为神不知、鬼不觉。可他万万没有想到，从他从车上下来的那一刻起，就进入了黎元洪的视线。

第二天一大早，总统府的一位秘书就到了法源寺，说是奉总统之命，请康先生叙旧。

康有为这才知道，自己的目标太大，想隐藏踪迹不是一件容易的事，只得推托说风尘劳顿，改日到府晋谒。

30日傍晚，张勋带着复辟派陈宝琛、刘延琛偷偷溜进清宫，参加了一次宣统皇帝的"御前会议"，散会之后，他又前往参加迎宾馆宴会，然后再到江西会馆去听堂会。

同一时候，步军统领江朝宗刚放下手中的话筒，另一部电话的铃声又响了，连忙抓起话筒，便传来急促的话声："江统领，城外有大批辫子军。"

"又是辫子军？"江朝宗大声问，"他们想怎么样？"

"他们在城外大喊大叫，叫开门进城。"

"不许开门，不许开门！"江朝宗放下手中的话筒，预感到形势不妙，正想去找王士珍请示，突然见这位平时很有修养的北洋大将，慌里慌张跑了进来，脚还没有站稳，气喘吁吁地说，"不好了！不好了！"

"怎么了？"江朝宗顺手拉把椅子让他坐下。

"辫子军要进城，张勋要复辟。"

"走！"江朝宗说，"到总统府去，向总统报告这件事情。"

两人刚出门，突然，一辆汽车驶来停在门口，车中下来一名副官模样的人，手拿雷震春和张镇芳的名片，冲着二人说："请王大人和江大人到大帅公馆，有紧急事商量。"

正在这个时候，第12师师长陈光远、第13师师长李进才慌里慌张跑过来，刚才的副官迎上去说："二位来得正好，请随我们一起到大帅府去。"

"你们想干什么？"陈光远、李进才觉得不对，正要反抗。

忽然，一辆汽车又驶过来，车上下来四名全副武装的军官，恶声问道："你们还磨蹭什么？大帅等着你们呢！"

王士珍、江朝宗、陈光远、李进才惊得目瞪口呆，身不由己地上了汽车。

两辆汽车，一路飞驰，开到南池子"大帅"公馆门前停下。

大帅府灯火辉煌，四周站满了杀气腾腾的辫子兵，四位将军身不由己地走进去，他们的侍卫人员都被挡在门外。

王士珍等人进入内室，见张勋、万绳栻、雷震春、张镇芳和辫子兵吴、刘两个旅长都坐在里面。

张勋脸色铁青，冲着刚进来的几个人厉声质问："为什么不开城门，不让我的部队进城？"

"大帅！"江朝宗战栗地解释，"没有陆军部长的命令，不到时候，不能开城门。"

"聘老！"张勋转过头来问王士珍，"你看这件事情怎么办？"

王士珍看了张勋一眼，冲着江朝宗说：“打电话，通知守城部队开城门吧！”

辫子军就像潮水一样涌进城。

“报告！”一名侍卫进来报告，“李总理在门外求见！”

“没工夫！”张勋摇摇手说，“不要放他进来。”

张勋见侍卫离去，大声对在场的人说：“你们都听着，马上就要迎接宣统皇帝复位，你们有不赞成的，都不许走！”

没有人敢不赞成，也没有人敢开口说话。

张勋站起来，左手拉住王士珍，右手拉住江朝宗说：“走，上车！”

王士珍、江朝宗身不由已地跟着张勋上了车。

吴炳湘、陈光远、李进才、刘廷琛、沈曾植、万绳栻等人分别上了另外两辆汽车，一直驰进清宫才停下来。此时已是7月1日凌晨3时左右。

一场复辟闹剧，正式上演了。

天还未明，突然涌进来这么多人，清宫里的人不知发生了什么事，一个个惊慌失措，到处乱跑。里面的人去报告两太妃，外面的人去报告清太保世续。

两太妃与世续连忙出来询问发生了什么事。

张勋朗声答道：“今天复辟，请少主即刻升殿。”

“这是谁的主张？”世续战战兢兢地问。

“有我老张作主，你怕什么？”张勋凶巴巴地说。

“复辟是好事啊！”世续小心翼翼地问，“中外人士都同意了吗？”

“愿不愿意，这个不用你管。”张勋大大咧咧地说，“你只把少主请出来登殿就没事了。”

世续不敢做主，看着两太妃，等待她们的指示。

两太妃似乎不大相信，慢腾腾地说；“这不是一件小事，得三思而后行啊！”

张勋不禁恼怒起来，大声说；“老臣受先帝厚恩，不敢忘报，所以才乘机复辟，再造清室，难道太妃不愿意吗？”

“将军千万不要错怪啊！”瑜太妃哭着说，“万一不成的话，反而害了我们全族啊！”

“有老臣在，请太妃放心。”张勋拍着胸脯说。

两太妃仍然犹豫不决，世续也是踌躇不答。

“请宣统皇帝登殿！”后面的辫子军忽然高呼起来。

张勋等得不耐烦了，冲着世续大声问道：“到底是愿意，还是不愿意？”

世续担心如果不依张勋，可能会发生意外，当即与两太妃商量，只好请宣统皇帝出来。于是，两太妃领出13岁的小皇帝，扶他上殿落座。

张勋立即拜倒殿前，高呼万岁。王士珍等人也只好跟着跪下，跟着欢呼。

黎元洪不愿附逆

凌晨4时，张勋在清宫宣布复辟后，指定王士珍、江朝宗为民国代表，梁鼎芬为清室代表，李庆璋为自己的代表，前往总统府逼迫黎元洪退位，并在已经拟好的“奉还大政”奏折上签名盖章。

“我召张勋入京，难道是叫他来复辟的吗？”黎元洪说罢，狠狠盯了王士珍一眼。

王士珍低下头，不敢正眼看黎元洪。

“天意如此，人心如此，张大帅也是应天顺人。”梁鼎芬劝道，“先朝旧物，也理当归还吧！”

“你是什么人？我不和你说话。”黎元洪索性闭上了眼睛。

梁鼎芬是什么人？他是溥仪的老师，又是黎元洪的儿女亲家，是死硬派遗老。他自以为可以向黎元洪劝退，不料碰了一大鼻子灰，正是乘兴而来，败兴而返。

据老北京人回忆当时北京街上的情形：那天早晨，警察忽然叫各户悬挂龙旗，居民们没有办法，只得用纸糊旗子来应付。

几年没有看见的清朝袍褂在街上出现了，一个一个好像从棺材里面跑出来的人物。

报馆出了复辟消息的号外，售价比日报要贵几倍。

9时，张勋、康有为再次进宫，用“御玺”盖上一道一道由康有为起草的伪谕。由于是废后初建，要办的事情太多，一次就连发了19道伪谕。

这些电报除由张勋领衔外，列名者还有王士珍、江朝宗和京畿军警长官14人。这些人当然都是被张勋硬拉上去的。

这些电报与宣告复辟的每一道伪谕，都出自康有为的手笔，荒谬绝伦自不待说，其中说到总统违法，却是狠狠地打了自己一记耳光，因为所谓违法是指解散国会而言，而解散国会正是出自张勋的威胁。如此着笔，正是供认他不久前威胁黎元洪解散国会，目的在于打击黎元洪的威信，而黎元洪的威信既失，就不能安于其位，结果只能走复辟这一条路。这本来是徐州会议早先预定的阴谋。可是阴谋家自己揭破自己的阴谋，在历史上实在少有。

复辟本来是徐州会议的预定计划，所以，张勋认为发出这个电报，参加徐州会议的督军团都会响应盟主的号召，悬挂龙旗。

根据张勋的估计，这些家伙无论对袁世凯还是对段祺瑞，对国会问题或外交问题，都是无所用心，只要他们的权力地位有了保障，一定会跟着盟主走。

黎总统躲进租界

张勋对黎元洪的反抗性估计得实在不足。

7月1日~2日上午，黎元洪对外活动并未完全受到限制。他写了一道起用段祺瑞为国务总理的命令，责成段祺瑞举兵讨伐叛逆，派总统府秘书覃寿衡把命令送到天津，同时在天津发出请冯国璋代行总统职权的通电。

7月2日下午，张勋才派人通告黎元洪，限令他在24小时之内迁出总统府。

北京外交团知道这消息后，当天，英、日、美、法、俄各国公使就在荷兰公使馆举行会议，决定对复辟问题暂时采取不过问态度，对中国总统的安全问题，公推荷兰公使以非正式手续警告伪外交部，不得加以伤害，并须加意保护。

张勋接到警告，不敢公然派兵驱逐黎元洪出府，只是在三日调换了总统府的卫队，加强了对黎元洪的监视。

当总统府调换卫队的时候，黎元洪与留在总统府的少数幕僚举行紧急会谈，决定在卫队交替的时候，逃出总统府。为了转移目标，先由侍从武官唐仲寅伪装成总统，乘坐总统的汽车出发，黎元洪却扮作普通职员，与秘书刘钟秀等乘坐蒋作宾的汽车，约定在法国医院集合。

黎元洪到达法国医院时，因为没有医生签字的入院证，医院拒绝收留，只得转往日本公使馆武官斋藤少将的官舍栖身。

日本公使馆随后发了通报："7月2日午后9时半，黎大总统不预先通知，突至日本使馆区域内之武官斋藤少将官舍。日使馆认为系不得已之事，并为顾及国际道义，决定作相当之保护，即以使馆区域内之营房暂充黎大总统居所。黎大总统在日使馆时期内，绝对不许作政治活动。"

总统黎元洪躲进了租界，副总统冯国璋远在江南，段祺瑞虽然在天津，却是一身轻闲。

黎元洪的密使覃寿坤到天津找到张国淦，张国淦把黎元洪的命令转达给段祺瑞。段祺瑞看了命令，脸色陡变，大骂道："他还是总统吗？我还听他的命令吗？要出兵讨逆，难道不能叫几个军人推戴我吗？"

"不要意气用事啊！"张国淦心平气和地解释说，"他当然还是总统，一切事情，应当在正轨上进行。接受总统的命令，就能取得合法的地位，使用合法的职权。军人推戴是不合法的。何况，一方面取得北方数省军人的推戴，另一方面也会引起西南数省军人的反对。西南数省仍然承认这个总统，这个总统的命令，他们是没有理由反对的。"

"嗯……"段祺瑞想了想说，"有道理。"

段祺瑞接见了黎元洪派来的密使，接受了关于内阁总理的任命。

根据当时的情况，北洋军是全国最大的武力，段祺瑞又是北洋派的领袖，只要他肯出面，出兵伐逆应该不是问题。但问题并不这样简单，因为这次复辟政变，某种程度上是段祺瑞促成的，事到临头，却也感到有些束手无策。他派段芝贵去找直隶省长朱家宝和天津警察厅长杨以德。这两个人因段祺瑞失势，不肯听命。

段祺瑞又想到了冯国璋，准备亲自到南京走一趟。有人提醒他，说冯国璋是一个野心很大的人，张勋复辟后，他还没有表明态度，如果他附和复辟，去南京等于是送羊入虎口。即使他反对复辟，同意出兵，事成之后，“再造共和”的功勋之臣却是冯国璋，与姓段的无关，如此一来，他就成为北洋派的唯一领袖。段祺瑞听了大为感动，放弃了南行的计划。

经过再三研究，段祺瑞决定就近取材，从河北省京畿附近找军队，目标是驻马厂第8师李长泰部和驻廊坊第16混成旅冯玉祥部，并同保定的直隶督军曹锟联络。

新的困难又发生了，李长泰和冯玉祥在北洋军中都不属于段祺瑞的皖系，而是比较接近冯国璋的直系，平时与段祺瑞的关系很冷淡，不是简单地一纸调令，就可以让这几支部队投入讨逆旗帜之下。好在办法总比困难多，只要动脑子，办法还是有的。

段祺瑞决定以名利引诱李长泰、冯玉祥。

李长泰最怕老婆，老婆叫他往东，他不敢往西，叫他睡地板，他不敢上床。段祺瑞便从他老婆下手，派人给李太太送去一大笔钱，老婆的工作做通了，“忠实丈夫”也就搞定了。

段祺瑞把冯玉祥找来，叫他复任第16混成旅旅长；对曹锟则许以未来副总统。

冯玉祥本来就反对复辟，曹锟正因为复辟后张勋把他降为直隶巡抚，由张勋自任北洋大臣兼直隶总督而不快，因此，这两路人马也都凑起来了。

段祺瑞进行军事组织时，外交上又遇到了困难，根据《辛丑条约》规定，中国政府在天津附近20里范围内不许驻军，当年为了维护天津的治安，袁世凯组建了警察，解决了这个难题。这一次是出兵讨逆，时间又紧，没办法绕过这道圈子。

万幸的是段祺瑞和日本有密切关系，日本方面派青木中将帮助段祺瑞策划军事，并且还借给军费100万元。同时，日本公使在公使团会议上建议，特殊情况，特殊对待，在中国讨逆时期内，各国应允中国军队有行军及运输的自由，并得到通过。

一切都准备就绪，讨逆的战斗一触即发。

八、丑剧落下帷幕

讨伐辫子军

7月2日晚9时，段祺瑞亲自赶往马厂。马厂是天津以南的一个小镇，距天津有一段距离，直到次日凌晨才到。到了马厂后，立即分别召见各位将领密谈。

7月3日上午8时，在第8师司令部召开军事会议，公举段祺瑞为讨逆军总司令。

同一天，段祺瑞组织讨逆军司令部，派段芝贵为东路讨逆军总司令，曹锟为西路讨逆军总司令，并以梁启超、汤化龙、徐树铮、李长泰为讨逆军总部参赞，靳云鹏为总参议。

随之，段祺瑞以讨逆军总司令的名义，先后发出讨伐张勋的通电和讨逆檄文。这两个文件，从纸面上就可以"听"出保皇党首领梁启超的声音。

7月2日，那个就职不到十天的内阁总理李经羲，化装为运煤工人，由北京逃往天津。

7月3日，程壁光与淞沪护军使卢永祥联名通电讨伐复辟派。

同一天，冯国璋在南京召集军事会议，反对复辟，并致电段祺瑞，列举张勋八大罪状，要求和段祺瑞联名讨逆。

南京和上海的实力派都表明了反对复辟的态度，浙江督军杨善德也发表通电反对复辟。

洪宪帝制祸首杨度也通电反对复辟。但他的论点与众不同，只反对清室复辟而不是一般的反对帝制。

有不少军阀在复辟改变时期，既不表示反对复辟，也不表示赞成复辟，想先看清风向，然后再表明态度。如湖北督军王占元、河南督军赵倜接到北京伪谕后，都曾吩咐电局不要公开，以免别人问到他的态度时难以回答。

张作霖借口“奉天地位特殊，不便表示态度”。

有人问湖南督军谭延闿的态度，谭延闿只回答了“滑稽”两个字。

还有一些军阀，没有多加考虑，就表示赞成复辟。

伪谕授为长江水师提督的第7师师长张敬尧，到清宫叩谢圣恩，并向“当朝宰相”张勋递了门生帖。

复辟消息传到安庆，政务厅长秋豫要致电蚌埠，向长住在那里的安徽省长倪嗣冲请示。倪嗣冲回电，叫他张贴黄榜，宣布伪谕，悬挂龙旗，改称“大清帝国”，改用“宣统正朔”，并表示将亲自到安庆“接旨谢恩”。随之，安庆、芜湖、蚌埠、大通一带龙旗招展，蚌埠出现了“安徽巡抚部院倪”的布告。

福建督军李厚基、直隶省长朱家宝、吉林督军孟恩远等，也都附和张勋。

5日，段祺瑞由马厂回到天津，宣布正式就任国务总理。

6日，冯国璋在南京宣布，正式代行总统职权。

同一天，冯国璋、段祺瑞联名任命倪嗣冲为南路讨逆军总司令。

倪嗣冲就是一个变色龙，竟恬不知耻地解释，说他接受安徽巡抚和悬挂龙旗，用的是缓兵之计，因为他的防区与辫子军接近，这样可以争取时间准备军事行动。

不堪一击

讨逆的军事行动从7月7日开始，至12日即告结束，前后一共不过六天，中间还有四天停兵不进，满打满算，真刀真枪的干只有两天时间。

6日，讨逆军西路集中在卢沟桥，东路由廊坊开进到黄村，在丰台的辫子军陷于腹背受敌的境地。

张勋命令辫子军破坏丰台铁路以阻止讨逆军，这一招引起了外交团的抗议。根据《辛丑条约》规定，“京津铁路行车不得中断”，张勋这样做就是违约。

于是，列强派洋兵保护铁路，并修复了被辫子军破坏了的铁路，恢复通车。

这一招对辫子军很要命，但却给讨逆军带来了便利。

在这次战争中，张勋采取了让别人的部队打头阵，辫子军留在后面督战的老套路。这种战略，只有在自己有强大的机动部队的条件下才能适用，否则，就有被别人吃掉的危险。而他只带了5000辫子军北上，应对这样的战争，远远不够。

7日，张勋派吴长植的1旅和田有望的1团开赴丰台驰援，并派辫子军2营督后。吴长植和田有望的部队还没有到达目的地，就倒戈相向。

驻南苑的第11师李奎元旅和第12师刘佩荣旅也乘势调转枪口，南苑飞机飞往丰台，向辫子军的阵地投炸弹，并向清宫乾清殿、中正殿投下两弹，炸死了一个人、一条狗。

辫子军吓得四散而逃，东、西两路讨逆军很快在丰台会师。

由前线溃退的辫子军集结在永定门外，江朝宗下令关闭城门，不许败兵进城。张勋听了大怒，逼迫江朝宗开门放辫子兵进城。

这是讨逆军的第一次战斗，辫子军几乎无招架之力。交战期间，北京的火车照常开，路人也只是停下脚步，露出惊诧的眼光。由此可见，段祺瑞所谓北京军警在张勋的暴力下无力抵抗的说法，完全是骗人的鬼话。

张勋的辫子军只有5000人，而北京驻军有四个师以上，此外还有宪兵、警察等武装力量。当张勋在北京威胁总统解散国会的时候，如果北京军警表示了保卫民主和尊重法纪的严正态度，张勋就不可能成为北京的主人，也不敢做北京的主人。

由于王士珍、王朝宗、陈光远以及其他一些北京军警长官，一心要保全自己的地位权力，对张勋采取不反抗态度，才使得他的复辟阴谋得逞。

仅仅经过一场小打，张勋就威风扫地，复辟派也感到末日来临。张勋赶忙拍电给参加徐州会议的各省军阀，请他们实践诺言，赞助复辟，停止进攻。

张勋的电报没有发生任何作用，讨逆军的攻势犹如摧枯拉朽，一战而克廊坊，再战而会师丰台，三战而兵临北京城下。

东路讨逆军总帅段芝贵报称："逆军委弃辫发及鸦片烟枪很多。"

廊坊之战其实并没有开火，当地防军为陆军第16混成旅，段祺瑞起用了这个旅的前旅长冯玉祥，廊坊不战而下。

另一个旅长吴佩孚在曹锟手下任第3师第6旅旅长。吴佩孚和冯玉祥两人曾在四川与护国军作战，现在两人又参加讨逆战争。

7月8日，辫子军奉张勋之命，全部退入北京内城，集中在天坛、紫禁城和南河沿张宅三个地区。

张勋命步兵统领江朝宗派兵防守各城门，原驻北京城外的第1师第1旅张锡元部乘势攻进了朝阳门。这一来北京城内可能爆发巷战，局势顿形紧张。

北京警察总监吴炳湘前去拜会张锡元，要他退出北京城，理由是北京各城门已经由中立的步军统领接管。

原来，张勋的辫子军退入内城后，北京变成了三重势力范围，驻守内城的是辫子兵，他们仍然悬挂五爪黄龙旗。中间一道是不挂旗的“中立区”，由江朝宗的部队分驻各城门，江朝宗仍用复辟后的九门提督伪职发出安民布告。既不称“中华民国”，也不称“大清帝国”。城外则是讨逆军，飘扬的是五色国旗。

张勋眼见大势已去，派伪外务大臣梁敦彦央求各国公使出面调停，梁敦彦在日本公使馆的时候，还到黎元洪的住所向他谢罪。

为了保护北京这座古城，讨逆军没有攻城，段祺瑞打算通过外交途径解决问题。

7月8日，段祺瑞派汪大燮、刘崇杰进城和各国公使接洽，请他们转达张勋四项停战条约：1. 取消帝制；2. 解除辫子军武装；3. 保证张勋生命安全；4. 维持清室优待条件。

同时，段祺瑞还派傅良佐、曲同丰进城办理遣散辫子军事宜。

各国公使推选荷兰公使为代表，把讨逆军的条件转告给张勋，力劝张勋接受条件，并表示各国愿意承认张勋为政治犯而加以保护。

张勋眼见大势已去，妄想通过外交关系，使之能率辫子军安全退出北京，回到徐州老巢。于是向溥仪提出辞呈。

雷震春、张镇芳随后也向溥仪提出辞呈。

溥仪小皇帝批准了他们的辞呈，并发表伪谕，以徐世昌组阁，在徐世昌未到京之前，由王士珍代理。

这自然又是张勋自导自演的一曲戏。

张勋做梦也没有想到，他的复辟美梦竟然是昙花一现，参加徐州会议的那些“唯大帅马首是瞻”的督军们，竟然都做了缩头乌龟，让他一个人唱独角戏。大势已去，他想一走了之。袁世凯当年上演洪宪称帝，皇帝没有做成，回头做了总统，张勋想学袁世凯，复辟不成，仍然回徐州去当大帅。

从9日起，讨逆军包围了北京城。复辟派纷纷潜逃出城。这一天，奉天第28师师长冯德麟在天津车站被捕；张镇芳、雷震春在丰台车站被捕。号称文圣的康有为善于化装，扮成乡下老农，躲过了沿途军警的监视。

其实，讨逆军并没有把逮捕复辟派当做一项重要任务，京津路沿线军警追捕复辟派，也只是虚张声势，并没有下真工夫，这才使得很多人顺利逃出北京城。

王士珍、王朝宗劝张勋接受解决武装的条件，张勋很滑稽，竟然用四句歌谣作回答：

我不离兵，
兵不离械，
我从何处来，
我往何处去。

同时，他还发表通电，痛斥北洋派那些督军们背信弃义，出卖朋友。

11日，外国记者到南池子去会见张勋。这位闯下滔天大祸的辫子大帅，态度居然很镇静，向洋记者侃侃而谈，说他复辟是执行北方各省督军的共同主张，冯国璋有亲笔信（其实是胡嗣瑗假冒冯的信）在我手中，而段芝贵和徐树铮推波助澜，段祺瑞不能说不知情，他们签名的文件都在我手里，必要时我会公之于世，但决不向他们投降。

讨逆军虽然包围了北京城，但没有发起进攻，他们想不战而胜，避免战火毁坏北京城的古建筑。不知这是谁的主意，历史真该为这个人记上一笔。

9日至11日，讨逆军方面由汪大燮、刘崇杰通过外交团周旋，想促成和谈，张勋自恃有北洋派拥戴复辟的文件在手，坚持不缴械，一定要带辫子兵回徐州。

和平解决无望，讨逆军决定攻城，汪大燮和刘崇杰找外交团商谈攻城计划。

外交团仍然推举荷兰公使答复讨逆军，同意攻城，时间以12日上午4时至晚上12时为限，只许放一发炮弹，其余则以空炮威胁辫子军投降。

11日晚，讨逆军决定作战计划，以第1师进攻朝阳门，攻入城后，立即攻打南河沿张勋的住宅。第8师、第11师、第12师，分别由永定门、广安门进攻天坛，第3师由彰仪门进攻天坛及中华门。

12日拂晓，第2师进攻天坛，守天坛的辫子军约3000人，刚交火就挂起五色旗表示投降。一小部分不肯投降的辫子军退往南池子张府。

东路讨逆军由朝阳门攻进东单牌楼及东安市场，西路讨逆军由宣武门向北攻西华门，残余的辫子军被迫集中在南池子一隅之地。

占领宣化门的讨逆军，在城楼上架设了大炮，炮口对准天安门和南河沿的张宅。

宣武门的大炮，于12日中午发了一发炮弹，把南河沿的张宅墙头打了一个大洞，引起了剧烈的响声和一片火光。护卫“大帅公馆”的辫子兵纷纷弃械、剪掉辫子逃跑，混乱之中，气急败坏的“张大帅”被两个荷兰人挟上汽车，逃往荷兰公使馆躲避去了。

这是讨逆军第二次战斗，也是最后一战。

这次战斗，击毙辫子军近百人，其余的逃之夭夭。打扫战场的时候，大街上除了兵器，满地都是辫子，这是辫子军的标志。那些辫子军知道大势已去，为了保脑袋，只得割掉辫子逃命。

复辟闹剧，仅历时12天便落下帷幕。张勋成了小丑，段祺瑞成了“三造共和”的大英雄。

第九章 冯、段斗法

从冯国璋、段祺瑞合作组成以北洋派为核心的北京政府的第一天起，他们就各怀鬼胎，极尽所能地展开了尔虞我诈、斤斤计较的权力之争，北洋派的分化，也由萌芽发展到成熟，并将中国内战导向更复杂、规模更大的新阶段。

一、旧总理、新总统

黎府凶杀案

张勋复辟，是以黎元洪、段祺瑞两人争夺权力为起点发展起来的，讨逆军事结束之后，总统问题，时局问题，仍然是一个急需解决的问题。

1917年7月14日，段祺瑞偕同汤化龙、张国淦，耀武扬威地回到北京。当天在府学胡同段宅讨论关于总统的问题。张国淦建议迎请黎元洪复职。

“这是什么意思？”段祺瑞咆哮地说，“我还能和他共事吗？”

“谁给黎元洪当说客，我就一枪打死谁。”讨逆军总司令部军法处处长金永炎掏出枪，跟在段祺瑞后面大叫起。

张国淦看了金永炎一眼，没有再说话。

段祺瑞不愿意黎元洪继续当总统，但对冯国璋也不怎么感冒。他深切地了解到，冯国璋的野心大，他手中有兵，在北洋派中拥有不少的追随者，由他继任总统，比手无寸铁的黎元洪更难对付。在天津的时候，段祺瑞就同私党们讨论过，拟到北京后，授意北方各省军阀通电拥戴徐世昌为临时总统，组建临时政府，待召开国会后，正式选举总统。他认为徐世昌是个文人，好控制。可他的计划还没有付诸实施，不明底细的北方军阀就已纷纷致电北京，拥护冯国璋代总统，请冯国璋到北京代行总统职权。

段祺瑞为难了，如果拒绝北方军阀的要求，可能会引起北洋派分裂，给西南各省以可乘之机。迎请黎元洪复位固然可以阻止冯国璋继代，可他又恨透了黎元洪。转而又一想，既然实行责任内阁，无论谁做总统，都会处在无权无勇的地位。如果让冯国璋到北京来当总统，比他在南方有兵权、有地盘、能够调兵遣将的威胁反而会少得多。经过一番思考，他还是决定迎请冯国璋代理总统。

段祺瑞听从张国淦的劝告，派步军统领江朝宗去日本公使馆去见黎元洪。

江朝宗见到黎元洪后，礼貌地说："托总统的威福，数日之内便平定了大乱。"

"这是段总理的功劳！"黎元洪淡淡地说。

"总统！"江朝宗说，"总理让我来请总统回府。"

"啊！"黎元洪说，"我已拿定主意，准备辞职，不再回总统府了。"

"那怎么行啊！"江朝宗假意地说，"还等你老人家主持大局呢！"

"多谢总理的美意！"黎元洪说，"我还是回家的好！"

王朝宗也不再客套，将黎元洪接上车，送他回东厂胡同的家里。

黎元洪回到东厂胡同后，立即发表通电，表示决不复任总统。通电把下令解散国会、电召张勋进京以及自己逃往日本公使馆等事件作为引咎辞职的理由，把讨伐叛逆、恢复民国功归段祺瑞、冯国璋两人，对北方叛督隐含谅解，对西南各省，则劝他们保持统一，不要再起政争。

有人怀疑这封电报是北洋军阀捏造的，也有人说是黎元洪被迫而不得不发。

黎元洪回到东厂胡同的第三天，家里便发生了一件骇人听闻的凶杀案。

7月16日一大早，黎元洪照例在花园散步，突然看到一个大汉手持一把明晃晃的大刀迎面走过来，边走边东张西望，形迹可疑。

黎元洪体会到一股杀气，悄悄躲到花厅里去。当那人跟踪而至的时候，侍卫们已经发觉情况不对，冲了过来。

那人舞动大刀，一连砍杀了三个侍卫，砍伤了两名侍卫，然后向门口逃去，逃到东口小巷，被侍卫当场击毙。

事后，北京警察立即展开调查，很快查清，凶手是一个名叫王得禄的山东人，是黎元洪家里侍卫队的一名排长，"是个精神病患者"。

警察厅通报了案情，说此案是黎元洪的卫士在焚毁的张勋府内抢东西，因分赃不匀而发生内讧，与政治无关。

其实，这个公报有很多疑点：既然是精神病患者，就不会留在卫队担任排长，更不应当发生抢赃物而持刀杀人。强调与政治无关，实际上就有点“此地无银三百两”了。

当年，袁世凯派人去杀蔡锷，也是一个排长，行刺不成，军警当局也编了一个故事，证明与政治无关。人们怀疑黎府的凶杀案，就是北洋派当年的旧戏重演。

问题不久便逐渐明朗。此时国民党和西南各省仍然拥戴黎元洪为合法总统，反对北洋派制造政变、篡夺政权的非法行为，国民党派来迎接黎元洪南下的两艘军舰，仍然停泊在秦皇岛港口。因此，即使把黎元洪软禁在北京，恐怕他有一天会破壁而出。以前在蔡锷设计逃出北京的前车之鉴，不能让这样的事情再次发生。坊间有传说，行刺黎元洪这件事，是由段祺瑞的死党、陆军部长傅良佐一手策划的。

黎元洪在凶杀害案发生之后，躲进了法国医院，在那里碰到了避难而来的复辟派，彼此显得很尴尬，于是向北京政府提出到青岛“避暑”。

段祺瑞没有同意，请黎元洪移居团城，以便对他进行周密的“保卫”。

黎元洪不愿接受这种“保卫”，就在法国医院长住下来。段祺瑞借口“分子复杂”，让江朝宗解散了黎元洪的卫队，另派军警负责黎宅的保卫工作。

黎元洪找与他私交甚好且与段祺瑞接近的湖北同乡汤化龙和张国淦，研究他的安全问题。他们一致认为，既然官方指凶手为精神病患者，就不如将错就错，不要揭穿真相，以免引来更大的不利。关于离开北京的问题，他们认为，请求段祺瑞没有任何作用，只有找机会向冯国璋提。冯国璋不喜欢北京城有两个总统，可能会接受这个要求。通过这次商谈，黎元洪就一心一意地等冯国璋来帮助他离开北京了。

官样文章

段祺瑞在黎元洪身上做足了文章，然后电告冯国璋，请他到北京来就职，并谈到重新组阁之事。

冯国璋不想离开南京，不管段祺瑞怎么催，就是不肯动身，组阁之事，他复电让段总理自己看着办。

7月15日，段祺瑞在北京正式组阁，由冯国璋总统任命。此时国会已经解散，由此人称冯总统令。

具体内阁成员为：汪大燮为外交部长，段祺瑞自兼陆军部长，刘冠雄为海军部长，汤化龙为内务部长，梁启超为财政部长，林长民为司法部长，张国淦为农业部长，曹汝霖为交通部长，范源濂为教育部长。

内阁中研究系占了外交、内政、财政、司法、教育五席。梁启超得到了以前求之不得的财政部长。对研究系而言，这是一个极盛时期。

接着，又下达通缉令，通缉对象是：康有为、刘廷琛、万绳栻、梁敦彦、胡嗣瑗。

当时，康有为早已溜出北京，继续过着逍遥自在的生活。而真正的罪魁祸首张勋，只受到免职拿办的处分。

据说，张勋住在荷兰公使馆里，有人奉命前往探查，张勋左手拿手枪，右手提一大包书函，大笑着对来人说："徐州会议时，赞成复辟的都有签名，这些文件在我手里。他们既然卖友，那我就将这些文件公之于世，与他们同归于尽。"

北洋军阀对张勋确实有些投鼠忌器，王占元、张怀芝、张作霖等人致电北京政府，要求对张勋宽大处理。

北京政府除在形式上向荷兰公使要求引渡外，也没有认真追究，不久便恢复了张勋的自由，只是没有公开而已。

清廷上下遭到这次巨变，紫禁城内的遗老遗少们惶惶不可终日，张勋逃走了，段祺瑞重新回到北京城，清宫急忙由内务府出面，致函段总理，解释复辟是迫于张勋的淫威，并不是他们的真实意愿，请求政府宽大处理。

段祺瑞命内务部电告冯国璋，主张仍然维持以前对清室的优厚政策不变，冯国璋还没有进京理事，当然不会提出反对意见。

“北洋三杰”之一的王士珍自觉无颜见人，他的两个老朋友，一个做了总统，一个当了总理，自己却成了复辟派，他准备回正定原籍过隐居生活。

段祺瑞得到消息后，马上跑到王士珍的家里安慰他，劝他以北洋团体为重，继续担任参谋总长。

除王士珍之外，北京军警长官江朝宗（步军统领）、吴炳湘（警察总监）、陈光远（第7师师长）等都没有加罪。

江朝宗是段祺瑞不欢喜的人，被调为迪威将军，步军统领由讨逆有功的第8师师长李长泰继任。

段祺瑞不喜欢李长泰，李长泰调任步军统领后，第8师师长的本职立即被免了。

在天津被捕的复辟犯、第28师师长冯德麟，本来是张作霖的死对头，张作霖并没有落井下石，且还以德报怨，以奉天全体军官的名义，请求保释他，获得批准。人们对关外“红胡子”的“侠义”行为表示敬佩。第28师全体官兵对冯德麟有作深厚的感情，因此对张作霖特别感恩。

张作霖一举收服第28师，自任师长，从此，他便拥有第27师、28师、29师三个师的兵力，逐步发展为“关外王”，并在北洋派直系、皖系之外，形成又一个派系——奉系。

张镇芳、雷震春两人也获准在狱中自备伙食，不吃牢饭，且还特批准吸食鸦片。

所有这些表明，北京政府惩办复辟祸首，只是官样文章。

复辟闹剧中最有趣的是康有为和梁启超师徒俩。在复辟过程中，康有为助张勋复辟，复辟后的“宣统上谕”就是康有为的大手笔；梁启超助段祺瑞讨逆，讨逆檄文出自梁启超的大手笔。两大国手所写的文章都很动人，复辟失败后，康有为对梁启超恨之入骨。

此时，四川兵乱还没有平定，段祺瑞派周道刚代理四川督军，率兵平乱。

原来，戴戡兼代理四川督军后，刘存厚暂时退出成都。复辟事件发生时，戴戡所率的黔军与刘存厚所部的川军，因北伐而起冲突，连日在成都打得不可开交。前总统黎元洪主张和平解决，叫他们暂时息战，听候中央处理。没想到京城被张勋闹得一塌糊涂，黎元洪自身难保，再也没人管四川的事了。

段祺瑞处理完复辟事件之后，特派周道刚就近代任，勒令刘存厚撤离成都。

段祺瑞下令撤销讨逆军司令部，其余未办完的事情，交由陆军部接办，并命张敬尧督办苏、皖、鲁、豫四省剿匪事宜。

冯国璋进京

转眼到了7月末，段祺瑞再次催冯国璋进京就职。这一次他打定主意，派出以靳云鹏为首代表团到南京去劝驾。

靳云鹏到南京后，一再向冯国璋表示，他奉了段总理的死命令，不把冯大总统请进京，不能回京。

冯国璋深知段祺瑞的脾气，知道这一次他是下了决心，再推托下去，可能会激怒他，如果真到那一步，就不好收场了，便没有再推托。

8月1日，冯国璋一行抵达北京，京城的大小官员全体出动，到车站迎候这位新总统，清室也派代表到站欢迎。

冯国璋抵京下车之后，没有去总统府，也没有去国务院，而是去了黎元洪的府邸。

黎元洪本来住进了法国医院，接到通知后，从医院回到东厂胡同的家里等候冯国璋。

新总统、旧总统相会，冯国璋客气地说："我今天是来迎请你回任总统的哟！"

"快别说了！"黎元洪苦笑着说，"由你出任代总统，是众望所归，不要推托了啊！”

冯国璋打着哈哈，实在不知道怎么回答，明知说的不是真心话，要深谈也找不到话题，略坐片刻之后，起身告辞。

黎元洪送走冯国璋，仍然回法国医院去了。

冯国璋见过黎元洪后，又去国务院与段祺瑞商议，一再谦辞总统一职。

“当仁不让！”段祺瑞并没有多的话说。

冯国璋走完过场之后，这才入住总统府，正式履行总统职责。当天，由国务院发表通电，声明冯大总统莅府任职。

各省也都致电祝贺，只有两粤不肯附和，仍然独立，云南督军唐继尧也致电各省，表示拥护约法，不承认冯国璋政府。

8月4日，冯国璋特派内务部长汤化龙为代表，进宫答谢满清皇帝派代表欢迎他进京的盛情。汤化龙以一国公使的礼节觐见“大清皇帝”。

这位堂堂的中华民国大部长，见到溥仪时，竟然不敢正视，只是偷看了一眼，便行三鞠躬礼，大声地说：“大中华民国大总统，谨派内务部长汤化龙，致谢大清皇帝，敬问大清皇帝安好！”

娃娃皇帝溥仪不知如何回答，身边的近臣世续连忙跑到御座前跪下，向“皇帝”说了几句悄悄话，起身代表溥仪大声答道：“大清皇帝谨谢大中华民国大总统盛意，并回问大总统安好！”

这是袁世凯派公府秘书长梁士诒到清宫祝贺隆裕皇太后寿辰的旧戏重演。

北洋军阀从来就善于这种模仿，万变不离其宗。也许他们以为，能与大清皇帝分庭抗礼是一件无上“光荣”的事情，故此乐此不疲，一次又一次地上演相同的闹剧。

溥仪做不成全国“大皇帝”，仍然可以关起门来做“小皇帝”， 逍遥自在地过日子。

二、对德宣战

初步斗法

平定张勋复辟后，官复原职的段祺瑞以极快的速度组成了新内阁。不同的只是总统宝座上换了主人，“北洋三杰”中的“虎”、“狗”坐在一起，形成了新的政府体制。

冯国璋、段祺瑞这对新组合，从一开始就存在着控制与反控制、架空与反架空的矛盾。

段祺瑞原打算在冯国璋进京后，派段芝贵为江苏督军。

段芝贵在袁世凯时代做过湖北督军和奉天督军，其后虽以帝制余孽而休息，这次讨逆他又东山再起，有功于“再造共和”，段祺瑞想用他代替冯国璋为江苏督军，应该说得过去。

段祺瑞万万没有想到，冯国璋在离开南京以前，就提出调江西督军李纯为江苏督军，升任驻南苑第12师师长陈光远为江西督军。

李纯、陈光远和湖北督军王占元，在北洋派中都是亲冯派。早在辛亥革命时，冯国璋就统率北军第1军南下与革命军作战，第1军由第6镇统制（即师长）李纯，第2镇协统（即旅长）王占元，第4镇协统陈光远等混合组编，从此，他们逐渐形成一个小集团，这就是后来赫赫有名的“直系”。

直系名称是因为冯国璋是直隶人，这和段祺瑞的皖系是因段祺瑞是安徽合肥人一样，不过参加这两系的军阀，并不完全是这两省人，大都因为个人利害关系而加入其中一个派系，在直、皖两系明争暗斗过程中，成员相互间还有变化，很难划分界限。

这是冯国璋在长江流域布置自己势力范围的第一步。从此，冯国璋的势力便在江苏、江西、湖北连成一气，这便是直系的发端。李纯、陈光远、王占元也被时人称为“长江三督”。

冯国璋又将自己统率的禁卫军扩大为两个师，以王廷桢为第16师师长，留在南京，与由江西调来的第6师（师长齐燮元）共同守卫江苏地盘。另以刘询为第15师师长兼“总统拱卫军”司令，移驻北京。这样安排，使他在长江一带有实力支援，在北京也不是赤手空拳的光杆司令。

冯国璋的这一手，让段祺瑞始料不及，在这个时期，北洋派的矛盾并没有露骨地表现出来，段祺瑞此时的主要敌人是西南军阀，加之冯国璋刚任总统，不得不对他有所迁就。但迁就也不是无条件的，他也提出了自己的条件：让傅良佐出任湖南督军，以吴光新为长江上游警备总司令兼四川查办使。

傅良佐、吴光新两人在北洋派中属于以段祺瑞为首的皖系。其中，傅良佐还是徐树铮的拜把子兄弟，而徐树铮是段祺瑞最信任的学生，傅良佐自然也成了段祺瑞信得过的人了，吴光新是段祺瑞的妻弟，那就更不用说了。

冯国璋当然明白段祺瑞是在与自己做交易，既然是交易，就得付出代价。于是，李纯、陈光远、傅良佐、吴光新的任命书，在同一天发出。

冯国璋、段祺瑞暗中做好这笔交易后，表面上双方都是皆大欢喜，实际上，两人的芥蒂却因此而大为加深。

冯国璋刚到北京时，很想唱一曲“将相和”，他坚决挽留王士珍继续担任参谋总长，向段祺瑞、王士珍这两个小站练兵时的老朋友表示：“我们三个人合力办事，不要分什么总统、总理和部长。”并断言，今后不会再有府院之争。

其实，从冯国璋、段祺瑞合作组成以北洋派为核心的北京政府的第一天起，他们就各怀鬼胎，极尽所能地展开了尔虞我诈、斤斤计较的权力之争，北洋派的分化，也由萌芽发展到成熟，并将中国内战导向更复杂、规模更大的新阶段。

对德宣战

黎元洪、段祺瑞的府院之争和国会解散，起因是段祺瑞主张对德宣战，黎元洪坚决反对所引起的。对德宣战问题，以前波折重重，如今，黎元洪下台了，国会解散了，段祺瑞可以随心所欲去搞。

8月4日，段祺瑞将对德宣战案提交国务会议讨论，获得通过，然后提请总统签发命令。

冯国璋对宣战问题，本来没有什么成见，前一次进京调解这件事，也没有反对段祺瑞的提议。更何况中德相隔太远，彼此不能越境作战，段祺瑞要宣战，无非是虚张声势而已。因此，他并没有做过多的考虑，于14日签发了对德宣战的命令。

黎元洪在冯国璋就职后，托人给冯国璋传话，提出要赴天津休养，并保证"驻津绝不为政治活动，无论何人，概摒之见"。

冯国璋不希望北京有两个总统，爽快地答应了黎元洪的请求。

段祺瑞见冯国璋都答应了，不便阻拦，但仍责成汤化龙担保黎元洪出京后，不搞政治活动、不南下。

黎元洪黯然离开北京，到天津后立即返回私邸。从此蛰居津门，深居简出，闭门谢客。

这时候，四川再度发生暴乱。周道刚代理四川督军后，留驻重庆，正要兵发成都，忽然传来戴戡被川军击毙的消息。周道刚立即派人前往调查。

原来，刘存厚的部下全是四川人，他们不愿看到外兵入川，此前曾与罗佩金的滇军发生冲突；戴戡所部的黔军进入四川后，同样遭到他们的排斥。黔军势单力薄，川军实力雄厚，双方交战多日，黔军终于力不能支，退出成都。

戴戡退出成都后，随即联络前四川督军罗佩金及云南督军唐继尧，杀了一个回马枪，赶走刘存厚，重新夺回成都。

刘存厚不肯罢休，收拾残兵再攻戴戡。在战斗中，戴戡不幸被流弹击中，当场死亡。

周道刚将这一事件调查清楚后，如实向中央汇报。

冯国璋总统下令，追赠戴戡陆军上将衔，按阵亡将士旧例发抚恤金，命财政部拨款1万元治丧。

后来，周道刚又与滇军相争，政府于是发布命令，所有在四川的部队，无论主客，全部归周道刚指挥，并正式任命周道刚为四川督军，刘存厚会办四川军务。这样一来，四川总算暂时安定下来。

段祺瑞自民国成立以来，一直担任陆军部长，控制着兵权，冯国璋虽心有不甘，可也无可奈何，当了大总统，便想改变段祺瑞大权独揽的局面。

这一天，冯国璋提出要将总统府的军事处改为“大总统陆海军统率办事处”，效法袁世凯，恢复“大元帅陆海军统率办事处”，以平分段祺瑞的军权。

段祺瑞以前备受“办事处”的冷落，一听到这个名称就头痛，坚决反对。

冯国璋不是黎元洪，他有兵有将，尤其有“长江三督”为后盾，过去没有在段祺瑞面前低过头，现在当了大总统，更不会低下那颗高贵的头颅。他托人给段祺瑞捎话，说他身为大总统，如果对军国大事不闻不问，那就是严重失职，他不做一位失职的总统。言下之意是不做黎元洪那样的傀儡总统。

经过几轮交锋，双方各让一步，对府、院权限进行界定：所有军国大事，内阁都必须定期向总统府汇报，总统不干预内阁用人和日常事务，但有权随时对内阁成员提出质问，内阁任何人员不得回避。

南、北战争拉开序幕

正当段祺瑞以为自己占了上风，踌躇满志，准备成立自己的北洋王朝时，忽然传来广州成立“军政府”的惊人消息，云南、贵州、广西、广东各省，一夜之间脱离北京政府。随后湖南、四川、陕西、湖北、山东、河南等省的部分军队和民众也纷纷响应，矛头直指段祺瑞内阁。

顷刻之间失掉了半壁江山，段祺瑞盛怒之下，拍桌子骂娘，大叫：“这是你们逼的，是骡子是马，咱们战场上见。”

冯国璋听到这个消息却不以为然，似乎一切都在预料之中，背着人还窃窃私笑。

这次西南起兵的诱因是段祺瑞重掌内阁后，拒绝恢复民国初年的《临时约法》和被张勋解散了的国会。《临时约法》和国会是中华民国的象征，尽管其早已成了军阀们的遮羞布，但突然撕掉这块遮羞布，还是让人有点难以接受。孙中山满腔怒火地从上海跑到广州，号召全国人民为恢复《临时约法》和国会而斗争。

云南督军唐继尧，两广巡阅使陆荣廷等西南实力派，本来对段内阁就深怀敌意，借"护法"之名，乘机响应。

那些被张勋驱散的国会议员，更是热血沸腾，呼啦啦一下子跑到广州，宣告组成一个非常国会，成立一个与北京政府相抗衡的"军政府"，选举孙中山出任大元帅，唐继尧、陆荣廷为元帅，负责行使军政府的职权。

段祺瑞担心别的省份追随孙中山，坐立不安，想要与孙中山达成和解，恐怕不可能，唯一的办法，就是诉诸武力。

打仗不是一件小事，枪炮一响，黄金万两，北京政府国库早就一空如洗，各省的赋税也不能按时上缴，即使有些款项进帐，连维持政府的正常开支都不够，根本就不能挪着军用。

要打仗，就得花钱，没有钱，只能借贷，除此之外，别无他途。

北京政府宣布对德宣战后，英、美、日、意以及俄、比等国公使，都有照会至北京外交部，表示尽力赞助中国在国际上享有大国当有的地位。美国还想利用金元外交，表示愿意给中国提供2亿银元的借款，帮助中国出兵欧洲。其目的是想把中国从日本人的怀里抢过去。

美国的这一表示，当然不能取得预期效果。段祺瑞已经骑上了日本马，没有必要，也不可能从这个马背跳到另一个马背上。

针对美国对中国投放的诱饵，日本政府立即作出反应，表示向北京政府提供同美国一样的借款，并且不要求中国出兵欧洲。

段祺瑞很会替自己打算，一个近邻，一个远隔重洋，一个要出兵，一个不出兵。他很需要钱，可是不打算用这笔钱去欧洲打战，而是用这笔钱发动内战，贯彻北洋派武力统一中国的政策，这是他早就决定的方针。但根据1913年英、法、德、日、俄五国银行团和中国政府的协定，中国不能单独向五国中的一国进行政治借款，更不能向五国银团以外的国家借款，现在德国既已除外，可其他四国还在。要向日本借款，还得要绕过这道坎。他去找日本主子密商这件事。

8月10日，日本藏相胜田与著名的亲日派陆宗舆以超常速度，成立了所谓中、日合开办的中华汇业银行，陆宗舆出任经理，作为投资中国的另一个机构。

随后，日本政府给段祺瑞出点子，让北京政府向五国银行团提出1亿银元的善后借款的申请。五国银行团对这个申请不能置之不理，如果置之不理，北京政府就可以公开向五国银行团以外或五国中的一国进行政治借款，从而推翻五国银行团对华政治借款的联合垄断。

此时，欧战正在紧张进行，英、法、俄三国没有力量提供这笔借款，经过协商，决定由日本银行先如数拨借，待将来欧战结束后，再由五国银行团拨还。这样，既不违反五国银行团垄断对华政治借款的规定，又能符合日本单独借款的愿望。

8月28日，日本银行垫付1000日元，与财政部签立契约，利息7厘，以一年为限，用盐税和国库券作担保。

这笔借款是段祺瑞发动大规模内战的军费来源。代表北京政府签订借款条约的是财政部长梁启超。

同一时期，协约国也因中国已经参战，承认给中国一些“报酬”。以前北京政府向协约国提出中国参战后的几个愿望，协约国公使回答了一个照会，承认：1. 庚子赔款可以停付五年，停付期内不加利息，但俄国占有赔款总额的26%，除其中的105可以缓付外，其余16%仍须按期支付；2. 关税可以提关5%，但须先成立由有关国家与中国共同组织的委员会，调查标准价格，然定厘定税则；3. 中国在必要时，可在天津周围20里内驻兵，但以防范敌侨为限。

这些条款虽然与北京政府提出的愿望有很大差距，这只是问题的一方面。另一面，则是在协约国给中国“报酬”背后，还隐藏着出卖中国的内幕，这就是协约国事前与日本政府秘密达成的协议，取得日本政府同意后，对中国作出的答复。

这就是说，协约国已经不把中国当成一个独立自主的国家，而是把中国当做日本的保护国家，关于中国问题的决定，不在北京，而在东京。

冯国璋心里明白，段祺瑞主张对德宣战只是一个幌子，真实目的是想借宣战之名，行借款之实，而借款的目的，也不是为了赴欧洲作战，而是打内战。同时他也清楚，段祺瑞借到钱后，自己也有份，不如先让他高兴高兴，然后再提自己的条件，这就是"欲取之，必先予之"的道理。

段祺瑞借到钱后，准备出兵镇压南方军队，还没有部署妥当，从湖南那边又传来惊讯。

原来，傅良佐去湖南以前，湖南督军由省长谭延闿兼任。谭延闿是国民党人，段祺瑞担心他联络云南、广东，特地命傅良佐为督军，前往湖南监视谭延闿。

湖南人一直主张"湘人治湘"，反对北方军人进入湖南。傅良佐虽然是湖南乾城人，但他生长在北方，吃的是北方饭，讲的是北方话，湖南人民很少知道他是湖南人。

段祺瑞的命令发出之后，谭延闿曾向陆荣廷告急。陆荣廷急电北京，请冯国璋想办法收回成命，并露骨地主张把湖南划为南、北的军事缓冲地带，维持湖南现状，以保障南、北和平。

这次冯国璋却难以回答，因为他已经把湖南、四川交换了江苏和江西，无奈之下，只得把这个电报交给段祺瑞处理。

段祺瑞当然不会放弃湖南这个战略要地，回电说傅良佐也是湖南人，并没有打破原来的成例，且这次人事变动，是"为事择人"，没有其他意思，他当然不会把自己武力统一政策说出来。

陆荣廷知道湖南的问题单凭口舌无济于事，示意湖南要采取行动，表示必要的时候会给予实力支援。

谭延闿并没有头脑发热，他认为西南军阀尽管感到"唇亡齿寒"，认为有援湘的必要，但为了自己的利益，他们都想保存实力，出兵援湘恐怕是一件遥遥无期的事情，而北军却是朝发夕至，湘军单独抵抗，很少胜算。正是由于这个原因，湘军内部的意见也不统一。

谭延闿当机立断，对调动督军的命令不但不表示反对，反而派零陵镇守使望云亭到北京去迎接傅良佐。有人问他是否真的愿意留任省长，他在无意中露出了一句真心话："当惯了婆婆，做不了媳妇。"

事实上，谭延闿派望云亭到北京，并不是真心迎接新督军，而是调虎离山之计，望云亭动身之后，他立即派刘建藩代理零陵镇守使，并调第1师第2旅旅长林修梅移衡山。意在集中力量，退守湘南，只等待桂军来援，然后进行反攻。

傅良佐到湖南上任之后，发表了两道"下马威"命令：刘建藩免职调省，派陈蘧章为零陵镇守使；林修梅撤职，派邹序彬为湘军第1师第2旅旅长。

傅良佐的命令，打乱了湘军的计划，也激起了湘军的反抗。

9月18日，林修梅在衡阳、刘建藩在零陵同时宣布自主，揭开了第二次南、北战争的序幕。

傅良佐立即通电中央，陈述刘建藩的罪状，并派第2、第3旅旅长李右文率兵攻打零陵。

段祺瑞知道，战争一旦开始，就很难中止，而之前借的日款1000万，支持不了几个月，要想武力平定南方，只有借款。他又暗嘱交通银行，想办法从日本方面弄钱。

交通银行经过一番讨价还价，再次向日本银行借款2000万元。代表北京政府签字的是财政部长梁启超，交通部长曹汝霖。

三、段总理辞职

第二次南、北战争

段祺瑞第二次组阁后，西南方面的桂系军阀仍然标榜"自主"，滇系军阀不买帐，公然宣称反对内阁，孙中山系的国民党也举起“护法”的旗帜，这些都是段祺瑞不能容忍的。他决定提前推行蓄谋已久的武力统一政策。于是请总统冯国璋连下了两道命令：一是通缉广东军政府大元帅孙中山和非常国会议长吴景濂，一是通缉陆军中将蓝天蔚。通缉蓝天蔚时，说他受孙中山的伪令，勾结刘景双、马海龙、顾雁宾、金鼎臣等人贻害西北，应立即撤掉原职，省督军、省长一旦抓获，严加惩处。同时，段祺瑞又召集各省议员到北京组织临时参议院，并命令内务总筹备国会选举。

这些接二连三的命令，都是段祺瑞一人所为，冯国璋不过履行一下盖印手续而已。正因为如此，冯国璋当总统，出现了许多笑话。

有一天，新任塞北关监督林摄到总统府来谢委，冯国璋心不在焉地问：“你从什么地方来？”

“我久住北京呀！”林摄回答。

“来总统府有什么事吗？”

“我被派任塞北关监督，特来来表示感谢。”

新官上任，前来向总统表示感谢，这是惯例。

“谁派你为关监督？”冯国璋问了一句莫明其妙的话。

“总统的任命呀！”林摄更加莫明其妙。

“是我派的吗？”冯国璋一脸愕然，“什么时候委派的？”

“委任的文件几天前就下达了。”

“哦！”冯国璋搔搔头说，“记起来了，那天我睡午觉，有人拿命令来请我盖印，大概就是你的事吧！”

冯国璋的夫人周道如病逝的时候，又出现一个笑话。他请人写了一个灵牌，题为“大总统夫人周夫人之灵位”。

看见这个灵牌的人莫名其妙，总统府秘书处和礼官处的人只是摇头，谁也不敢说什么。前来行礼的人对着这块牌位也是啼笑皆非。

有人问：孙大总统和黎大总统都还活得好好的，究竟是哪一位大总统的夫人呢？

冯国璋听了很不高兴。不过，中国人有个迷信，主位不可重写，只好将错就错。

冯国璋新丧夫人，心情很不好，这是人之常情。不知是有意还是无意，段祺瑞这段时间经常跑总统府，今天来说借款，明天又来谈调兵，一坐就是大半天。

冯国璋哪有心思管这些事，但好歹段祺瑞是国务院总理，总得给点面子，为了减少不必要的口舌，索性就段祺瑞说一件，他就依一件，说两件，他就依一双。表面上看，两人相处得很融洽，实际上，冯国璋忌惮段祺瑞，段祺瑞也忌惮冯国璋，彼此各怀心思，暗中较劲，暗中提防。

当时，河北、山东、山西发生水灾，地方政府请求中央拨发赈灾款。

冯国璋将赈灾之事交给总理处理。段祺瑞正忙着平南，军饷尚嫌不足，哪里还有钱赈灾呢？可地方逼，总统催，实在无法回避，只得让财政部挪出数万元拨济灾区。各灾区多则一万，少则数千。

说起来也真是笑话，堂堂民国中央政府，出手竟然不如一个乡下土财主。

段祺瑞顾不了这么多，他一心一意要对付南方，但南方的战事并不怎么顺利。

原来，湖南督军傅良佐派李右文率一个旅的兵力到衡山，“招抚”林修梅的第2旅，声言“官兵来归，不咎既往”。不料湖南人不肯打湖南人，第1旅反被第2旅“招抚”过去了。李右文单骑逃回长沙。

傅良佐得到消息，气得暴跳如雷，立即改派北军第8师、第20师及湘军第2师会师前进，再攻零陵。

段祺瑞接到傅良佐的军报，暗中拨款接济。同时考虑到湖南与中央对抗，有可能是湖南省长谭延闿从中作梗，又密嘱傅良佐，叫他暗示谭延闿退位。

谭延闿知道冯国璋、段祺瑞起了疑心，故意装糊涂，就是不辞职，只是打报告请病假。

段祺瑞只要将谭延闿赶下台，当然照准，并派心腹周肇祥出任湖南省代省长。

傅良佐有了北京提供的资金，立即用这笔款子犒劳前线将士。重赏之下必有勇夫，前线将士受到犒赏，军心大振，士气高涨，表现在战场上，所向披靡。

北军旅长王汝勤、朱泽黄率军与零陵军队交锋，连战连捷，拔衡山、下宝庆，直逼零陵。

安徽督军倪嗣冲秉承段祺瑞的密令，率军驰援湖南，攻占了攸县。

上面说到段祺瑞暗中接济傅良佐，是因为湖南开战并没有得到冯国璋的同意。

原来，湖南督军易人后，旅居北京的湖南士绅要求不要在湖南用兵。冯国璋叫他们去问内阁，把责任完全推在内阁。刘建藩、林修梅在湖南宣布自主，内阁决定下讨伐令，冯国璋却不肯盖印，认为“大事应当化为小事”。所以，一直到湖南战事发生，北京政府的“讨伐令”还没有下达，所以，全国人民都讥笑段内阁的对外政策是“宣而不战”，对内政策是“战而不宣”。

段祺瑞对湖南、安徽发来的捷报非常满意，打算向日本订购军火武装部队，乘胜向南方进军。当时中外就有一种传言：说中国的武器由日本供应，中国所有的兵工厂、煤矿、铁矿也归日本人管理。意思是说，北京政府以出卖国家主权来换取武器。

江苏督军李纯、江西督军陈远光致电北京政府，要求政府解释这件事情，免得引起不必要的猜疑。就连湖北、安徽等省也致电北京，质问这件事的真假，要求政府明确表态，不能含糊其辞。

李纯、陈远光的责难，是冯国璋暗中授意。

段祺瑞当然不会承认这件事，向各地复电，说谣言纯属子虚乌有，不可妄信。并说中国已向德、奥宣战，政府打算派兵赴协约国参战，自制的武器不足，当然要向外国购买，有武器出售的国家只有美国和日本，政府与美国经过多次交涉，没有达成协议，而购买武器这件事又很急，不能缓办，只能就近向日本购买。需要说明的是，购什么样的军火，需要多少钱，纯粹是自由购买，绝对没有出卖国家主权的行为。

李纯、陈远光两位督军见段祺瑞说得信誓旦旦，也不好再加诘问，只看段祺瑞购买的武器，是否真的是提供给赴欧洲作战的将士，再作计较。

段祺瑞被迫辞职

刘建藩占领零陵后，与北军相持数天，胜少败多，不得不向两广请求支援。

段祺瑞担心两广支援刘建藩，暗中动员广东的官僚反抗省政府，作为牵制广东出兵的一种手段。

当时，惠州清乡总办张天骥被省政府免职，心怀怨恨，于是对省政府宣告独立，结果被刘志陆联合陆军击败，逃往潮州投奔潮州镇守使莫擎宇。莫擎宇将广东的情况电告中央。

段祺瑞下令撤销广东督军陈炳昆的官职，命省长李耀汉兼任督军，命莫擎宇会办军务。

民国以来，各省虽然号称军、民分治，实际上全是军阀专权。黎元洪政府成立后，虽然改换名称，管军事的称督军，管民政的称省长，但事实上，省长的势力远不及督军，督军拥兵自重，一省的事情基本上由督军说了算。

段祺瑞撤销陈炳昆的职务，让李耀汉兼任，实际上是一条反间计。因为陈炳昆根本就不听段祺瑞的，李耀汉势弱，不可能硬要陈炳昆让位，段祺瑞的命令，成了没人听的废话。

陈炳昆与广西联军支援湖南，同刘建藩并肩作战，一路所向披靡，连夺宝庆、衡山，接着又攻下衡阳、湘潭。至此，湖南局部战争迅速升级为“南、北大战”。

傅良佐被打得晕头转向，不得不向北京政府求援。

段祺瑞接到湖南急报，异常吃惊，可远水救不了近火，只好命令第8师师长王汝贤为湘军总司令，范国璋为副司令，出师平湘。

王汝贤、范国璋接到命令，不但没有将部队向前推进，反而驻扎下来，并通电中外及自主独立的各省，商讨双方停战的问题。

零陵自主的军队以及两广的各军，仍然是扬旗击鼓，直逼长沙。

傅良佐手下的亲兵屈指可数，眼巴巴地等着王汝贤、范国璋出兵御敌，可偏偏这两个人出工不出力，宣告停战，引兵退归，且还有临阵倒戈之嫌。料知长沙难守，连夜登上一艘兵舰，逃往岳州。

主帅出逃，长沙群龙无首，省城内各团体自发组织军、民两政办公处，暂时维持长沙的局面。这时正好王汝贤率兵回省，于是公推王汝贤为首维持秩序。

傅良佐逃至岳州后，致电段祺瑞，将湖南情况如实作了汇报。

段祺瑞接到傅良佐的电报，急匆匆地去见冯国璋，痛斥王汝贤、范国璋两人违抗命令。说了半天，冯国璋并不搭腔，段祺瑞唱了半天的独角戏。

段祺瑞心里明白，王汝贤、范国璋两人的行为，一定得到冯国璋的授意，一怒之下，大声说："总统主和，总理主战，两人各打各的锣，各唱各的调，才会出现今天这种情况。这个总理我不当了，你另外找人吧！"

"傅良佐临阵脱逃，他这个督军怎么当的呀？"冯国璋总算挤出了一句话。

"王汝贤、范国璋临阵倒戈，傅良佐孤掌难鸣，他能怎么样？"傅良佐是段祺瑞的人，他当然要替他辩解。

"不要误会吗！"冯国璋打起了官腔，"我也不是绝对主和，如果能够平定南方，我也愿披挂上阵，真刀真枪地干一场。"

"我不想再干了，是战是和，总统自己决定吧！"段祺瑞撂下这句话，愤然而去。

随后，段祺瑞派人给总统府送去辞职报告。

冯国璋本想立即签字发表，以泄心头之恨，想了想又改变了念头，一面派人挽留，一面发出通电，但语言却是闪烁其词，似乎主和，又似乎主战，表面上看是斥责王汝贤、范国璋两人，但对两人的处罚却又只字不提。

冯国璋在安抚段祺瑞的同时，又密电"长江三督"李纯、王占元和陈光远，叫他们严阵以待，不仅要阻止南军北上，尤其要阻止北洋军继续沿津浦、京汉线南下。

李纯、王占元、陈光远自然心领神会。在这场南、北大冲突中，他们比冯国璋有着更为直接的利害关系，更是卖力。为了壮大声势，11月18日，他们又秘密拉上直隶督军曹锟发表联名通电，主张停止内战，表示愿意担任“调人”。这是直系采取“打虎必须打死”的厉害手段。

曹锟本来属于直系，但未加入长江三督的主和集团，又与皖系保持良好关系，所以当时被称为直、皖系的“双栖者”。正因为这样，两系都想把他拉到自己的阵线上来，而曹锟却总是两面敷衍，对两系的斗争从来就是不左不右。他在北洋派中实力最大，地盘又接近北京，他的态度对北京政局起着很大的作用。

长江三督忽然变成了直系四督，这对段祺瑞来说，是一个不可救药的致命之伤。

这时候，事情又出现戏剧性的变化，曹锟居然给段祺瑞打长途电话，向他表白，18日那份电报，并没有经过他本人同意，不能负责。这才让压在段祺瑞心头上的一块石头落了下来。

电报是不是冒名呢？不是，是不是曹锟同意于前，反悔于后呢？也不是。问题的真相是，李纯征求曹锟的意见联合发一个促进南、北和平的电报，曹锟作了无可无不可的回答，也就是模棱两可的答复，这是政治人物惯用的手法，到时出了问题，可以作根据需要，作出不同的解释。

李纯以为曹锟是同意了，就发了那份电报，把曹锟的名字列了上去。

曹锟看了电报以后，发现这是对段祺瑞打下的当心一拳，出手太狠了，他不愿因附和李纯而得罪段祺瑞，与这位狠人结下深仇，所以向段祺瑞解释，如此一来，直系拉曹锟这一招就成了弄巧成拙了。

放下直系那个漏洞会演绎什么样的故事不说，还是来说说冯国璋的烦心事吧！

冯国璋仅仅做了三个月的总统。多年来，他一直做着总统梦，现在终于如愿以偿，这时他才知道，辉煌壮丽的总统府，却是一所高贵的人间地狱。以前黎元洪所尝到的种种滋味，他同样也尝到了，同样是内阁的盖章机器，同样受皖系那些虾兵蟹将的冤枉气。

19日，他下令解除段祺现陆军部长兼职、罢免徐树铮副部长之职。任王士珍继位，可当他去找王士珍的时候，却碰了一鼻子灰。

王士珍此时名义上是参谋总长，实际上已成为一具僵尸，时人称他“德大于才”，与世无争。实际上他自己心里明白，在刚刚过去的复辟丑剧中，他扮演了一个非常不光彩的角色，而此前又参与过袁世凯称帝之事，有了这两大辫子，使他对官场望而生畏，只是段祺瑞、冯国璋等北洋军人看重他过去是“北洋三杰”之龙，才给他挂了一个参谋总长的招牌。这一次冯国璋要他出来代替段祺瑞陆军部长，说什么也不敢答应。苦着脸对冯国璋说：“咱和老段是几十年的老交情啊！他走了，让我直接取而代之，人家会说我不地道啊！”

冯国璋不好强求，只得找熊希龄、田文烈、陆征祥这些“知名人士”，希望他们接受组阁重任，谁知这些人都退而远之，不敢投入这场政争的漩涡之中。

最后，外交部长汪大燮总算答应了他的请求，可他又提出两个附加条件：一是代理期限为一个星期；二是必须取得段祺瑞同意。

这个条件很“苛刻”，可一时找不到合适的人选，冯国璋只好勉强答应了。

段祺瑞对冯国璋的活动了如指掌，抢在冯国璋之前到总统府，当面提出辞职。

冯国璋假意劝留一番后，请段祺瑞荐贤自代，段祺瑞便推荐汪大燮，并表示愿意亲自前往劝驾。

11月22日，冯国璋正式下令，批准段祺瑞辞职，派汪大燮为代总理。

同一天，冯国璋将总统府内的“军事办公处”改名为“统率办公室”，由于遭到皖系军阀的强烈反对，刚挂上去的牌子又取了下来。

四、冯总统秘密出京

王士珍组阁

汪大燮只答应代理一个星期，冯国璋刚委派了一个代总理，立即又得去找这个代总理的继任者。他又去找王士珍，要他实现自己的诺言，现在不是直接“取而代之”，他不用担心别人说闲话。

“换总理如同打篮球，过一下手便传，这不是形同儿戏吗？”王士珍继续拒绝说，“如果接受组阁，仍然不能避免‘卖友求荣’的骂名。”

“如果不任总理，那就任陆军部长吗？”冯国璋的话，似乎带有一种哀求。

原来，王士珍的陆军部长一直没有上任。他认为接任陆军部长会引起段祺瑞的不满，所以一直不到任，而段祺瑞也没有再到陆军部上班，陆军部成了一个无人负责的衙门。

王士珍被逼急了，只好闭门谢客，甚至准备逃往津门隐居起来。

出人意料的是，段祺瑞这个时候亲自拜访王士珍，劝他以北洋大局为重，代替自己的职务。

“你们这不是为难我吗？”王士珍重重地叹了一口气。

“没人比你更合适了，你就委屈一下吧！”

“那我就去看几天门吧！”王士珍似乎很无奈，但总算是答应了。

同一时期，冯国璋指使北京军警推举代表到王士珍的家里请愿，“聘老出山组阁，以固北洋团体”。

11月30日，王士珍终于来到国务院，坐上了内阁总理那把交椅。

有一个问题大家都弄不明白，既然没有人敢接段祺瑞的职务，为何段祺瑞自己出面做说客，先邀请汪大燮代理总理、又邀王士珍出山呢？

说穿了也不难理解，段祺瑞知道冯国璋铁了心要赶他走。冯国璋不是黎元洪，他外有长江三督，内有刘询的拱卫军，真要决裂，自己没有好果子吃。他决定转移阵地，以天津为鼓动政潮的大本营。他早已派徐树铮北到奉天联络张作霖，南到蚌埠联络倪嗣冲，并尽全力拉拢曹锟。这些工作如果做到位，随时可以动粗。既然自己真的要走了，与其让其他异己分子上台，不如让对政治已心灰意冷懒的王士珍来顶替更为合适。

冯国璋撤掉段祺瑞，给外界透出一个强烈的信息，他不想同南方军继续打下去，起用王士珍，就是想借他为中间人，笼络南方，以达到和平统一的目的。

冯国璋摆平了内阁，正在暗自庆幸，突然从天津传来惊人的消息，一下子将他从高兴的顶峰抛入了谷底。制造这一爆炸性消息的人，是段祺瑞的铁杆弟子徐树铮。

曹锟变脸

徐树铮是一个胆大妄为，颇能闹事的主子，自从被迫辞去国务院秘书长后，一直待在段祺瑞的身边。徐州会议时，他擅自代表段祺瑞支持张勋北上，段祺瑞再次组阁，他出任陆军部副部长。名义上段祺瑞是陆军部长，陆军部的日常工作却是徐树铮主持。这次段祺瑞被逼出内阁之后，他也跟着被扫地出门。他当然不会就此认输，千方百计地寻找复仇的机会。

徐树铮的嗅觉还真是灵，他敏锐地发现了长江三督变四督的那个漏洞，立即跑到天津，对曹锟发起猛烈攻势，抛出的诱饵：只要曹锟替主战派出力，不久召集新国会改选总统，一定捧他为副总统。同时又竭力挑拨曹锟与各方面的关系，暗示李纯现在为主和派领袖，执长江三督之牛耳，如果南、北和平实现，将来的政治地位会更高，而曹锟是西南所痛恨的洪宪旧将，将来必将遭到排斥。

徐树铮的话击中了曹锟的要害，副总统之位，又是一个极大的诱惑。黎元洪、冯国璋都是由副总统而升任总统的，他相信当上了副总统，一定能当上总统，于是倒向徐树铮这一边。通电全国，主张以南军退出长沙为南、北议和的条件。

这个主张乍看起来，似乎是在战、和两派之外的一个折中方案，实际上却是要南军无条件投降，是另一种形式的主战。

曹锟风向标的转变，还与另一个人有关，这个人就是清室元老徐世昌。

徐世昌退出政坛以后，长期居住在天津，各军阀向来都很尊重他，每遇大事，都愿意听听他的意见。曹锟驻守天津，近水楼台先得月，来往更为密切。徐世昌得知冯国璋、段祺瑞有龃龉，导致政局不稳，免不了有些担心。

一天晚上，徐世昌与曹锟闲聊时，突然对曹锟说："祺瑞太自信，国璋不该授意王汝贤、范国璋倒戈失去湖南，二人都太失策，不知要闹到什么时候才是个结局啊！"

曹锟无言以对，笑了笑，没有回话。

"你们这些人态度暧昧，冯、段又政见不和。"徐世昌叹口气说，"北洋团体恐怕就要四分五裂了，眼看国民党要得势，让人有机可乘啊！"

"这便如何是好？"曹锟大惊失色。

"你为北洋首领，任由北洋团体四分五裂，难辞其咎啊！"

"多谢徐公指教。"曹锟双手一揖。

徐世昌笑了，曹锟也笑了。

12月初，在徐树铮的策划下，以直隶督军曹锟和山东督军张怀芝为首，召集奉天、山西、黑龙江、福建、安徽、浙江、陕西七省和察哈尔、热河、绥远三个特区的军阀代表，以及上海卢永祥、徐州张敬尧的代表齐集天津，讨论对西南用兵问题。

大家群情鼎沸，一致要报湖南兵败之仇。决定分兵两路南下，第一路由曹锟任总司令，沿京汉铁路经湖北进攻湘北，第二路由张怀芝为总司令，顺津浦路，假道江西、进军湘东。

曹锟击案发出豪言:“不获全胜,我曹三爷誓不为人。”

“倪大帅也说了,这次誓与南蛮子决战到底!”倪嗣冲的代表也跟着大叫。

这次会议与以前的督军团会议有着显著的不同。以前无论是袁世凯政府时期或是段祺瑞政府时期,每次讨论进攻南方问题,都是摇旗呐喊的多,自告奋勇的少,出兵之前,一定会向北京政府索要一笔巨额的军费,军费到手之后,却又迟迟不肯发兵。这次是自愿出兵,自筹军费,看上去真有点“同仇敌忾”的味道。

关于对付北方主和派的问题,首先是对付总统和总统内阁,他们并不采取独立的方式,而是采取变相独立的方式,用实际行动打击主和派,以达到瓦解北京政府的目的。他们并不直接攻击冯国璋,而是把火力对准他的得力助手李纯,骂李纯是北洋派的内奸,一致“鸣鼓而攻”。

李纯在主战派的强大压力下,仍然暗中与桂系的岑春煊保持联系。

王士珍是主战派攻击的另一个目标。皖系在机关报上对王内阁大肆调侃,段祺瑞又唆使新交通系进行倒阁运动。王士珍经不起这样折腾,向冯国璋表示了去意。

冯国璋也被主战派的气焰吓住了,派段芝贵到天津,询问督军团到底想怎么样。究竟对西南是否可以谈判和平,或者必须一战。如果谈判和平,有什么条件,如果一战,各省怎么出兵?

段芝贵带回来的答复,必须根据以下条件为谈判基础:1. 南军退出长沙;2. 解散非常国会;3. 取消军政府;4. 西南各省的督军、省长由中央政府任命。

显而易见,这不是什么和平条件,而是叫西南无条件投降。

12月6日,曹锟、张怀芝、张作霖、倪嗣冲、阎锡山、陈树藩、赵倜、杨善德、卢永祥、张敬尧十人联名致电北京政府,要求下达讨伐西南的命令。

天津会议时期,本来还有一种“军事倒冯”的呼声,由于不能取得一致意见,于是就竭力营造一种紧张空气威胁冯国璋,并且决定迅速进行新的国会选举,以便达到“合法倒冯”的目的。

段祺瑞改任参战督办

在督军团举行天津会议期间，李纯接受冯国璋的指派，直接与桂系的陆荣廷接洽，主张湖南先行停战，南军不再进攻岳州，北军也不反攻长沙，暂时以七旬老人刘人熙为湖南督军，一切问题留待和平会议解决。

没有等到北方下停战令，陆荣廷于11月26日就先下了停战令。

28日，湖南的潭浩明也发表声明，不许湘军继续前进。陆荣廷又致电直系四督说："已饬前方停战，请极峰（指冯）速下停战令。"

冯国璋已经拟好了停战令，忽然接到天津会议传来的消息，便搁了下来。随后主战派十联名电请发表对西南讨伐令。

12月7日，冯国璋下了一道命令，既不是停战令，也不是讨伐令，却是再任命谭延闿为湖南省长兼代理督军。这实际上回答督军团拒绝下讨伐令的表示。

北方主战派对这个命令置之不理，仍然调兵遣将，准备出兵。

冯国璋一直主和，竭力笼络南方，可偏偏事情进展总不那么顺利，南倪北张联合各路督军联名请战，更是让他伤透了脑筋。他心里明白，这一定是段祺瑞在做幕后推手，本想发文批驳，却又担心惹恼了倪嗣冲、张怀远等人，一旦翻脸，像从前黎元洪时代那样，纷纷宣布独立，与中央脱离关系，时局将更无法收拾。左思右想，总想不出一个解决的办法，只得请王士珍来共同商量。

王士珍年老体衰，声称自己只是一个看门的，没有什么救急良方，情愿让贤，国务总理与陆军部长的职位，谁愿干谁干。

冯国璋见王士珍又要撂挑子，很是无奈，送走王士珍后，又与几个心腹商量。

大家一致认为，解铃还需系铃人，这一定是段祺瑞下的套，要破解这个局，还是得请段祺瑞出山，给他安排一个闲职，免得他总是在背后使绊子，牵制中央。

冯国璋很为难，段祺瑞可是当过两任总理的人，除了国务总理之外，还有什么职位可以给他呢？职位太低，无权的事他不会干，职位高，有权的职位又没有，弄得不好，反而还会弄巧成拙。

大家一起搜索枯肠，总算想出了一个职位——参战督办。

“督战”是对外国而言，不是对本国的南军。从前与德、奥宣战，全是段祺瑞一人的主张，这一次叫他加入协约国，督办战务，也是一个无上的职衔，而且也不违他的本意，应该不会推辞。商定之后，冯国璋派专员赶往天津，先向段祺瑞说明情况。

段祺瑞似乎没有推托之意，客套一番后说：“参战督办经常要与陆军部打交道，今后的工作协调，是一个大问题啊！”

段祺瑞对王士珍不满，言下之意，就是要王士珍离开陆军部，然后才肯受命。

冯国璋听了汇报，知道有戏，派人找来段芝贵。

段芝贵原本是段祺瑞的嫡系，协助段祺瑞赶走张勋之后，虽然得了一个爵位，并没有获得职位，一直闲居。他是一个很会揣摩、钻营的人，不但与段祺瑞关系密切，对冯国璋也很巴结。冯国璋当总统后，总统府经常看到他的名帖。段祺瑞、冯国璋两人之间有矛盾的时候，他也经常两头跑，传传话，相互沟通一下。

冯国璋派人请来段芝贵，商量请段祺瑞出山之事，暗示他，如果这件事办成了，陆军部长那把椅子的主人就是他。

段芝贵喜出望外，当天就乘火车前往天津见段祺瑞，表达了冯国璋的意思。段祺瑞非常欣慰，立即收拾行李，随同段芝贵返京。

15日，冯国璋邀请段祺瑞和王士珍到府议事，段祺瑞仍然坚持平南政策，一点商量的余地也没有，王士珍两面敷衍，耍滑头，既不主战，也不言和。

16日，冯国璋被迫以“电令”的形式，任命曹锟、张怀芝为第1、第2两路总司令，率兵南下，以定大局。

采用“电令”的形式而不用“命令”的形式，按冯国璋自己的想法，电令遇到情况，可以变更，命令则没有这个便利。其实，这是没脑子的人玩的文字游戏，因为不管电令也好，命令也罢，带来的结果是一样的，就是出兵。

主战派要的就是这个意思，并不计较电令、命令什么的。

12月18日，冯国璋下达手令，任命段祺瑞为参战督办，段芝贵为陆军部长。

同一天还下达另一道手令，以后关于参战事务，均交参战督办处理，不必呈送府、院。

冯国璋的意思是与段祺瑞划分势力范围，对外问题交段祺瑞处理，对内问题由他自己主持。本意是要把段祺瑞的权力限制在对外问题上，可是结果却适得其反。参战督办并不隶属内阁，一切决定可以直接发交有关各部办理，对内可以发号施令调动军队，对外可以凭借这个机构直接取得外援。结果，段祺瑞依然抓住了军政大权。因此，自这个参战督办公署成立后，内阁便名存实亡，冯国璋想剥夺段祺瑞的权力，驱逐段祺瑞下台的一切努力化为乌有。

冯国璋秘密出京

“讨伐令”下达之后，曹锟命师长吴佩孚率第五混成旅自保定出发，向湖北孝感开进；张怀芝也派施从滨率山东暂编陆军第1师迅速向安徽推进，张敬尧第7师也整装启程。

四川查办吴光新奉段祺瑞之命，自重庆退至湖北宜昌，开始进攻荆州。

北京政府先后派段祺瑞为参战督办、段芝贵为陆军部长，曹锟、张怀远为1、2两路军总司令，显然对南方是一种挑衅行动。因此，莫荣新、谭浩明、唐继尧、刘显世联名致电北京政府，指责冯国璋名为言和，实则主战，口是心非，并宣布北京政府罪状，表示要誓死讨伐国贼，“以保共和”。

“长江三督”不甘示弱，12月19日，江苏督军李纯致电北京政府，严辞拒绝张怀芝的部队借道江苏进攻湖南。

陈光远致电北京，不允许张怀远的部队从江西过境进入湖南。他还假借民意，唆使江西议会、总商会、学界发表通电，坚请冯大总统收兵。

冯国璋听到“主和派”的声音，格外亲切，于12月26日发表停战布告，责成南、北两军各守原防，停止敌对行为。这个停战布告与下达的“讨伐令”，相隔正好10天时间。为了不激怒段祺瑞，对已经南下的北洋军，采取听之任之的态度，没有强令撤军。

在和战不定的吵闹声中，迎来了1918年元旦。

吴佩孚的部队已经到达湖北孝感；山东施从滨的部队由津浦路开到了安徽滁州；张敬尧的第7师先遣队抵达江西九江。

驻扎在浦口的冯玉祥放出话，施从滨的第2路军不得过境，否则刀枪相见。

冯玉祥旅原是段内阁倒台之前由廊坊调往福建用以进攻广东的，部队开到浦口就停留下来了。冯玉祥的舅父陆建章是直系倒段的幕后人物，此时也到了南京。李纯电请冯国璋，将冯玉祥旅留在浦口，拨归他统辖。准备在必要的时候，以武力阻止第2路军南下。现在这步棋子终于用上了。

浦口的紧张局势，引起了全国各方面的关注：如果施从滨继续前进，战争就要爆发，而这个战争，却是北洋派之间狗咬狗的战争。

1918年元旦刚过，段祺瑞开始了新的攻势。

在徐树铮的策划下，以曹锟为首的督军团在天津集会。

这一次会议的气氛比上一次天津会议更加激烈。倪嗣冲等人破口大骂李纯、陈光远“吃里爬外”，要求给予严惩。徐树铮不同意，因为赴津之前，段祺瑞担心把事情闹大了不好收拾，特地嘱他对“长江三督”不宜采取过激行动，“长江三督月日”的问题只能留到以后解决，目前的主要矛盾是对付西南，要让冯国璋下令讨伐。

天津会议的第三天，与会督军再次联名致电冯国璋，要求立即对西南正式宣战。

此时，吴光新部相继攻占了沙市、荆州；吴佩孚部攻占了襄樊。攻占的地区虽然属于湖北督军王占元的地盘，但在此前，湖北第1师师长石星川在荆州宣布自主，襄阳镇守使黎天才在襄樊宣布自主，都脱离了王占元的统治，故吴光新、吴佩孚对他们用兵，王占元只作旁观者，并没有出面阻止。

北军步步进逼，西南方面也不甘示弱，当吴光新占领沙市、荆门时，湘军也采取断然措施，向岳州发起一进攻。南、北再次发生正面冲突。

湘军攻打岳州的消息传到北京，再次激怒了段祺瑞操纵的主战派，他们群情激奋，将矛头直指冯国璋。

冯国璋的目的是想通过局部讨伐，将大事化小，既让主战派出一口气，又不让西南方面受到太大的压力，把战争局限在荆、襄一隅。南军突然进攻岳州，打乱了他的如意算盘。主战派振振有词，要求冯国璋下讨伐令。一旦下达讨伐令，南、北将全面开战，这是冯国璋不愿意看到的结果。

“议和”这出文戏眼看唱不下去了，冯国璋方寸大乱，前往东四牌楼五条胡同去找政坛老狐狸徐世昌讨主意。

徐世昌邀请段祺瑞、王士珍来一起讨论。

段祺瑞来了，冷冰冰地坐在那里，一言不发。徐世昌也不表态，一再说：“芝泉拿个主意吧！”

冯国璋见段祺瑞老是不开口，站起来大骂南军欺人太甚，决定亲自出征，不挫挫南方的气焰，决不罢兵。

在北洋派高级军人中，冯国璋一向以温和著称，这也是他获得北洋之狗称号的原因。徐世昌、段祺瑞见这只狗突然兽性大发，颇感意外，一时不知如何回答。

冯国璋回到总统府，立刻命令拱卫军司令刘询在第15师中挑选精兵一旅，补充军火，作为自己的南行卫队，下令整装待发，同时召见王士珍，令他坐镇北京，维持京城治安。

1月26日，冯国璋带领百名卫队，突然从正阳门出城，乘上了去天津的专列。

冯国璋的专列从北京出发，当晚12时半抵达天津，曹锟到车站迎接，伴送他到曹家花园住宿。27日一大早，由天津开车，下午经过济南，张怀芝上车随行。经过徐州，张敬尧也上车随行。车到蚌埠的时候，倪嗣冲前来接站，车子就开不出去了。

原来，冯国璋的行动，引起了段祺瑞的怀疑。出征应由京汉线去湖北，而他却由津浦线往南京；临行时通电说“南行巡阅”，可一路又行色匆匆，既没有下车巡视，也没有检阅军队；出京时说以7天为期，既然是短期出巡，为何要挑选一旅精兵随行，还携带200余箱子弹和辎重数十车。

根据这些疑点，结合各方情报，段祺瑞很快觉察到，冯国璋“亲自出征”和“南行巡阅”是骗人的鬼话，而那天在徐世昌家里大发雷霆，用的也是障眼法，真正的目的是托词逃出北京，目的地就是南京。他估计冯国璋到南京后，一定会组织政府，并可能下达讨伐令，讨伐的对象不是南方，而是北方。这对皖系来说，是一招厉害无比的“杀手锏”。

这就是冯国璋的专列开不出蚌埠的原因。因为倪嗣冲接到了段祺瑞的加急电报，段祺瑞认为，冯国璋一定是借“南巡”之名，逃往南京老巢，以摆脱皖系的控制，要他一定要在蚌埠叫拦住冯国璋的专列，迫使他返回北京。

灰头土脸

冯国璋到达蚌埠前几小时，倪嗣冲便在车站布下了重兵。火车抵达蚌埠，车刚停稳，倪嗣冲便上了火车，迎上冯国璋，笑着问：“总统怎么有雅兴微服私行呀？”

“我不是微服私访。”冯国璋说，“前线将士们辛苦了，特地前来慰问。”

“总统出巡，也该提前打个招呼啊！为何北京的官员和沿途官员毫不知情呢？”倪嗣冲说，“想必总统另有安排吧！请总统明示。”

“如果事先通告，一定会给大家增添烦扰。”冯国璋说，“我也不想扰众啊！”

倪嗣冲冷笑一声说：“总统爱惜军民，确实是仁至义尽，但突然出京，如果在中途发生意外，岂不是误了国家大事吗？”

“那是不可能的。”冯国璋说，“不是人人都像傅良佐那样贻误军情。”

“总统不能只责怪傅良佐。”倪嗣冲说，“王汝贤、范国璋将长沙拱手相让？相比较，他们两人的罪恶更大，为什么不处罚他们呢？”

“现在不讨论这个问题。”冯国璋瞟了车外一眼问道，“怎么来了这么多兵？”

“为了总统的安全啊！”倪嗣冲伸手作让路姿势，“总统请下车吧！”

冯国璋知道不下车不行了，顺水推舟地说：“当然要下车，不然停车干啥？”

“总统的终点站是哪里？”倪嗣冲边走边问。

“南京！”冯国璋说，“准备在南京召开一个军事会议，讨论对南方作战问题。”

“召开军事会议，何必要到南京去呢？”倪嗣冲说，“就在蚌埠开吧！我一定会将所有的事情办得妥妥当当。”

倪嗣冲也不等冯国璋表态，冲着自己的秘书吩咐：“以总统名义，给江苏督军李纯发个电报，叫他到蚌埠来参加军事会议。”

冯国璋知道倪嗣冲是一个胆大妄为的极端顽固分子，以前是袁世凯的忠实走狗，现在是段祺瑞的得力爪牙，为了迎合一个人，什么事情都做得出来。蚌埠是他的大本营，自己虽然带有一旅的精兵，毕竟强龙不压地头蛇，寡不敌众，真要是撕破了脸，想全身而退恐怕是一件很难的事情。因此，当倪嗣冲冲着秘书发令的时候，他竟然没有出言制止，但他心里却非常担心李纯也将送上门来，做另外一个俘虏。

隔了一晚，江苏第16师师长王廷祯到了蚌埠，他说李督军身体有病，派他为代表前来开会。冯国璋心中的一块石头总算落了地。

冯国璋动身不得，就冲着倪嗣冲发牢骚：“现在的督军都像凶神恶煞，不肯服从中央，却狮子大开口向中央要军费，要军火，如果不能满足他们的要求，就要反抗中央。这样的总统，我实在干不下去了。”

“总统惩一儆百，看谁还敢反抗中央？”倪嗣冲笑着说，“谁敢反抗中央，就撤谁的职。如果总统撤我的职，我就不敢不服从。”

“对呀！”冯国璋一拍倪嗣冲的肩膀说，“像老弟这样服从中央的人，找不出第二个。”

“那是！那是！”倪嗣冲故意装傻，哈哈大笑。

会议期间，倪嗣冲没有再装了，单刀直入，突然对冯国璋发难，拍着桌子说：“总统要与南方求和，就是不想当这个总统了。如果不想让出这个位子，只有主战一条路可走，而且，主战必须重新起用段祺瑞！如果段祺瑞为总理，军心就能一致，西南自可荡平，更何况一个小小的湖南省？我倪嗣冲牺牲自己的性命，也要与南方一决雌雄。”

倪嗣冲的话刚说完，张怀远、张敬尧两人就鼓起掌来。

“各位同心，战必有功，我这就回京下达命令吧！”冯国璋被情势所迫，不得不屈服。

“总统英明，我也就不再挽留了。”倪嗣冲说罢，将冯国璋拥上火车。

29日下午，冯国璋的专车返回北京，出巡前后只有四天，比预计的七天之期少了三天。

五、奉军入关

冯国璋成了俘虏

冯国璋企图南逃南京，白白地浪费了一番心思，段祺瑞棋高一着，让倪嗣冲在蚌埠将他挡了回来。自南巡无功而返之后，他成天闷闷不乐，几个心腹前来探视，只是唉声叹气。

从1月23日起，南军吹响了进攻岳州的冲锋号。守卫岳州的北军为王金镜的第2师、李奎元的第11师、王汝贤的第8师、范国璋的第20师，都是直系或者接近直系的军队，他们都不愿和南军作战。

26日，北军退出岳州，临离开岳州之前，放一把火，岳州城变成了一片火海。

27日，南军赶到岳州，燃烧了一昼夜大火才被扑灭。

自1913年国民党“二次革命”失败以来，岳州一直被控制在北军的手里，直到此时南军才重新进入岳州。

南军占领岳州，西南各省人心大振，长驱而下武汉的呼声很高。事实上，南军乘势占领武汉的可能性是很大的，因为北军主力集中在荆、襄一带，武汉异常空虚。如果占领武汉，唐继尧也出兵北伐，北方各省民军起而响应，可能促使北方局势产生重大变化。可是，桂系军阀并没有这样做，虽然攻克了岳州，仍然没有放弃对北方求和的心理，相反，他们认为这仅仅是南军在北军攻占荆、襄后应该得到的补偿，面子讨回来了，军事攻势就要到此为止，接下来应该终止双方的敌对行为，迅速召开南北和平会议。

在占领岳州的当天，潭浩明立刻下令，严禁湘军跨入湖北境内一步，并致电李纯，声明"已饬前方停止进攻，不入鄂境"，保证"北不攻岳，南不攻鄂"，希望"毅力斡旋，促成和局"。

在潭浩明的指导下，湘军总司令程潜也向李纯声明，"此次用兵，实为促进和平起见。"湘军全体将士也发出通电，把南军进攻岳州说成是"以武力为手段，以和平为目的。"

长江三督对于南军攻占岳州，认为是一种理所当然的事情。李纯接到谭浩明、程潜的电报后，随即代为转达。湖北督军王占元也向李纯建议，将荆、襄归鄂，岳州归湘作为南北谈判的条件，李纯也表示赞同。

桂系对李纯、王占元的倡议，表示热烈欢迎，认为这样天公地道，两不吃亏。

南军攻占岳州，引起了皖系和主战派的一片怒吼。

冯国璋此时已成为被捉回的逃兵，失去了抵抗的勇气。1月30日，被迫发布"讨伐令"，任命曹锟兼任两湖宣抚使，张敬尧为援岳前敌总指挥，张怀芝为湘赣检阅使。各率所部进兵湖南、湖北，对湘、粤、桂联军及荆、襄"自主军"进行"讨伐"。

这个"讨伐令"，是冯国璋多月以来用尽各种方法规避的行动，最后被迫发出。王士珍在签署这道命令的时候，神色非常沮丧，解释说：为了替老朋友解围，不得已而为之。

讨伐令下达之后，虎变将军曹锟首先率兵出发，于2月7日由天津启程，张敬尧于12日从徐州出发，率兵浩浩荡荡前往湖北。

张怀芝已受任第2军总司令，本应率兵出发，但他却徘徊观望，等到湖南检阅使的任命下达之后，才带兵出发，先命第1师师长施从滨取道九江前往湖北。随后，他乘津浦铁路火车南下，经过南京，会晤了江苏督军李纯，商量好战策之后，前往南昌接应曹锟、张敬尧两军。

冯国璋尽管做了别人的俘虏，被迫发表了讨伐令，但他在这个不情愿发表的讨伐令中，仍然要了一点小花招，他用"宣抚两湖"的名义，表示在两湖的战争不是讨伐，所谓的"援岳"也不是"援湘"，就是暗示军事行动只以收回岳州为止境。

皖系也有聪明人，也看出了冯国璋在讨伐令中埋下的伏笔，张敬尧通电发出质问：岳州已失，还用什么"援岳"？既然进攻岳州，又何必派员"宣抚"两湖？并毫不客气地说：总统态度应当明朗，如果主战，就该责成主和各省明白改变态度，以便一致进行，如果主和，就该"宣示"真意，免得前方将士无所适从。他还认为，曹锟以第1路军总司令兼任两湖宣抚使，职位在他之上表示不满，声称无法节制各军而不肯接受新职。

段祺瑞对冯国璋的讨伐令也很不满，亲自到总统府来直接对冯国璋施加压力，要求惩戒拒绝"国军"假道的陈光远，显然，惩罚陈光远就是惩戒冯国璋。

陈光远是冯国璋的老部下，在"长江三督"中，他跟随冯国璋的时间比李纯和王占元都要长。冯国璋心里明白，如果今天罢了陈光远，明天就轮到李纯、王占元，后天就轮到自己了。跟段祺瑞斗了这长时间，他岂能不知道段祺瑞的用心？加之看到段祺瑞铁青着脸，听到他命令式的口气，实在沉不住气了，立即没好气地说："陈光远失职应当惩罚。那傅良佐呢？"

"这……"段祺瑞颇感意外，被冯国璋呛住了。

"傅良佐临阵脱逃，导致全军溃败。"冯国璋恨声说，"难道不应该受到处罚吗？"

傅良佐是段祺瑞的"四大金刚"之一，其余三大金刚为徐树铮、靳云鹏、曲同丰。数月前湖南战事失利，身为湖南督军的傅良佐不战而逃，早有人提出要严惩他，因有段祺瑞庇护，才没有将这件事提上议事日程，现在冯国璋以大总统的身份提出来，着实将了段祺瑞一军。

两人为此事大吵一场，彼此恶言相向，当然也就顾不得什么礼貌了。

接下来，段祺瑞又提出另一个问题，要求冯国璋下一道严令，命冯玉祥离开浦口，开往福建，否则以抗命论。

冯国璋也感觉到问题的严重性，如果不调开冯旅，直、皖两系就有爆发战争的可能，而战争一旦发生，江苏就要受到皖系的四面攻击。这种战争毕竟是北洋派内部的战争，如果真的打起来，只能有利于南方，对直、皖两系都没有什么好处。为了缓和皖系对李纯的进攻和津浦南段的紧张局势，冯国璋决定调开冯玉祥旅，但并不是调往福建，而是调往湖北，这样可以得到王占元的掩护，不至于让他们变成皖系口里的一块肥肉。

在这期间，张敬尧曾发表通电，说主和派和南方相勾结，阻挠对南作战，并且还说李纯致电北方各省，说奉中央密令，仍然主和，请北方各省通力合作，推行中央的决定。

其实，这是一个捕风捉影的假消息，但主战派仍然以这个假消息攻击主和派。倪嗣冲、曹锟、张怀芝居然凭此一面之词，严厉质问李纯，追问他密令是从哪里来的，把原文公布出来。

在主战派一片叫嚣声中，冯国璋只得站出来辟谣，说他从来就不知道什么主和密令，更没有下达这样的密令。

主战派之所以要借题发挥，无非是要给主和派施回压力，表示他们武力统一的决心。

不久，冯国璋连发两道命令：一是对前湖南督军傅良佐一案，立即组织军事法庭会审，严行审办。周肇祥职司守土，遇变劝逃，交文官高等惩戒委员会依法惩戒；二是王汝贤、范国璋剥守军职、勋位、交曹锟严行察看，留营戴罪立功。

傅良佐和周肇祥是段派中人，当然要严惩；王汝贤、范国璋原是自己人，而且是奉命倒戈，自然要另行对待。只是担心段派人物对此有议论，才削夺他们的职位，留营察看，戴罪立功。

傅良佐不但没有到案，而且还与冯国璋反唇相讥，说自己罪轻罚重，不服裁判。

江西督军陈光远密承冯国璋的旨意主和，赣、湘连续发生暴乱，他却拥兵坐视。总统府虽然下令让他援湘，陈光远料定这不是冯国璋的本意，始终没有出兵。

段祺瑞以陈光远拥兵坐视为由，弹劾陈光远。

冯国璋迫于无奈，只得下令剥夺陈光远上将军衔及陆军中将职位，仍留督军原职，以观后效。

这是冯国璋、段祺瑞两人谁都也不吃亏、谁也不占便宜的“公平交易“。后来，傅良佐没有判刑，陈光远也得以“恢复原官”。

冯玉祥通电主和

2月6日，曹锟动身南下，在汉口刘园成立了第一路总部，第三师师长吴佩孚部由鄂北开往鄂南。

2月12日，张敬尧率第7师由徐州经郑州南下，抵达汉口。

第2路施从滨也安全通过了浦口，2月18日由轮船运抵九江。

这些情况说明，南、北大战即将爆发，和平的大门已经关闭。

正在这个时候，长江中游突然又爆发出强烈的主和的声音，把主战派军事进攻的日期推迟下去。

2月14日，第16混成旅旅长冯玉祥所部从武穴发出通电，宣布自主，斥责南、北战争是一种“最无意识、无情理”的战争。交战双方“既无不共戴天之私仇，又无非我种类之公怨”，诚属兄弟阋墙，因此，坚决要求“迅速罢兵，以全和局”。他认为，岳州归湖南，荆襄归湖北，各守疆土，两不侵犯，在这个基础上解决南、北争端并不困难。电报的最后一段讲到，军人应当服从总统——他明知道总统冯国璋从来就是主和，只是由于受到压力，才违心地颁布了讨伐令，因此，坚决主和，服从总统。他请求北京政府采纳他的意见，罢战言和，否则“杀冯玉祥以谢天下。”

原来，冯玉祥率第16混成旅从浦口开到湖北，在武穴停了下来，他的舅舅陆建章仍然留在军中。陆建章与主和派又策划了一个打击主战派的计划，就是让冯玉祥在武穴发布主和通电，打乱主战派对湖南进攻的步骤。因为武穴处于湖北与江西之间，这一突变，对主战派的1、2两路军都有深远影响。

同时，陆建章还策划了一个突袭安徽的计划，打算把主战派的极端顽固分子倪嗣冲从安徽赶走。倪嗣冲在安徽不得人心，军队也没有战斗力，他们估计，由冯玉祥旅与江苏两军夹击，并且配合安徽省的民军行动，很快就可以解决问题。

如果这个问题解决了，不但陆建章可以取得个人地位，而且和长江三督结成统一战线，津浦南段全在主和派掌握之中，就更有力量对付主战派了。

在冯玉祥发表通电的同时，鄂皖边境和霍山、六安一带，出现了安徽讨逆军，发布讨伐倪嗣冲的檄文，公推陆建章为讨逆军总司令。

倪嗣冲仓皇调兵自卫，并电请北京政府下令罢免李纯，讨伐冯玉祥。

冯玉祥的突然出手，引起主战派阵营的极度混乱。段祺瑞怒发冲冠，把一切愤怒倾泻到冯国璋身上，大骂冯国璋“笑里藏刀”，他又想起了黎元洪，觉得黎元洪的骨头软多了，于是，又想搞一次军事政变，把冯国璋赶下台。可皖系的兵力都调赴往南方，手中没有足够的兵力，只得派徐树铮以“接洽国防”为烟幕，到奉天调动奉军进关承担这个任务。

段祺瑞早就知道张作霖不是一盏省油的灯，这一次请他帮忙，将来如果有一天不能满足他的欲望，将会招致“请鬼容易退神难”的后果。因此，过去虽然拉拢他，却不愿意使用他。现在到了生死存亡关头，别无良策，只能采取这个“饮鸩止渴”的办法了。

引狼入室

张作霖虽然是绿林出身，却心存大志，在关外拥兵自重，时刻等待有机会问鼎中原。对段祺瑞的邀请求之不得，二话没说，当即颁布动员令，调遣军队东入山海关，声称为援助湖南而派兵南下。事实上，先途部队到达秦皇岛后便停滞不前，常派小股部队在海上游弋，密切注视着过往的船舰，到底要干什么，谁也不清楚。

奉军入关之后，最感不安的是冯国璋：奉天处于北京的后方，朝发夕至，对北京政府随时可以造成威胁，当年袁世凯在极盛时期，对张作霖也不得不采取“怀柔”政策，而奉天军阀的势力，正是因此而一天天壮大起来。冯国璋记得很清楚，一年以前，张勋的辫子军开到天津，就把黎元洪驱逐下台。现在奉军入关，自己无兵无权，虽然身为总统，却是身不由己，随时有可能成为黎元洪第二，于是暗中布置第二次“南巡”，打算由京汉路南下到湖北。

段祺瑞也是个人精，当然不会放虎归山。密令交通部不得给冯国璋派专列，同时派人暗中对冯国璋的行动进行监视，大总统可以在北京城自由行走，却不准“出京门一步”。

冯国璋与段祺瑞斗法，又输了一招。

段祺瑞和同党连日召开秘密会议，讨论驱逐冯国璋的问题。幕僚们认为，冯国璋的代总统只当了半年多时间，这个时候举行军事政变，终究不是明智之举，主张仍然采取军事威胁而不采取军事政变，一面从速召集国会，以便提前改选总统。

2月17日，冯国璋被迫颁布临时参政院所“修正”的国会组织法与两院选举法，命令内务部筹备国会事务局，依修正法筹备国会选举。

按民国法律，总统由国会选举产生，因而，谁控制了国会，谁就能操纵总统选举权。自从张勋武力驱散国会以来，新国会一直没有成立，现在要选举总统，首先就得进行国会议员的选举。

段祺瑞密令徐树铮从银行提取80万元，送给亲段的临时参议院议长王揖唐。

王揖唐得此巨款之后，到处收买无赖政客加入拥段倒冯的行列。当人数初具规模后，由徐树铮和王揖唐出面，在北京安福胡同集合。大家纷纷建议成立一政党，名称就定为“皖”党，有人认为这样做太露骨，还是改换一个名称好，双方争执不下。

有一个叫光云锦的人大笑不止，笑后又不发一言。

“你笑什么呀？”徐树铮有些不解地问。

“‘政党’二字早已臭气熏天，现在谁还相信政党呀？”

“你认为该怎么办？”徐树铮问。

“今天集会的地方为安福胡同，就取名‘安福俱乐部’不好吗？”光云锦解释说，“‘安福’这两个字，很吉利吗！”

兴云锦的话音刚落，全场立即掌声雷动，徐树铮，王揖唐高兴得手舞足蹈。因为大家都认为，光云锦的这个建议实在太好了。

安福俱乐部这个名称，就这样戏剧性地确定了，安福俱乐部成立后，本部设在北京安福胡同。

安福俱乐部的组织具有一个国家全部官制的雏形，下设干事部，主任王揖唐；评议会，会长田应璜；政务研究会，会长李盛铎。以安福俱乐部为组织形式而形成了一个派系，称为安福系，是皖系军阀政治上的中坚和核心力量，首领为徐树铮、王揖唐等。

安福俱乐部成立之后，徐树铮通过各种途径，拨给活动经费500万元，由王揖唐掌管，随后派遣会员，秘密潜往各省设立支部或分部。党徒迅速遍布全国，势力之大，比当时任何一个政党，有过之而无不及。

据说冯国璋对于段祺瑞的幕后活动有所耳闻，他也通过自己的亲信、原禁卫军团长索崇仁，向清室借公债券300万元，将此债券抵押给法国东方汇理银行借款120万元，将这笔巨款作为活动经费，全部交给了王士珍内阁时期的财政部长王克敏。但玩这一类政治游戏，冯国璋远不是段祺瑞的对手，这一笔巨款最后打了水漂。冯国璋临死的时候，还念念不忘这笔巨款，对他的长子冯家遂恨声说：“王克敏这小子，骗去了40万啊！”

王士珍上任后，遇事装糊涂，但在一件事，他却明白了一回，就是拒绝在罢免冯玉祥的命令上盖印。

段派人物见王士珍公开不配合，又发动了倒阁运动。王士珍借坡下驴，递上辞职报告，撂挑子不干了。

冯国璋只得派内务部长钱能训代理内阁总理。

几天后，奉军扣留了京奉铁的车辆，冯国璋被逼无奈，只得下令免去冯玉祥的旅长，交由曹锟“严切查明呈候核办”，派该旅第2团团长董世禄代理旅长。

2月25日，发生了一件让冯国璋、段祺瑞以及所有人都震惊不已的大事情。

奉军第27师第53旅开到滦州，参谋长杨宇霆带兵到秦皇岛，把日本政府根据中、日军械借款协定第一批运到的2.7万余支步枪全部劫走了。

消息传到北京，冯国璋惊得目瞪口呆，段祺瑞同样也惊得目瞪口呆。

这批军械是向日本借款购买的，段祺瑞准备拨给“参战军”。不料被自己请来帮忙的奉军劫走了。这真是引狼入室，搬起石头砸了自己的脚。

段祺瑞当然不甘心，电请张作霖“原物交还”，将拦截的武器运到北京。

胡子出身的张作霖，野性难改，哪有将吃进肚子里的肥肉吐出来的道理？立即回电，说他早就计划出兵南征，由于缺乏军火，一直未能成行，这一次未经请示，先斩后奏提走了军火，实在是情不得已。如果等请示后再提，整个事情就搞砸了。并且还冠冕堂皇地说，大家都是朝廷的军队，这军火也是朝廷花钱买的，直军用也是用，奉军用也是用，反正也没有装进个人的腰包，中央该不至于如此小气吧！

张作霖出身绿林，杀人放火，打家劫舍是他的拿手好戏，但劫军火、而且还是劫中央政府的军火，为何有如此胆量而且还在秦皇岛守株待兔呢？

事实上，这批军火是徐树铮作为礼物送给张作霖的。

徐树铮奉命请东北军入关，知道不带点礼物，说不动张作霖，而奉军不入关，就不能挽救皖系迫在眉睫的军事危机，段祺瑞为人刚愎自用，如果事先向他请示，一定不会答应，唯有先斩后奏，把事情办了再说。他做过陆军部副部长，知道购买日本军火的详情，卸任时就曾留下了几张盖了印信关防的陆军部空白公文纸，因此，他用劫取这批军火作为交换条件，换张作霖派兵入关，奉军持徐树铮给的假陆军部证件，劫取了这批军火。

张作霖得到这笔军火后，一方面积极扩编军队，先后增编了一个师和五个混成旅，另一方面，又以南下讨伐为借口，挥师入关，将兵力分布在天津廊坊及北京丰台一带，对北京政府形成直接威胁之势。同时，他还在军粮城设立奉军总司令部，自兼总司令，因担心京、奉隔省，消息传递不及时，特派徐树铮为副司令，代行总司令职权。

军粮城原存军粮共3000余石，本属陆军部掌管，徐树铮也不电请中央，直接打开粮仓，将存粮取着军用，大有士饱马腾、踊跃待命之势。

这样一来，冯国璋的情况就相当不妙，不得不派人去询问。

徐树铮理直气壮，说是为了支援湖南。当问到为何要屯兵要塞，不立即南下的原因，徐树铮竟然粗暴地问答："我只知有段总理，段总理命我南下，我立马就出发，其他人想在我面前指手画脚，没门。"

徐树铮的意思很明确，是要段祺瑞复职，并以武力胁迫冯国璋。

冯国璋得知徐树铮的态度后非常为难，如果再任段祺瑞当总理，未免太失面子，如果不让段祺瑞当总理，徐树铮是一个狂人，如今又有张作霖替他撑腰，万一闹翻了，还不知道要发生什么样的事情。

冯国璋郁闷至极，国务委员们都是一些无职无权的人，国务总理王士珍称病请假回家休养去了，平常事务由内务部长钱能训代理。

钱能训也不想得罪任何一方，总是用辞职的话来敷衍。无奈之下，冯国璋只好命秘书发一道通电，征询各省的意见。

段派人士也没有闲着，他们也在利用各种手段，同声鼓噪，坚持要求段祺瑞出山再任总理。冯国璋不得不重新考虑重新取用段祺瑞的问题。

由于奉军迅速入关，冯玉祥的处境非常危险，进攻安徽的"奇兵计划"无法实现。北京政府此前下达撤换冯玉祥旅长的命令后。冯玉祥旅的全体官兵不答应，联名致电北京政府，请求收回成命，声称愿与旅长冯玉祥同进退，不愿冯玉祥独自离去；武穴各社会团体也纷纷致电北京，称赞冯旅有功地方；冯玉祥也自知没有机会，也致电北京政府，请"戴罪立功"。这些情况表明，除非派兵进攻，冯玉祥不会自动解除职务。

关于如何处置冯玉祥的问题，皖系也拿不出办法。倪嗣冲请求北京政府迅电曹锟，派兵夹击冯玉祥旅，以消弭长江巨患，并且控诉“冯玉祥抗不交代，又于武穴上下游加兵扼堵，暗中与苏督往返密商军略，足见野心不悛，受人指使。”由于曹锟不肯派兵，倪嗣冲也不敢单独进攻。

张怀远建议调冯玉祥旅前往黑龙江，冯玉祥当然不会接受“发往边疆效力”的处分，“关外王”张作霖也不会欢迎这支队伍。后来采纳曹锟的意见，给冯玉祥一个“革职留任”的处分，即免除陆军中将，留任旅长，交曹锟统辖。才使这件事情告一段落。

六、南北大战

张敬尧在湖南

当冯国璋在北京度他一生最痛苦也最受罪的日子时，主战派在湖南开始了军事进攻。

北军依照天津会议的决定，从湖北、江西两路进攻湖南。第1路曹锟的部队由鄂北向鄂南推进，2月中旬，部队集中在蒲圻、嘉鱼一带。3月6日，第7师师长张敬尧率部移驻汀泗桥。

第2路总司令张怀芝于2月27日到汉口，3月6日转赴南昌。

从军队调动的情况看，号称北洋骁将的张敬尧积极性并不怎么高，而主战派第2号人物张怀芝的战斗意志也不怎么旺盛。

曹锟成为主战派的王牌，这次出兵，他几乎投入了全部家当，除吴佩孚的第3师外，还有王承斌、阎相文、萧耀南三个混成旅。他把全部家当都交给了吴佩孚，任命他为直军前敌总指挥，其目的是想通过这次内战，挣得副总统的地位。

吴佩孚指挥的后力远在张敬尧之上。张敬尧虽然是援岳军总司令，只是虚有其名。

第2路军所属有山东的第1师施从滨、江苏的第6混成旅张宗昌、安武军李传业等部，在数量上和素质上都不及第1路。

张敬尧虽然号称北洋军骁将，却是善吹而不善战。一至汉口就发出“百战余生，杀敌致果，甘之如饴”的豪言。一到蒲圻，又发出占领蒲圻的捷电。

这个捷电使北洋主战派大受鼓舞。可是，几天之后，湘军总司令程潜却通电各省声明：南军进入驻岳州以来，从无一兵一卒越过鄂境，蒲圻是北军的防区，攻克之说不知从何说起。

北军将要发动攻势的时候，直、桂两系还在为挽救世主和平最最后的努力。谭延闿在桂系授意下，从上海到南京，建议南军自动退出岳州，北军也是进驻，为南北进行和谈创造条件。同时，各省议会准备在南京举行联度会，推进南北和平。

李纯将谭延闿的意见转达给中央。

事实上，南北是否进行和谈，关键已经不在直系，因为直系已经被主战派绑上了战车，已无左右大局的能力，所以，李纯根据冯国璋的指示，请谭延闿自己到汉口去与曹锟等人协商。

3月10日，湖北的炮声响了，谭延闿呼得扫兴而归。

正是由于抱有求和的心理，一直到北军进攻岳州前夕，湖南的谭浩明还没有作应战的准备。

3月10日，吴佩孚宣告占领羊楼司。17日，没有遇到坚强的抵抗便进入岳州。

吴佩孚连续发出三通捷电，都是盛称南军奋勇抵抗，寸土必争，而北军神勇无敌，攻无不胜，战无不克。其实都是夸大其辞。

最搞笑的是，张敬尧率部在吴佩孚军的后面，他也公然发出捷报说：“一星期下岳州，旬日之内可攻克长沙。”

北军虽然进占岳州，但只是些先头部队，当天晚上，南军前线有一批部队不知道岳州已经放弃，盲目地退入岳州，刚入岳州的北军疑心中了埋伏，便仓皇退出。在洞庭湖配合作战的海军，不分青红皂白，向得而复失的岳州城乱炮轰一整夜。

这支南军晕头转向闯进岳州城，又丢盔卸甲退了出来。

第二天，北军才又第二次占领岳州。

北军第7师担任进攻平江。平江南军于3月17日撤退。从这一天起，湖南人民陷入了一场灾难。

北军第7师担沿着通城平江大道前进，一路抢、杀、奸淫，无恶不作。沿途青壮年农民遇上了，格杀勿论，百姓家里能搬得动的财物，全都被洗劫一空，沿途妇女都逃到山洞去躲藏。事后，慈善团体在一个山洞里就发现了300多名奄奄一息的妇女。

北军开进平江后，张敬尧“三天不封刀”，纵容士兵以搜索残敌为由，肆无忌惮地闯进百姓家里，抢劫财物，奸淫妇女，宰杀牲畜，拉走壮丁。三天之后才颁布所谓的安民告示。但三天之后的情形并没有改变，抢劫、奸淫仍无处不在。

南军放弃岳州时，谭浩明还在长沙威逼商会搜刮军饷，当北军逼近长沙时，这位湖南的最高长官溜之大吉，跑得不知去向，长沙顿时陷入无政府状态。

以前，长沙每逢南、北军一去一来的“青黄不接”时期，各团体都会出面组织一个维护秩序的临时机构，这次发生军事大洗劫，吓得那些有声望的人士再也不敢露面。

前方士兵一批一批地退下来，没有吃的，没有住的，也找不到自己的长官，满肚子的怨气无处发泄，城内的商铺、居民住宅，就成了他们猎取的对象。

士兵来了一批又一批，商铺和居民区被抢了一次又一次，所有店铺被洗劫一空，不得不挂出牌子：“本店被洗劫一空，无货应市。”

长沙人民从来认为湘军是保卫家乡、抵抗北军的子弟兵，可这一次子弟兵却抢了自家的东西，虽说他们不杀人放火，不奸淫妇女，在程度上与北军有所区别，但仍然给他们带来了无穷的痛苦和不安，让他们倍感失望。

当北军逼近长沙时，南军退住湘潭，接管长沙的北军，正是以凶暴著称的张敬尧的第7师。

张敬尧占领长沙后，成立了全省侦探处，雇用大批鹰犬搜查南军间谍，滥捕滥杀，严刑拷打，较以前汤芗铭镇压湖南人民的手段，有过之而无不及。

张敬尧竟然还厚颜无耻地吹嘘第7师纪律严明，秋毫无犯，为仁义之师。

段内阁复活

曹锟、张怀芝南征，仍不忘北京的政局，3月19日，他们联合27人致电冯国璋，再次要求段祺瑞出面组阁。让冯国璋大感意外的是，27人中包括“长江三督”在内。

李纯、陈光远和王占元为求自保，也附和了主战派。

国务院总理钱能训早有辞职之意，他知道北京城再也没有他的位子，带着一家老小逃往天津，然后给冯国璋、段祺瑞两位老朋友写信，说他不再回京复职了。

段祺瑞当时正组织参战事务处，任命靳云鹏为参谋处处长，张志潭为机要处处长，罗开榜为军备处处长；聘请各部的部长为参赞，各部副部长为参议，并于3月1日正式成立了参战事务处。

冯国璋接到钱能训电报后，已经没有与段祺瑞较劲的本钱，只得低声下气地请段祺瑞出山组阁，以挽救时局。

“我还是做参战督办吧！”段祺瑞拿架子地说，“总统还是另请高明吧！”

“你这不是为难我吗？”冯国璋低声下气地说，“有什么条件，你就说吧！”

“没条件啊！”

“好吧！”冯国璋说，“你不说，我替你说。”

段祺瑞见冯国璋如此狼狈，差一点笑出声来。

“让参陆办公处迁回国务院。”冯国璋丧气地说。

“主任呢？”段祺瑞忍不住追问一句，“谁当？”

“让靳云鹏上吧！”

靳云鹏是段祺瑞的四大金刚之一，冯国璋这样安排，自然是讨好段祺瑞。段祺瑞看着冯国璋没有出声。

“今后，国务院的决议，总统不擅改一字；内阁成员由总理选择，不必征求总统同意；总统府秘书长由总理推荐；总统府致各省的电文，须经国务院核准发。”冯国璋一股脑儿倒出了城下之盟。

“总统既然这样看得起我段某人，那我也就不客气了！”段祺瑞见好就收，半推半就地答应了。

3月23日，段祺瑞第三次入阁，出任国务院总理。

段祺瑞上任后，派张志潭为国务院秘书长。随之将参陆办公处迁回国务院。

任命：张敬尧为湖南督军兼署省长；改海军总司令为特任，以蓝建枢为总司令；陆征祥复任外交部长，钱能训为内务部长，段芝贵为陆军部长，刘冠雄为海军部长，傅增湘为教育部长，朱深为司法部长，田文烈为农商部长，曹汝霖为交通部长兼署财政部长，吴鼎昌为财政副部长。

新任参陆办公处主任靳云鹏和徐树铮、吴光新、傅良佐是段祺瑞手下的四大金刚，四大金刚中以徐树铮最能呼风唤雨。新任国务院秘书长张志潭字远伯，是徐树铮赏识的人，徐树铮做国务院秘书长时，张志潭是秘书，一切大小事，徐树铮都和张志潭商量，徐树铮曾告张国淦说：“远伯才气高，我希望他将来可以接替我。”

徐树铮成了宠儿

段祺瑞第三度组阁后，铁了心要把武力统一政策进行到底，上台后第一件事，就是通令各省，称北军为“国军”，南军为“敌军”，不许再用北军、南军的称呼。

段祺瑞又制定了对四川、湖南、广东三省进兵的第3期作战计划：（1）湖南战场仍以直军为主力，待湘东之“敌”肃清，即抽调张怀芝的第2路为进攻广东主力，同时令江西的“国军”向南雄推进，福建的“国军”向潮汕推进，会合广东境内龙济光军四路进攻。（2）以奉军为进攻四川主力，分为两路，一路由鄂西入川东，一路由陕南入川北，会合陕军和刘存厚的川军进攻。

这时，北军虽然在湖南战场的侥幸获胜，但是四川战场上，刘存厚已经不能立足；在广东战场上，龙济光也节节失败。段祺瑞竟然毫不在意，他只看到湖南北军的势如破竹之势，认为北军有足够的力量征服南军，武力统一目标指日可待。

段祺瑞这次组阁后，冯国璋是完全低头了，就是主和派的实力分子长江三督也不敢唱反调。这时政局中的大红人是徐树铮，李纯也竭力拉拢徐树铮，江西督军陈光远公开表示接受第3期作战计划。此时的直系，已完全屈服于皖系。

段祺瑞论功行赏。徐树铮应居首功，于是他到了北京，不仅段内阁的人事他有决定大权，对南军事也由他主持，同时他还包办了新国会的选举。

4月7日，皖系另外一位大将倪嗣冲来到北京，鼓吹以临时参议院代行国会选举权，立即进行总统选举，废掉现任总统冯国璋。

徐树铮认为，在三四个月之内，新国会就要成立，由新国会选举总统是合法的，没有必提前选举总统，而且提前选举总统是不合法。

倪嗣冲听了这番话，收回了自己的主张，加入了合法驱冯的活动之中。

徐树铮这时策划的新国会，就是后来著名的安福国会。

自段祺瑞第三度组阁后，徐树铮就成为那时期的政坛宠儿。他也踌躇满志，以段内阁的后台自居。有人说当时的北京政府，一切军国大计都在段祺瑞手中，而段祺瑞则一切取决于徐树铮，徐树铮是内阁中的内阁，总理下面的总理。

段祺瑞刚愎，可是他却宠信徐树铮。徐树铮才气高却不成熟，做任何事都使人侧目，段祺瑞的政治麻烦，多数都是由徐树铮惹出来的。

这一时期，徐树铮极力排斥直系，这当然是段祺瑞愿意看到的事情，可他也容不得其他人，靳云鹏和徐树铮都是名列段祺瑞手下的四大金刚，靳云鹏当了参陆办公处主任。徐树铮担心靳云鹏抢了他的风头，处处同靳云鹏作对。靳云鹏只得请假不办公，军事大权便落到树铮的手中。

国务院秘书长张志潭本是徐树铮推荐的，后来又对张志潭看不顺眼，平时对他也是横挑鼻子竖挑眼，张志潭也只得辞职。

段祺瑞的文武两大幕僚都和徐树铮闹翻了，足见他不能容人。奇怪的是，段祺瑞也是一个不能容人的人，可是却能容纳一个飞扬跋扈的徐树铮。

曹三爷唱反调

段祺瑞未上台之前，在北京城呼风唤雨，有很强的号召力，第三次组阁之后，这种情况反而不存在了，代之而起的竟然是一片索钱声和索械声，这让段祺瑞大为困扰，因为叫得最凶的，正是拥他上台最为得力的皖系和主战派。

原来，这些军阀并不是真心拥护段祺瑞这个人，而是拥护他所主持的借钱购买武器的政策，希望段祺瑞能用国家和民族的主权利益，交换日本的借款和军火，再转手把这些东西弄到自己手里。

他们也不是真心主战，而是要借对南方作战之名，索要更多的军费和军火，当中央政府不能满足他们的要求的时候，可以借口军费不足，任意截留国税，并用这些截留的国税任意招兵买马。段祺瑞上台之后，第三批从日本运来的军火，在塘沽再次被奉军劫收，段祺瑞连屁都不敢放一个。

段祺瑞的第3期对南作战计划是，一个月打下湖南，三个月平定两广，至多在半年内可以完成全部武力统一。但从前线传回的消息让段祺瑞大失所望：

张怀芝的第2路军由于江苏、江西两省拒绝借道，加之冯玉祥在武穴主和等原因，迟迟不能到达战略指定地点，贻误了战机，且部队大多是北方人，因不服水土而生病，致使战斗力大为削弱，被南军击败，张怀芝率败军逃回山东去了；在湖南作战的直军占领长沙后，借口兵饷、军火供应不及时，推进的速度非常慢。更要命的是，徐树铮这时候又出来捣乱。

徐树铮是一个极具野心的人，他想做直隶总督，以便控制北京政府，可直隶总督这把交椅是曹锟的，要从曹三爷手里抢东西，可不是一件容易的事情。于是他就打起了如意算盘：把曹锟升任两湖巡阅使兼湖北督军，将湖北督军王占元调任江苏总督。依他的想法，曹锟以一省督军升任两省巡阅使兼一省督军，一定会心满意足。只要曹锟一挪窝，他不但可以达到控制北京的目的，而且还动摇了长江三督的根基。

曹三爷也不是一个好惹的人，他心里本就窝了一把火：原因是曹军攻占长沙，是他的爱将吴佩孚奋力杀敌之功，可段祺瑞却把湖南督军的位子给了亲信张敬尧，吴佩孚两手空空。由于想到将来要靠段祺瑞推他为副总统，才咽下了这口气。如今，副总统一事不提，反而还要抢夺他的地盘，把他撵出京津，新仇旧恨加在一起，愤怒无比，向北京政府发了一份急电，请辞两湖宣抚使，在没有得到批准之前，先请假一个月，到信阳鸡公山“养病”。同时，还指使吴佩孚以将士疲劳为借口，要求回军直隶休整。

“辞职”是北洋军阀用以威胁北京政府惯用的手法，曹锟请假养病，就是消极怠工的表现。这是他对北京政府最严重的抗议。

段祺瑞大为震惊，曹锟是北洋军第一号实力人物，主战派主将，如果他的部队从前线撤下来，对南作战整个战线，立即就会土崩瓦解。为了稳住曹锟，段祺瑞立即终止了三省易督的企图，特意授予曹锟一等大绶宝光嘉禾勋章，吴佩孚三等宝光嘉禾勋章，拨款30万元犒赏攻克岳阳和长沙的将士。并派徐树铮亲自赶往汉口，当面向曹锟解释误会，劝阻曹锟不要班师北归。

徐树铮口头上对曹锟百般解释，骨子里恨不得一口吃了他，到汉口一方面是为了稳定曹锟，另一方面是为了改变作战计划，准备把调往四川作战的奉军改调到湖南战场，用以监视直军。以前的作战计划是西战场与南战场双管齐下，现在打算将西战场推迟一下，集中兵力先解决南战场。

段祺瑞并没有同意徐树铮的计划。鉴于前方军事推进缓慢，主战派内部出现不和谐的问题，他准备“南巡”，到汉口召开一次大规模的军事会议，消除内部裂痕，实现北洋派大团结。他认为总统即将改选，他将成为北洋派唯一的领袖，这种大团结是必要的。

段祺瑞在国务会议上提出南巡计划，遭到了几乎所有人的反对，理由是前些日子，总统南巡已经引起政局波动，总理南巡同样也将引起波动。

段祺瑞不顾阁员们的反对，仍然发出了请李纯、陈光远、张敬尧、张怀芝到汉口参加会议的电报。

4月20日，段祺瑞由京汉路南行，经过郑州，河南督军赵倜登车随行，抵达汉口，本当在大智门车站下车，为了到刘园访问曹锟的便利，改在循礼门下车。从循礼门车站到刘园司令部，沿途军警林立，交通封锁，大街两边居民禁止临窗偷看，武汉人民第一次看到了内阁总理的八面威风。

这是段祺瑞盛极一时的时期，这个时候亲自南来召集军事会议，想必不会有人不来。可事实完全不是那么回事，当段祺瑞驾临武汉的时候，被邀请参加会议的四个督军，竟然没有一个到汉口。李纯、陈光远各心怀鬼胎，不敢单刀赴会可以理解，但主战派张怀芝、张敬尧也都托词“军情紧急”而不来，这对总理的威严无疑是一个极大的讽刺。

张怀芝不敢来，是因为与曹锟有过节，害怕曹锟给他难堪。其实，张怀芝与曹锟两人是把兄弟，关系很铁。因曹锟在汉口青楼中物色到一个姨太太。张怀芝打电报责备他不应该“军中行乐”，惹恼了曹锟，两人便成了路人，不相往来。

张敬尧不敢来，是担心吴佩孚趁机“篡位”。

张怀芝是第2路军主帅，他不参加会议，这个会议就毫无意义。段祺瑞再次电催他到汉口，命他接到电报后立即动身。

张怀芝到了汉口，段祺瑞做和事老，使他与曹锟两人言归于好。

参加汉口会议的人有曹锟、张怀芝、王占元、赵倜四位督军，徐树铮当然也在内。此外还有江苏、江西、湖南、安徽、山西、奉天七省的代表。

段祺瑞在会上说明团结北洋派的重要性和贯彻对南作战方针的必要性，随即提出第4期作战计划，发交各有关省执行。

关于总统问题，主战派内部有两种不同声音，一种主张临时参议院代行选举权选举总统，一种主张迅速召集新国会，以便如期进行总统选举。段祺瑞主张采取第一种办法。

会议实际上是段祺瑞唱独角戏，并没有进行任何讨论。仅仅曹锟、王占元联名提出恢复陈光远的原官，撤销王汝贤、范国璋二人的处分，对冯玉祥不咎既往。段祺瑞也都照准了。

曹锟在这次会议上对直系将领表示的善意，是值得注意的一件事情。

汉口军事会议结束后，曹锟、张怀芝、倪嗣冲于4月26日联合致电北京政府，请求迅速召集新国会。

北京国务院于5月4日发表通电，否认以临时参议院代行国会的一切职权。

正当段祺瑞在汉口布置大规模内战的时候，全国掀起了反对继续内战、反对中日秘密外交的呼声越来越高，冯国璋派人把这些不愉快的电报送往汉口，并给段祺瑞处理。

原来，段祺瑞在任参战督办时，以参战为名和日本洽商借款，名义上是编练参战军，实际是拿日本借款进行个人建军工作，并以一部分作为征南战费和筹备新国会之用。这些交涉不要说冯国璋不知道，就连北京外交部也不知道。段祺瑞组阁后，日本更提出四项条件：（1）共同出兵西伯利亚，由日军指挥华军。（2）发行军用票。（3）临时管理中国交通、军械、实业、经济、教育、外交。（4）合组运输大同盟。日方要中国严守秘密。3月24日，中日双方交换照会。天下没有不透风的墙，段祺瑞暗地与日本人勾结的那些臭事，最终还是被人捅了出来。

武汉各团体和商会也都派代表，直接到刘园请愿停止内争，段祺瑞托词不予接见。

为了表示对直系的“宽大”，以达到北洋派大团结的目的，段祺瑞又电请倪嗣冲、卢永祥两人先到南京等候。

25日晚，段祺瑞乘“楚材舰”离开汉口时，发生了意外。

由于“楚材舰”的行速太快，加上又逢大风大雨，8点半左右，途中与逆水而行的招商局客轮“江宽号”发生碰撞，“江宽轮”被撞沉，“楚材舰”也被撞得动弹不得。掉落水中的乘客想攀上“楚材舰”逃命，被士兵用刺刀逼退。这一次江难，溺死乘客700余人，是长江航运线上的空前大惨案。

惨案发生后，段祺瑞换乘护舰“楚泰号”顺流而下，去了九江。

26日，段祺瑞在九江和陈光远会面，27日到南京同李纯见面。在李纯、倪嗣冲、卢永祥三人之间做了“和事老”。然后连夜由津浦路返回北京。

他的苦恼是，刚压制了直系主和，又出现了全国性的反战，使他“武力统一”的政策受到打击。因此他的南巡，毫无成绩可言。

段祺瑞南巡回京后，头等大事是筹备军饷，无奈国库空虚，点金乏术，只得再次去找日本人借贷。日本对中国心存异图，在借款问题一直很慷慨，几乎是有求必应。

交通部长曹汝霖与徐树铮又是生死之交，得知段祺瑞急于要钱，自告奋勇地将这件事揽在身上。他找到日商中华汇业银行，贷款2000万元，合约上不便说明用之于军饷，只是说扩充西北电信及修理旧有电台，以及添设无线电等。议定利息为8厘，偿还期为五个月，用旧设电信收入作为担保，并许诺将来电信事业或需借款，该行有优先权。

段祺瑞得到这笔借款后，不能完数挪着军用，但前线各军索饷的电文一封接一封地往北京发，特别是第1路军的曹锟，催得更急，头一天刚给他拨款，第二天又来电催索，弄得段祺瑞一刻也不得安宁。无奈之下，只好让曹汝霖再向日本政府借款2000万元。

日本政府借款不同商业银行借款，他们必须知道借款的用途。曹汝霖答复：借款是为了修筑顺济铁路。顺济铁路是由直隶顺德府到山东济南府的路线，这条线路早已勘定，因为无钱筑造，一直成为悬案。

日本政府借款不同于日商汇业银行的商业借款，商业借款只收普通利息，政府借款是国与国之间的借贷，要以国有资产作为抵押，而且也不是一次付清，它要按借款工程的进度分期支付。经过几天协商议定，拟定年息7厘，当月付部分现款，其余部分4期交付，顺济铁路是当然的抵押资产。

段祺瑞明知这个契约非常苛刻，接受后中国损失巨大，但除此之外别无他法，只得任由曹汝霖安排，吃下这笔毒药借款。

七、徐树铮诱杀陆建章

龙济光败归海南岛

由于北洋军内部不和谐，表现在战场上不打开局面，让武力统一计划蒙上阴影。

段祺瑞在上台之前，曾致电蜗居在海南的两广巡阅使龙济光、福建督军李厚基，让他们随时作好出兵准备，因为龙济光从海南出兵，可以从后面制约广东；福建与广东毗邻，出兵可制约其右。如今见战场一直打不开局面，便再次致电李厚基、龙济光，催促他们出兵，许诺拨给巨额军饷。

龙济光本来与南军就不和，袁世凯归天之后，龙济光被赶到了海南岛。段祺瑞主政之后，授龙济光为矿务督办。他是一个拿枪杆子的大老粗，哪里知道怎么办矿？更何况寓居海南岛，更是难成其事。南、北交战之后，龙济光在海南岛独树一帜，依附于段祺瑞。因此，段祺瑞撤去两广巡阅使陆荣廷的职衔，转授给龙济光。但他的部下都是老弱病残，战斗力有限，在段祺瑞的一再催促下，不得不率部渡过琼州海峡，进攻阳江。

驻守阳江的粤军毫无心理准备，被打了一个措手不及，自知势单力薄，稍稍抵挡一阵便弃城而去。

龙济光进入阳江城后，命司令李嘉白兵分两路，在高州、雷州四处出击，侵扰边境。由于事发突然，粤军反应不及而屡屡得手。

粤军司令李烈钧也不是一个好惹的主，手下的将领也都是骁勇善战，非龙济光那些虾兵蟹将可比，经过重新部署后，立即改变了战场上的局势，李嘉白节节败退，逃之夭夭。

龙济光亲自迎战，在雷州境内与李烈钧展开拉锯战，结果陷入李烈钧的包围圈，难以突围，眼巴巴地等待闽、浙联军能攻进广东，牵制李烈钧。

福建督军李厚基在段祺瑞的督促下，联合浙军窥视广东。

李厚基是一个碌碌无为的人物，不会治军，部下也只知剽掠，侵扰百姓。虽然拥护段祺瑞，平时也是满口主战，心里并无谋略。有一句话叫祸从口出，李厚基叫嚣主战，早就激发了南军对他的仇恨，援粤军还没有进入广东，陈炯明率领的粤军就打上了门，攻城拔寨，所向披靡，幸亏有浙江军的支援，粤军才没有长驱直入。

粤军当然不会善罢甘休，添兵再战，双方在汀州、潮州交界处，摆开战场。潮州本是广东的属地，汀州原是福建的属地，粤军守潮州，攻汀州，经过数日激战，攻占了汀州数县。福建、浙江联军自身难保，根本就不能分身西行去救龙济光。

龙济光见援军不到，只得作困兽之斗，硬着头皮率军突围，杀开一条血路，南逃到雷州，清点人数只剩千余人，于是命残军留驻雷州，自己带亲兵去了广州湾。

广州湾位于雷州南面，濒临南海，前清光绪年间被法国人据为租借地，地方政治归法国人主持。龙济光一行如果想从这里过境，必须要得到法国人的同意。龙济光备了一份文书，拜访法国领事。

法国领事还算通洽，同意借道，只是按国际通行惯例，外人过境不得携带武器。龙济光无奈，只得命随行的人放下武器，从广州湾过境，逃回海南岛。

龙济光雄心勃勃杀向大陆，不但没有给段祺瑞帮上忙，反而还被人再次赶回了海南岛，要想卷土重来，凭他自己的力量已无可能。无奈之下决定去一趟北京，请段总理拨给武器、兵饷。他将残兵交给弟弟龙裕光统领，自己乘海船出岛，取道去了北京。

曹锟打了退堂鼓

徐树铮成了最忙的人，既要包办新国会的选举，又要主持对南方的军事行动，经常往来于北京、汉口之间。由于主战派两员大将忽然变得不那么听话，他打算改变计划，停止援川计划，撤回援川的奉军，在汉口设立一个奉军前敌总指部，把张作霖承认调出来的六个混成旅全部摆在湖南战场上。

5月9日，徐树铮又从北京赶往汉口，督促这个计划的进行。但这个计划不仅引起直、鲁两军的不满，而且还导致张作霖的极大反感。张作霖率兵入关自有目的，把入关奉军全部摆在战场上，显然与他的目的不相符。他不能容忍徐树铮公然视奉军为自己的军队，任意调度，他召回了三个奉军师长，并借口边防吃紧，要调回已经开到湘东的奉军。

这一时期，厌战情绪像流行病一样到处漫延，整个主战阵营甚至连极端主战的倪嗣冲也不愿自己的安武军在战场上卖命，请求调回防地休息。

徐树铮又从汉口到衡阳去找吴佩孚，他认为吴佩孚才是真正能干事的人，曹锟不过坐享其成而已，如果能把吴佩孚拉过来，曹锟就成为一个无足轻重的角色了。

曹锟经过与长江三督王占元、李纯、陈光远及第2路攻湘总司令张怀芝、河南督军赵倜商议，准备联名通电，借口“民生凋敝，不堪再战”为由，命令前方“停战待命”。

段祺瑞得知后大为震惊，经他的苦心规劝，才说服曹锟等人没有发出这个电报。

5月29日，曹锟突然不告而别，带领第1路军司令部全体人员离开汉口，浩浩荡荡撤回天津。张怀芝也紧随其后，带着自己的部队回山东济南去了。两位前敌主将突然行动，给了段祺瑞当头一棒。

段祺瑞知道，再催促前线的北军进攻已无可能，决定对湖南改攻为抚，派赵春霆为湘南镇守使，兼湖南招抚清理局局长，派员分途招抚南军，凡愿受抚者，一律改编为“国军”，官兵仍供原职，凡不愿入伍者，准其给资遣散。这是一个很恶毒的分化南军、尤其是分化湘军的策略。

中、日军事协定

1917年11月7日，俄国爆发了“十月革命”，新成立的苏俄政府宣布废除帝俄时代的一切不平等条约。自1905年以来，日、俄两国共同侵略中国的联合阵线至此结束。

这一年的11月份，段祺瑞派靳云鹏、曲同丰到日本以观操为名，暗中接洽军械借款。他们抵日不久，正是“十月革命”发生，日本参谋次长田中义一向他们表示：俄国革合发生了，德国侵略东方和危险加重了，中、日两国应当成立一个协定来共同对付德国。

1918年年初，日本参谋次长田中义一和北京政府驻日公使章宗祥商谈中日军事行动问题，不久，日本外务大臣本野和章宗祥交换了关于“共同防敌”的照会。

这时段祺瑞虽然下台，他的爪牙仍然留下王士珍的内阁里，因此，国务会议并不拒绝日本所提的“中、日共同防敌”的建议。

3月23日，段祺瑞内阁复活，中、日两国的秘密外交理会加活跃。

5月16日和19日，段祺瑞政府不顾全国人民的反对，派中国陆军军事协商委员长靳云鹏，与日方委员长斋藤季治，先后在北京签订了《中日陆军共同防敌军事协定》和《中日海军共同防敌军事协定》。

日本签订该协定的目的，一方面是干涉苏俄革命，另一方面也是为了借此进一步控制中国，特别是为巩固其在北满的统治。日本政府的一份内部文件中这样写道：“根据日中同盟，帝国将取得绝大利益，即在军事上以协同作战为理由，可在中国领土内之必要方面，自由出动帝国的军队，而且在军事上当然以相互支援之名义，参与编练中国军队；尤为重要的是有利于我控制掌握军火制造的原料。在政治上，基于同盟关系，积极参与其内政，以便于从各方面扶植帝国的政治势力。在经济上，以同盟协作之名，开发其丰富的资源，努力开拓市场，以利于帝国经济的发展。”（《日本外交文书》大正六年第1册，第594页。）这里，日本企图利用中日结盟的关系，将中国在军事上、政治上、经济上完全置于自己控制之下的侵略野心，说得再清楚不过了。

所谓“防敌”，是指十月革命后的苏维埃俄国。当时，国际帝国主义武装干涉俄国革命。日本企图乘机侵略俄国，并独占中国东北地区。“协定”的主要内容是：中国与日本采取“共同防敌”的行动；日本在战争期间可以进驻中国境内；日军在中国境外作战时，中国应派兵声援；作战期间，两国互相供给军器和军需品。

通过“协定”，日本派出大批军队进入中国东北，日本迅速取代了沙俄在东三省北部的侵略地位。中国面临被日本独占为附属国的危险。

《中日军事协定》不仅是日本勾结段祺瑞政府共同出兵干涉俄国苏维埃政权的可耻条约，而且中国本身也是日本的侵略对象。

协定的有效期到欧洲战争结束时终止。后来，欧战结束后，段祺瑞为了保留并扩充手中的参战军，竟然冒天下之大不韪，延长了《中日军事协定》的有效期。这是后话。

此期间，龙济光到了北京。他不在海南岛呆着，跑到北京来干什么？有两个目的，一是自吹自擂，说他在广东还有很大的力量，如果牟得到有力支持，打回广东不成问题；二是为了要钱，他说出兵垫付军饷1000万元，到北京来讨要这笔垫款。

段祺瑞因为龙济光从清朝末年以来，始终紧跟北洋派，为了对南方军人起示范作用，同时也为了给北方军人打气，仍然称龙济光为两广巡阅使，摆盛宴招待这位南方败将。

龙济光向段祺瑞要求，准许在北方招募30营新兵，经过短期训练后，由海道开赴广东作战。

段祺瑞答应龙济光在天津设立振武新军办事处，发给一笔军费和一批军火。同时大造舆论，说广东内部有隙可乘，龙巡阅使余勇可嘉，使北京城对南作战的空气再度紧张起来。

6月1日，徐树铮由前方赶回北京，建议笼络吴佩孚。

段祺瑞觉得是个好点子，立即亲自与吴佩孚通电话。以内阁总理的身份，同一个师长直接通话，这是很少见的事。

3日，北京政府任命吴佩孚为“孚威将军”。将军虽然是有名无实的头衔，但在官制上为“特任”级，与督军平行。一个手握实权的军人加上这个头衔，就是候补督军，与督军下台后被任为将军的作用完全不同。

徐树铮建议加派吴佩孚为第1路军副司令，如果副司令肯打下去，正司令肯不肯打，就不是问题了。可命令还没有发出，直军王承斌、阎相文、萧耀南、张学颜、张福来五个旅长却联名发来一份电报，要求请假休息。请假就是消极“怠工”，五个旅长联名请假就是“集体怠工”。随后直军全体将士又集体联名通电，声称“湖南省水患滔天，瘟疫流行，兵疲将惫，不堪再战”。

两个电报吴佩孚虽然没有列名，但谁都可以看出来，这是曹锟指使吴佩孚在背后捣鬼。段祺瑞见这个架势，知道吴佩孚不会上钩，只好将徐树铮所献的釜底抽薪之计弃而不用，故命令也没有发出去。

段祺瑞针对当前局势，又拟定了在湖南采取守势，在广东采取攻势的第5期作战计划。

主和派并没有放弃活动。李纯想在南京召开各省议员联合会议，讨论南、北和平问题。段祺瑞电令李纯禁止召开这个会议。李纯不为所动，不但在召开了会议，而且还发表了一份主张停止内战的联合宣言。

曹锟又在天津召开了督军集团会议，讨论的议题也是要求停战撤兵。

段祺瑞一心只想武力统一，对曹锟的这些小动作当然不满，除了派靳云鹏前往参加会议以便监督外，还致电曹锟，请他到北京来参加军事会议，不要在天津另搞一套。

段祺瑞对广东的非常国会也很不放心，特地召见旧国会参议长王家襄，询问他究竟有多少国会议员到广东去了?

“去广东的议员不在少数。”王家襄说，“广东‘非常国会’有可能凑足法定人数而改开正式会议。”

“请你告诉议员们，叫他们千万不要再去广东。”段祺瑞说，“我准备派4

万5000人攻打广东，两个星期开始攻击，一个星期解决问题。到时，凡附和南方者，格杀不论。”

段祺瑞组阁后，一直没有到总统府去看过冯国璋，有人告诉他，说冯国璋目前仍然还是总统，总理应该去见总统谈谈。

段祺瑞听从劝告，破例前往总统府见冯国璋，报告中、日交涉已告一段落，表示今后如果有重大事情，当随时向总统府报告。由于两人互相戒备，这次见面也只是表面文章。

6月7日，一直住在天津的徐世昌突然来到北京，抵京后极力倡议冯、段两人合作，在北洋派内取消内争，消除直系、皖系的界限。过去人们都说徐世昌是活曹操，冯、段交恶时，大家认为徐世昌应该站出来调和，而他却躲在天津不肯露面，梁士诒从北京专程赶到天津，劝请他进京调解冯、段之间的矛盾。徐世昌回答说："黎元洪时代，府、院是明争，我尚且不能调解，现在是暗斗，更无能为力，心有余而力不足啊！"所以，当徐世昌到北京大倡调和冯段之争时，大家知道，北京政局在酝酿新的变化，不然的话，徐世昌这只老狐狸，不会贸然到北京来。

徐树铮诱杀陆建章

段祺瑞邀请各省督军到北京开会，讨论执行第5期作战计划问题。督军团置之不理，仍然要在天津举行会议。

6月11日，倪嗣冲、张怀芝和各省军阀代表到了天津，定于13日召开会议。长江三督得知会上要讨论总统问题，撤回了代表，会议没有如期召开。

天津督军团会议没有如期召开，却发生了徐树铮枪杀陆建章的大案。

陆建章原是陕西镇守使，后来遭到陈树藩的驱逐，对段祺瑞袒护陈树藩一直怀恨在心。段祺瑞与冯国璋交恶的时候，他站在冯国璋这一边，奔走于赣、鄂两省，动员各处和议以牵制段祺瑞。冯国璋喜得一助手，特任命陆建章为炳威将军。这一任命引起了段派的仇视，徐树铮几次想干掉陆建章，都错过了机会。

徐树铮为奉军副司令，常往来于北京、天津之间，听说陆建章要到天津怂恿奉军驻津司令部停战主和，立即从北京赶往天津。

陆建章到天津是冯国璋暗中授意，牵线搭桥人是陆建章的长子陆承武。冯国璋的目的是利用陆建章说服曹锟重新回到直系，与李纯合作，把督军团会议转变为有利于冯国璋而不利于段祺瑞的局面。

陆建章到天津后，徐树铮派人请他到奉军司令部一谈。

陆建章认为自己是现任将军，又是北洋派的前辈，绝不怀疑有人会暗中对他下毒手。放心大胆地应邀前往奉军司令部，没想到这一去，就进了鬼门关。

徐树铮见陆建章应邀前来，暗自高兴，殷勤地请他到花园客室去喝茶。陆建章没有丝毫戒心，随徐树铮去了后花园，刚走进花园，有人从后面开枪，陆建章应声倒在血泊之中。

徐树铮杀了陆建章之后，通过电话指使院秘书长方枢拟一道命令，请冯国璋盖印签发，命令说：

前据张怀芝、倪嗣冲、陈树藩、卢永祥等先后报称，陆建章迭在山东、安徽、陕西等处勾结土匪，煽惑军队，希图倡乱。近复在沪勾结乱党，当由国务院电饬拿办。兹据国务总理转呈，据奉军副司令徐树铮电称：陆建章由沪到津，复来营煽惑，当经拿获枪决等语。陆建章身为军官，竟敢到处煽惑军队，勾结土匪，按照惩治盗匪条例，均应立即正法。现既拿获枪决，着即褫夺军职勋位勋章，以昭法典。

冯国璋看到这份电文，倒吸一口凉气，暗想陆建章已死，人死不能复生，如果向徐树铮发难，段祺瑞不会答应，只得签发。命令虽然签发了，心里更加仇视段祺瑞。

其实，陆建章也非善类。从前袁世凯当总统的时候，陆建章任军警执法处处长，他秉承袁世凯之意，派手下侦察反对党，捉一个，杀一个，捉两个，杀一双，且常公报私仇，乱杀无辜。由于杀人太多，人送绰号“屠夫”。这一次掉进徐树铮的陷阱，横尸花园，杀人者被人杀，也算是罪有应得。

一个自封为副司令的退职军官，“先斩后奏”杀了一名现任将军，这在当时是一件骇人听闻的凶杀案。显而易见，陆建章绝不会以奉军为煽惑的对象，尤其不会以徐树铮为煽惑对象。事件发生后，李纯、陈光远都有电话质问北京政府，陆建章未经判死刑而被杀，死后又削夺官勋，让人寒心。

段祺瑞迫于舆论压力，给陆建章家属5000块大洋，以表示北洋袍泽的旧情。

徐树铮恶人先告状，补发了一个通电，捏造陆建章在谈话中破口大骂总统和曹督军，表示陆建章的死是罪有应得，并非主战、主和两派的斗争。

徐树铮诱杀了陆建章，为段祺瑞除掉了一个绊脚石，却为自己结下了一个仇敌，他就是冯玉祥。

陆建章的妻子是冯玉祥的姑妈，冯氏听说丈夫被杀，哭得死去活来，要冯玉祥替姑父报仇。冯玉祥与第16混成旅一直驻扎在武穴。段祺瑞一心主战，曾命冯玉祥率部支援福建，后又改命支援湖北。冯玉祥本来就不想附和段祺瑞，并有意服从冯国璋，一直观望不前。他曾通电请迅速罢兵，并有“元首力主和平，讨伐各令都出自胁迫”等言语，段祺瑞因他拥兵自大，也不敢把他怎么样。冯玉祥顾念亲情，加之姑妈的哭诉，对段祺瑞更是旧恨加新仇。毅然与段内阁决裂，宣告独立，部下副官李铭钟、团长杨贵堂、何乃中等也都愿意追随。

段祺瑞顾虑到冯玉祥与陆建章的外甥，因此以冯旅于14日攻占常德为理由，升任他为湘西镇守使，并恢复他的原职，接着又授他勋四位，以安其心。

冯玉祥将仇恨埋在心里，绝口不提陆建章的事，并且还自告奋勇，愿意调往福建去攻打广东。

陆建章事件后，冯国璋托病不见客。他得了心病，害怕皖系有进一步的动作，因为陆建章的儿子陆承武发出一个电报，埋怨他对这个凶杀案完全采取了不负责任的态度。

皖系对曹锟也不能无所顾虑。事实上，曹锟也感觉到徐树铮的手段过于毒辣，而且自己也不能不怀有戒心。但是，皖系很快就治好了曹锟的心病，徐树铮信誓旦旦地保证，副总统问题一定照原约办理，决无变更，并且还说：今后并不要求他再到汉口主持军事，只要不反对第5期作战计划，仗让别人去打，副总统就可稳稳到手。曹锟心里本来就忐忑不安，喝了这道“迷魂汤”，又摇摆不定了。

为了筹措对南作战军费和国会改选费用，段祺瑞疯狂进行卖国借款：吉会路借款2000万日元，善后借款第三次垫款2000万日元也接近成功。当时每月战费与军费开支高达1500万元，即使日本政府有求必应，段祺瑞的借款也是左手进，右手出，随借随花光。因此，段祺瑞正在接洽烟酒借款和以全国地租作抵押的1亿元大借款，以应急需。

八、曹锟垂涎副总统

孙中山气走上海

段祺瑞、冯国璋在北京斗得不可开交的时候，西南方面的日子也不好过。

西南两大军阀，陆荣廷进行大广西主义，以桂军控制两广扩及湖南；唐继尧进行大云南主义，视川黔为势力范围。结果在广东有粤、桂、滇军之争，在四川有川、滇、黔军之争。而唐继尧、陆荣廷互争西南盟主，只求北洋势力不渗入他们势力范围内，而以一致对外的美名向北方军阀讨价还价。

西南各省内也有野心较小的军阀与北方勾结，如四川的刘存厚、湖南的陈复初、广东的莫擎宇。都在暗中与北方军阀暗通款曲。

在这种复杂情势下，孙中山的处境非常困难。

1918年1月20日，滇、桂两系军阀所策动成立了“护法各省联合会”，并推举唐继尧、陆荣廷、程璧光为联合会的军事代表，伍廷芳为外交代表，唐绍仪为财政代表。

西南军阀原来打算用“护法各省联合会”代替军政府。这个联合会的成立，意味着军政府的命运危在旦夕。但是，取消军政府必须通过武力解决，桂系以前没有以武力阻止军政府的成立，事后也不愿以武力来取消，因为军政府也以武力相抗，至省会造成广东局势大乱，这对桂系也不利。

此外，军政府由非常国会产生，非常国会与军政府的命运联系在一起，如果同时取消非常国会，又有步北洋军阀后尘解散国会的嫌疑，与“护法”这块招牌背道而驰。西南军阀正在坚决反对北方召集新国会，在南北和平没有解决之前，也不能先解散非常国会。

桂系尽管没有动手，非常国会议员们也早就有了“大厦将倾”的感觉。其中政学系议员不愿成为军政府的“殉葬品”，而他们的首领岑春煊与滇、桂两系有着深厚的关系，因此，他们想出一个新主意——用改组军政府的办法代替取消军政府，用岑春煊代替孙中山。用“合法”倒孙代替政变倒孙。

政学系在非常国会中不占多数，为了达到他们的目的，他们联合了原属于国民党左翼的以众议院正副议长吴景濂、褚辅成为首的益友社议员。这些政治寄生虫本来就是一些有奶就是娘的家伙，完全没有政治节操，得到好处后，立即与政学系议员打成一片。

经过谋划，“修正军政府组织法案”出笼了。这个法案的主要内容是以总裁的合议制代替大元帅的一长制，目的是要以这个法案，将孙中山从大元帅的位子上拽下来，以总裁代替大元帅，即“以岑代孙”。

孙中山得到这个消息后，曾要去找陆荣廷讲理，被左右劝住了。

5月4日，非常国会通过了“修正军政府组织法案”，孙中山也提出了辞去大元帅的咨文。

孙中山在辞职通电中斥责滇、桂两系军阀“态度暧昧，置根本大法于不问”。陈炯明也发表通电，对上表示愤慨。

由于孙中山和国民党人对桂系有所指责，桂系军人也纷纷发表通电，非难孙中山。

5月20日，非党国会根据“修正军政府组织法案”进行选举，唐绍仪、唐继尧、孙中山、伍廷芳、林葆怿、陆荣廷、岑春煊七人当选为政务总裁。

一场“合法倒孙”的政治阴谋终于大功告成。

孙中山辞去大元帅一职后，于5月20日离开广东，去了上海。派徐谦在广州代表他出席军政府的政务会议。

唐绍仪也因不在广州，派陈策代表他出席军政府的政务会议。

岑春煊被推为主席总裁，实际上实现了以陈代孙的阴谋。岑春煊是桂系的代理人。因此，改组后的军政府，成为桂系一手操纵的傀儡机关。

曹锟垂涎副总统

段祺瑞在与冯国璋的争斗中尽管了上风，但他并不满足，他的目的是要把冯国璋从总统宝座上踢下去，他也不隐瞒自己的态度，建议推荐北洋派老前辈徐世昌为下届总统，并给北方各省打招呼，希望得到他们的支持。为了表示高姿态，他声称自己不做副总统，如果冯国璋愿意退为副总统，他也可以同意，否则，愿意与冯国璋同时下野。

段祺瑞如此表态，就是想消除冯国璋与长江三督对他的不满，同时也希望把推举徐世昌为总统与团结北洋派这两件事结合起来，因为徐世昌与直系同样有深厚的历史关系，长江三督不应该反对他。

段祺瑞要召开军事会议，就是想解决总统问题和继续对南方作战的问题。

曹锟认为，这两个问题都可以在天津会议上解决，没有必要再在北京召开会议。督军团公推张怀芝为联络人。

6月15日，张怀芝到北京，当面询问冯国璋是否愿意让出总统之位，退居副总统。

“总统不干，副总统照样也不想干，无官一身轻啊！”冯国璋回答得非常干脆。

冯国璋、段祺瑞表示不做副总统，曹锟认为副总统一定非他莫属，不但同意推荐徐世昌当总统，而且对“对南作战计划”也有了兴趣。

6月19日，天津会议正式召开，除督军团原有成员外，还加了一个龙济光。会议一致通过拥护徐世昌为下届总统，对南方军事行动也继续进行。

天津会议本来是一个主和派的会议，突然间转变为一致主战，其中原因，只要了解了两个主要当事人的思想脉络，也就不难理解了。

曹锟、张怀芝两人之所以忽而主和，忽而主战，完全是出于个人利益，如果主战对个人有利，他们就主战，如果主和对个人有利，他们就主和。个人利益在不同时期可以变化，他们的和、战方针也可以随之变化。

曹锟一心想当副总统，现在觉得副总统的宝座正在向他招手，而幕后推手就是段祺瑞他们，为了达到与段祺瑞的行动合拍，选择主战是最英明的决策。

以前，段祺瑞曾向张怀芝保证“鲁督决不易人”，谁知这个保证只是一张空头支票，当张怀芝从前线回到山东的时候，第5师师长张树元已经取而代之，山东已没有了他的立足之地，正想另谋出路，这就是他转变态度的原因。

前面提过段祺瑞借徐树铮之口向曹锟许诺，只求他不反对对南作战，并不需要他亲自上阵杀敌。事实上，曹锟过惯了养尊处优的日子，打心底也不愿上前线去担惊受怕。因此，张怀芝成为负责到前方执行第五期作战计划的主要人选。

段祺瑞虽然不认为张怀芝是一个智勇双全的良将，但当时的主战派张作霖、倪嗣冲都是口头叫得响，脚底下不挪步的人，蜀中无大将，廖化为先锋，这也是万不得已之事，加之张怀芝的资格较老，对南作战的积极性也很高，南征主将的位子，自然就要落到张怀芝头上。

张怀芝愿意担任征南统帅，虽然余勇可嘉，可他没有忘记湘东大败的惨痛教训，要求借曹锟的“打手”吴佩孚做他的助手，把湖南战场上的主力调到广东战场上去。这样他就可以不劳而获，坐享其成。

6月20日，张怀芝又到北京，报告天津会议的决定，并向段祺瑞提出自己的要求。当天，北京政府下达命令：

派曹锟为四川、广东、湖南、江西四省经略使；派张怀芝为援粤军总司令，吴佩孚为副司令。

6月22日，又加派李厚基为闽浙援粤军总司令，童葆暄为副司令。

曹锟由“两湖宣抚使”一跃而为“四省经略使”，在民国政府中这是最大的地方官。印铸局特地替这个新官铸了一枚两斤多重的银质狮纽大印，比特任官的印还要大。

给曹锟这样一个官衔，是皖系稳定曹锟的一个策略，暗示曹锟的官职在各路诸侯之上，再上升一步，就是副总统了。其实这是一个骗局。段祺瑞生平最重资格，以前看不起协统出身的黎元洪做副总统，现在也绝不会看得上布贩子出身的曹锟。

曹锟在北洋派中以“老实人”著称，现在证明这个老实人也会玩花样。这些年来，段祺瑞吃尽了“武人总统”的苦头，决定找一个文人来当傀儡总统，如果有一个武人副总统，而副总统往往又要上升为总统，这种后果他是不得不防到。

段祺瑞的私心想选一个文人出任总统，所以找到了徐世昌，既然不欢喜武人总统，又怎会欢迎武人副总统呢？因此，他答应曹锟为副总统，只是一时权宜之计。

曹锟升官之后，并没有心血来潮，既不南下，也不到北京，仍然静静地待在天津，喝酒听戏，快乐逍遥。

张怀芝本想和曹锟一同南下，见他毫无启程的意思，实在心焦，拍着他的肩膀说：“老弟，我去山东一趟，你哪天南下？约个日期咱们一道儿走啊！”

吴佩孚唱反调

段祺瑞当然明白曹锟的用意，所以才任命吴佩孚为援粤副司令，受张怀芝节制，意在架空曹锟。北京政府发表吴佩孚为援粤军副司令，事先并没有征求吴佩孚的同意。按段祺瑞的想法，曹锟态度已转变积极，吴佩孚跟着走已经不是问题，没必要先征求他的意见。

可命令发出之后，吴佩孚却置之不理，既不表示接受，也不表示拒绝，只是在衡阳饮酒赋诗。衡阳是彭玉麟的故居，吴佩孚颇慕彭玉麟之高风，仿彭画梅，对彭的后人爱护有加。端午节前夕，段祺瑞发来急电，命吴佩孚率兵进攻两广，并以广东督军为酬。

吴佩孚只在段祺瑞的电报上批一个“阅”字。第二天端午节，邀请全军团长以上的军官和湘军派到衡阳的代表一块儿饮酒。

7月3日，吴佩孚派人参加了衡阳各界人士举行的罢兵息争大会，并表示了积极支持的态度。吴佩孚公然与南军成立停战协定，这是南、北战场上出现的一件重大事情。7月间，谭延闿回到永州，重任湖南督军。

在湖南战场发生变化的同时，广东战场也发生了一些变化。

北方援粤总司令张怀芝统率炮、步兵20营，由山东进入湖北，再由湖北到江西，驻扎在江西樟树镇，准备攻打广东。

粤军先发制人，进攻江西，占领了虔南县城，后来又被赣军夺回。

张怀芝本想乘胜追击，偏偏这个时候得了重病，只得停止进军，返回汉口养病。

龙济光的弟弟龙裕光困守海南岛，等援兵前来解围，却迟迟不见踪影。留驻江西的张怀芝部才到醴陵，南军就摸清了他们的行踪，他们从攸县出击，突袭醴陵，打了张怀芝部一个措手不及，数十营士兵仓皇逃跑，吓得养在汉口的张司令出了一身冷汗，带病返回北京，引咎辞职。至此，张怀芝欲借吴佩孚当打手的计划落空，段祺瑞第5期作战计划也虎头蛇尾，无疾而终。

天津会议对南继续用兵的决议案，不声不响地宣告终结。

龙裕光失去了援军，自知孤岛难守，只得放弃巢穴，向北逃生去了。

北洋军阀肯打硬仗的不多，催索欠饷的气焰却很嚣张。为了应付军费，段祺瑞以吉林、黑龙江两省森林、矿产作抵押，向日本借款3000万元。这件事引起了吉林人民的强烈反对。吉林人组成代表团到北京，找卖国贼曹汝霖、陆宗舆拼命。曹汝霖躲在家里不敢出门，段祺瑞只得派兵保护他们。

在徐树铮的策划下，督军团于7月31日，再次在天津召开会议，除曹锟、张怀芝、张作霖外，参加这次会议的还有徐树铮、倪嗣冲、田中玉、龙济光和各省北洋军阀代表，长江三督仍然没有派人参加。

会议讨论的议题仍然是总统问题和南征问题，但并没有形成什么决议，唯一的亮点，就是张作霖首次参加督军团会议。

张作霖赞成推举徐世昌为下届总统，并建议段祺瑞为副总统。张作霖不甘人下，自己也有当副总统的野心。

倪嗣冲是徐树铮特地发密电邀请来的代言人，他在会上建议暂时不议定副总统人选，待到南、北战争之后，有功者居之。

这是徐树铮借倪嗣冲之口提出来的。因为此前徐树铮已许诺过曹锟为副总统，当着曹锟的面，他不能出尔反尔，而对曹锟的许诺，从头到尾就是一个骗局。现在他又想将副总统许给张作霖，让他把全部奉军拉出来对南作战。意思是说，皖系并不反对曹锟为副总统，但必须以对南作战为条件，不能坐享其成。

这对曹锟来说，无疑是一记闷棍。以前皖系只要求他不反对对南作战，并不要求他亲自出马，现在不亲自出马，就得把副总统之位让给肯出战的张作霖。

曹锟舍不掉副总统的诱惑，同时又接到吴佩孚阻止他南下的密电。这个布贩出身的老实人也有他一手，在进退两难中想出了应付的办法，一方面答应南下，一方面又提出三个条件：（1）中央预筹军费；（2）规定4省经略使职权；（3）军火暂由奉天借拨，并须取得德州、上海、汉阳三个兵工厂的管理权。

曹三爷这三个条件非常刁钻，因为段祺瑞政府的内战军费多是从日本借款，根本就不可能满足前方骄兵悍将的贪欲；四省经略使本来就是一张空头支票，哪有职权可言？军火由奉天的张作霖供给，简直就是痴人说梦。

段祺瑞当然知道曹锟想要什么，派专车接他到北京好好谈一谈，曹锟懒得搭理。

天津会议还提出了北洋派的团结问题，要求没有派代表的各省补派代表列席会议。长江三督仍然没有回复。天津会议以全体成员的名义去电征求他们意见。他们回答说：毫无意见，只愿保境息民。保境息民其实就是反对继续作战。

由于张作霖亲自参加会议，使这次督军团会议引起各方面的重视，可会议照样在各项问题上没有取得统一意见，唯一的一个共同点，就是要求北京政府拨付军费，并还开出了一个1500万元的大清单。

段祺瑞成天为钱发愁，他采纳了财政部长曹汝霖的建议，计划向朝鲜银行借款8000万元作为准备金，发行2. 4亿元金币，并且拟好了发行金币券条例，请冯国璋公布施行。

冯国璋的态度非常消沉，似乎已经放弃了一切斗争，可对于这个命令却拒绝盖印。

段祺瑞没有料到冯国璋会来这一手，为了报复，他以陆军部的名义，调冯国璋的“拱卫军”第15师开往大名“剿匪”，腾出的南苑营房拟派奉军接收。

第15师师长刘询以该师的职责是保护总统为由，拒绝移防。

段祺瑞更加恼火，下了一道限期离开的严令，违者以抗命论。刘询不得已，把部队只向郊外移了几里路，仍然没有开到大名去“剿匪”。

8月7日，吴佩孚发表致江苏督军李纯的通电，痛斥“武力统一”是亡国政策，北京政府“误听宵小奸谋，坚持武力，得陇望蜀，援粤攻川，直视西南为敌国，竟以和议为逆谋”。他认为，军人应以服从为天职，但是，反对亡国政策不复抗，而是为了“延国脉”。同时他还指责徐树铮组织的“安福会”是“政府以金钱大施运动，排斥异己。援引同类”，大骂段祺瑞“内争有余，以借款杀同胞，何异饮鸩止渴”。

吴佩孚的这个通电，无异于一篇讨伐段祺瑞、徐树铮的檄文，其中“戍防湖南，为期半载，罢战言和，南、北一家，对外不能争主权，对内宁忍设防线”，以及“傅良佐操戈而祸湘，徐树铮违法而杀陆，赏罚倒置，而犹以叛逆责人”等词句，竟成为时人争相背诵的名句。

这个电报对段祺瑞的威信是一个空前的打击。以前长江三督虽然通电主和，但从来没有这样毫不留情地痛骂段祺瑞，就是西南各省军阀骂段祺瑞，也没有骂得如此激烈。让人奇怪的是，不但长江三督对这个电报没有反应，段祺瑞也连屁没有放一个。

8月12日，临时能议院宣布结束，皖系一手包办的新国会举行开幕典礼。

研究系原想在新国会中取得第一大政党的地位，但从2月17日国会组织法与两院议员选举修正案公布以后，研究系阁员被逐下台，失去了优势，在国会议员选举中，仅获得20余席，而新旧交通系在330席中占了100余席，研究系在国会中仍然是一个小党派。其政治影响也是一代不如一代了。

8月21日，吴佩孚又致电总统冯国璋，要求“颁布全国一致罢战之明令，俾南、北军队留有余力一致对外”。并将此电报送给报纸公开发表。

冯国璋没有回复吴佩孚的电报，正在这时，长江三督提出了先解决时局，后选举总统的建议。长江三督好长时间没有动静了，提出的建议当然是受吴佩孚的影响。但这个建议却遭到皖系和主战派的一致反对，奉天、吉林、黑龙江、陕西、河南、安徽等省军阀在段祺瑞的授意下，通电主张速选总统。

吴佩孚以一个师长的身份，竟然发出狮子吼，使北方政局颇为震动，甚至使冯国璋和他的老首长曹锟都为之不安。为了表明态度，曹锟给吴佩孚发了一份电报：“吴师长通电，殊属不明事理。”似是责备，但却不痛不痒，不过是向皖系和主战派表明一个态度：吴佩孚的行动与他毫不相干。

段祺瑞、徐树铮本想忍让一下，以求吴佩孚替他们卖命，谁知吴佩孚得寸进尺，越骂越起劲，愤怒之下，公开通电痛责吴佩孚不应受人煽惑，不服从中央政府的命令。电报说：

该师长军人也，当恪军人应尽服从之天职，不然，尔将何以驭下？责任内阁关系巩固国家之中枢，政令所由出，图私利者不能反对，不敢反对，阴使人反对之，是破坏国家，使人干犯纲纪，计非不巧，然而端人绝不为之。况春秋诛心，岂能逃千秋斧钺？尔何受其欺。尔从予多年，教育或有未周，予当自责，嗣后勿再妄谈政治也。

通电只说吴佩孚受了别人的煽动，责怪自己教育不到，要他以后不要对时局妄发议论。与其说是谴责，不如说是谆谆教训。段祺瑞、徐树铮不是不会骂人，只是他们还对曹锟、吴佩孚存在妄想，不想与他们彻底决裂罢了。

曹锟见事情越闹越大，又补发了一份通电，说明已电令吴师长：“勿得轻信谣言，并饬遵照中央计划一致进行。”并说他即日将由天津赴保定。

这其实是曹锟的金蝉脱壳之计，因为保定是他的大本营，在保定比在天津要安全得多。

吴佩孚手握重兵，得天时地利，不仅不听段祺瑞的教诲，反而变本加厉，毫不收敛，收到段祺瑞的谴责电后，立即回电予以反驳。

北方主战派彻底被激怒了，纷纷通电附和段祺瑞，大骂曹锟是北洋团体的内奸，口是心非的小人。

吴佩孚的行动遭到北方一致反对，在南方却博得一片喝彩声。谭浩明、谭延闿、岑春煊、莫荣新、唐继尧等都先后致电表示支持。

曹锟害怕心狠手辣的徐树铮暗下毒手，但又不想与段祺瑞闹翻，于是又给吴佩孚发了一份电报，表面上虽然是骂，但却骂得不痛不痒。他把这份电报录一份通报北京，表明自己淡于名利，暗示自己不希望做副总统。他在保定检阅军队，补充实力，请北京政府速拨发500万元以备南下之用。当然，不领到这笔军费，就不能南下。

吴佩孚在前台唱戏，曹锟在背后捣鬼，段祺瑞的对南作战计划变得遥遥无期。正这时，徐树铮和张作霖又闹翻了。

九、吴秀才造反

徐世昌当选新总统

秦皇岛拦截军火事件发生后，徐树铮与张作霖的关系一度十分火热。张作霖为了报答他，任命他为关内奉军副司令，但时间不长，两人便产生了隙缝。

张作霖得到这批军火后，新编了六个旅，其中，四个旅由关外官兵编成，两个旅由关内官兵编成。段祺瑞按照当时的具体情况，同意四个旅归张作霖，两个旅归徐树铮。徐树铮却愤愤不平，认为这样不公平。张作霖是东北王，当然不会向徐树铮低头，两人心里从此便有了隔阂。

张作霖在天津开会期间意外地发觉，自段祺瑞第三次组阁以来，徐树铮一共代领奉军军费515万元，但奉军实际只收到180万元，剩余部分都被徐树铮挪用在训练参战军和国会贿选上。加之此前徐树铮以奉军副司令名义，不经请示随意调动军队，张作霖更是气不打一处来，一怒之下，也不和北京政府商量，直接下令解除了徐树铮奉军副司令的职务，并且还要同他算账。

段祺瑞听说这件事后，对亲信们无奈地说："树铮到处树敌，真的让我很为难啊！"但说归说，徐树铮惹了祸，还得收拾残局，电令徐树铮赶快去向张作霖谢罪，保证在短期内归还这笔款子。同时他也感觉到，对西南的战争已无法继续进行，决定把武力统一政策推迟一步，命令前敌各军暂取守势。

8月20日和22日，北京政府进行议长选举，安福俱乐部总主任王揖唐和刘恩格当选为众议院正副议长，梁士诒、朱启钤当选为参议院正副议长。刘恩格是奉天籍议员，由张作霖推荐当选。两院议员总共472名，安福系占了384人，新国会由安福系把持，故时人称为安福国会。

安福国会是由贿选或者采用非法手段产生的。段内阁为这次选举支付了1000万元的选举费，议员的名单也是事前早以圈定。

冯国璋心里明白，总统由国会选举产生，谁控制了国会，谁就能在选举中占得先机。安福系在新国会中获胜，自己的总统之位已是岌岌可危，与其让人踢下去，不如自己先提出来。于是发表一个通电，说他代理总统期限将至，所求和平统一只是一个梦想，宣布自己不竞选下一任总统，请国会选一位德高望重的人接替总统之位。

冯国璋的电文看似引咎自责，其实意在阻挠段祺瑞当选。段祺瑞主战，冯国璋主和，而战争向来为百姓所深恶痛绝，电文中多次说到统一、和平，无非是声明自己本意不愿战，意即目前的南、北战争，不是他的本意，暗示战争的责任不在他身上，新国会人员要体察民情，不要选举好战派段祺瑞。并且郑重的地提出，各位议员有凭良心，选举一位统一和平的总统。

段祺瑞心里明白，如果让冯国璋下台，自己仍然占据内阁总理之位，冯国璋一定不会认输，可能会采取报复行动，从而导致北洋派内部的破裂。因此也跟着发表通电，表示政府改组后，自己将引退。这个电报和冯国璋的电报，被认为是冯、段两人相约同时下野的两个证件。表面上看，两人同时下野，似乎很公平，实际上却不是那么回事。冯国璋退位之后，什么也不是，段祺瑞不当总理，却还有参战督办的官职，仍然可以隐身幕后，操纵时局。所以说段祺瑞宣称下野，只是一个骗局。

8月31日，非常国会发表宣言，将继续召集宪法会议，并进行总统选举，所有北京政府对外缔结的条约和公布的法律，一概认为无效。

军政府也发表宣言，声称安福国会没有选举总统之权，即使选举总统，西南各省也绝不承认。

皖系当然不会因西南的反对而停止选举总统。

进行大选时，北京、天津的市民并不关心总统选举，只是惶惶感到有第二次复辟的恐惧。这时，由于张作霖呈请恢复张勋的自由，同时复辟首犯康有为在北京露过面，特别是奉军第1旅奉命开进南苑，犹如以前辫子军开进北京城。其实奉军开进南苑，是为了防止大选可能发生意外事件。

9月4日，安福国会组织两院选举委员会，到议员436人，徐世昌以425票当选为总统。

安福国会议员在投票前，每人都领到了一笔出席费，还收到了徐世昌亲笔题名的照片。传说少数议员不受控制，则以每张票5000元收买，由安福系所办的华通银行付款。整个大选经费是从日本借款中提出的。议员们投票后，段内阁分别不同身价聘他们为顾问、咨议，每月送干薪200元到1000元不等。

9月5日，徐世昌发出通电，谦称自己不能胜任总统，其实这都是虚伪之词。

9月6日，冯国璋发表通电，劝告南、北一致拥护新总统。

徐世昌当选总统后，北洋军阀都敦促徐世昌如期就任。

9月13日，吴佩孚却给徐世昌发来电报，说这次选举不能代表民意，奉劝徐世昌不要就任，如果他能够敦促代总统冯国璋发布停战命令，先解决时局以谋统一，到时如果再举行选举，他就可以名正言顺地当选大总统。这是北洋派仅有的不承认徐世昌总统地位的一封电报。

徐世昌当选北方总统以后，南、北政治局势悄然发生了一些新变化。

皖系在这个时候把他捧出来，是因为他是个文人，手中没有兵权，不能组织一个军事集团来和他们争权夺利；同时由于徐世昌是北洋派的老前辈和“超然派”，可以利用他瓦解直系。段祺瑞本人希望借徐世昌一顶帽子，促成北洋派的团结，而这种团结是以段祺瑞为北洋派唯一领袖的团结。

然而，徐世昌已经不是段祺瑞想象中的那个徐世昌了。

在对南方问题上，徐世昌想执行前任总统的“和平混一”政策，准备把副总统席位留给西南领袖，以交换西南对自己的信任；段祺瑞却要继续保持南、北分裂，力主武力统一政策。

在团结北洋派的问题上，徐世昌想继承冯国璋的势力，团结直系作为自己的政治资本；段祺瑞的目的，则是要在团结北洋派的基础上，使自己成为北洋派的唯一领袖。

在对外政策上，徐世昌认识到世界大战即将结束，日本已不能单独控制中国，中国不能吊死在日本这棵树上；段祺瑞则是推行依靠日本一国的外交政策。

徐世昌这个老官僚，在官场上打滚了大半辈子，在前清官场上就以手段圆滑著称，袁克定称他为“活曹操”。他是玩弄政治阴谋的高手，透明的水晶球，他能甘心做别人的傀儡和盖印机器吗？段祺瑞想把这个老狐狸精当软柿子捏，打错了算盘。

徐世昌从当选总统那天起，就十分机密地指使旧交通系领袖梁士诒、周自齐等联合新国会中的非安福系分子，组织另外一个不公开的政治小集团以对抗多数党的安福系。

徐世昌当了总统，其法律地位始终得不到西南方面的承认。反对的人一般都是对事不对人，认为他虽然具备当总统的资格，但安福国会是非法国会，他的当选不足以服天下。

1919年9月15日，上海《民国日报》刊登了一篇题为“安福世系表之说明”的文章，文中把安福系重要人物分类列出：日本人为祖，段祺瑞为父，徐树铮代表安福会，徐世昌则为私生子……徐世昌为非法国会选出，如同非正式结婚所出，故为“私生子”。

这篇文章发表后，北京政府向上海公共租界法庭提出诉讼，指控《民国日报》“侮辱大总统及在职官员”，引出了一幕判被告二人各赔100元的趣案。

徐世昌是不是安福系的“私生子”，这是一个戏说，但他上台之后的所作所为，却令安福系的人失望甚至愤怒。

副总统选举流产

9月5日继续进行副总统选举，两院议员只有几十人到会，因人数不足而流会。

副总统有四个人有资格参加竞选，他们是冯国璋、段祺瑞、张作霖、曹锟。此前，冯国璋、段祺瑞已承诺同时下野，张作霖也自动放弃，只剩下曹锟一人。可惜，没有人给曹锟抬轿子，让曹三爷的副总统梦破灭。

安福议员不热心选举的原因在于，他们大多数人抱有金钱目的，有人公开表示，选举总统尽了意义，选举副总统不能再尽义务。选举流产的当天，安福议员举行两院茶话会，决定副总统选举延期。

9月7日，北京政府任命张作霖为东三省巡阅使。从此张作霖与曹锟的地位相等，驾乎于一切北方督军之上。

徐世昌当选总统后，曹锟发来电报，不提主战主和，只说“阋墙之斗，权利之争，不宜再见”，这是以另一种形式反对对南作战。

随后不久，吴佩孚发出建议，请长江三督继续担任南、北间的“调人”，并请加入“东海先生”为调人领袖。而且，这个电报得到了江苏军将领白宝山、陈调元等人的响应。这是曹锟、李纯两个系统的直系军人的大合唱，看上去，新旧主和派有合流之势。

9月26日，北京政府收到一个电报，内容是请“冯代总统颁布停战命令，东海先生出任调人领袖，曹经略使、长江三督帅及岑、陆两总裁同担任调人责任”。

电报的发送人是：谭浩明、谭延闿、程潜、马济、李书城、韦荣昌、张其锽、林俊廷、陆裕光、赵恒惕、林修梅、黄克昭、马鋆、宋鹤庚、廖家栋、鲁涤平、王得庆等湖南战线南军将领；吴佩孚、李奎元、杨春普、冯玉祥、张宗昌、王承斌、阎相文、萧耀南、张学颜、张福来、潘鸿钧、张克瑶等北军将领联名发出来的。电报的起草人是吴佩孚，电报将北京政府与军政府平列称呼。

这是自南、北战争以来，南、北军人第一次联合起来反对北洋领袖。以前虽然也有北方军人主和，但从来没有南、北军人站在同一条战线上，发出共同的声音的情况。

段祺瑞看了这份电报，犹如头顶响了一声炸雷，惊呆了。安福国会的人也慌作一团，有人甚至惊叫：“吴秀才公然造反了！”

段祺瑞认为，这不是主战主和的问题，而是北方军人通敌、降敌的问题，盛怒之下，要用“通敌有据”的罪名，下令讨伐吴佩孚。

谋士们劝他要冷静，不要意气用事，因为此时皖系和主战派已无兵可调，不会有人去讨伐吴佩孚，即使有人敢干，不见得就是“常胜将军”吴佩孚的对手。真要下令讨伐，只会把吴佩孚逼上梁山，甚至引起北洋派和北京政府更大的危机。

段祺瑞投鼠忌器，不敢对吴佩孚采取过分的行动，只好再去拉拢曹锟。徐树铮曾私下答应支持曹锟为副总统后，由于吴佩孚的行动，段祺瑞早否定了曹锟的副总统的提议，现在为了缓和吴佩孚，又旧话重提，支持曹锟为副总统，以交换吴佩孚不要再反对安福国会，割断吴佩孚和西南方面“合唱”和平的论调。他派京师警察总监吴炳湘前往保定，向曹锟说明即将进行副总统选举，将以曹锟为唯一候选人。又派国务院秘书曾云沛前往奉天去见张作霖，劝他顾全大局，同意曹锟为副总统。同时授意安福国会，不要再提关于惩办吴佩孚的一切动议。

曹锟在保定颇有点左右为难。北方皖系对他误解很深，吴佩孚又不听话，他认为副总统已没有希望。谁知吴炳湘带来好消息，让他喜出望外，立即派曹锐到北京进行副总统竞选活动，同时派另一位兄弟曹钧到奉天拉拢张作霖。

10月3日，安福系国会议员举行茶话会，讨论选举副总统问题，众议院议长王揖唐宣读了段祺瑞向国会推荐曹锟为副总统的信。决定于10月9行进行选举副总统。

当时安福议员公开表示，选总统尽了义务，选副总统不能再尽义务，换句话说，如果要他们投票，就要有代价，可曹锟又不肯出这笔钱，他认为北京政府还欠他的军费。

如此一来就苦了王揖唐，经过多方奔走，决定由北京政府拨付曹锟150万元军费，然后用这笔军费移作副总统的活动经费，规定每张选票2000元，当晚签发了支票。

一切问题解决了，曹锟副总统梦似乎要成为现实了。

10月9日，两院议员举行选举副总统联合会。议长梁士诒坐在主席台上，等候议员们到会投票。可一直等到下午，仍然凑不足法定人数。后来，王揖唐驾车到外拉人，结果是拉了张三，跑了李四，最后仅拉8个人回来。副总统选举由于凑不齐法定人数而再一次流产。只得将选举日期改为10月16日。

正在段祺瑞为选举之事大伤脑筋的时候，《顺天时报》刊登出曹锟以10万买了一个美女做小妾的丑闻。那些本来就不满的议员气得大骂："操你××的，议员的身份竟然不及一个小妾的1/50，因而拒绝参加选举的意志更坚决。

徐树铮见选举这件事很麻烦，就去找曹锟，叫他破点费，出点血。

"操他××的。"曹锟也气得大骂，"你们选我出来打江山，却要我自己掏腰包，不干。选徐世昌的运动费在借款下开支，选我的运动费要在我的军费里开支，太不合理。况且我已经给了80万，不能再要我出血了。"

无兵无勇，无权无势的议员们竟然抗拒选举，明眼人谁都知道，这事与徐世昌有关，否则，即使是吃了豹子胆，也不敢和段祺瑞、徐树铮对着干。

徐世昌这个老政客自有他的一套，他要主演“和平老人”，所以必需留下副总统一席给南方或是对和平有功的人，可是他不自唱，却唆使旧交通系首领梁士诒主唱，击碎了曹锟的副总统梦。未上任就与段祺瑞悄悄过了一招，大获全胜，段祺瑞吃了一记闷亏。

安福系还想对梁士诒施压，梁士诒有徐世昌做后台，不吃这一套，态度非常强硬，表示如果安福系仍然强压和不择手段进行副总统的选举，他就辞了参议院议长。安福系不愿事情闹得太大，就去请示段祺瑞，段祺瑞认为对曹锟的竞选副总统已尽了最大努力，既然人力不能挽回，但求于心无愧，决定不再进行这种徒劳无功的选举。

王揖唐觉得很没面子，托病去汤山休养。曹锟也觉太扫兴，在保定称病。

第十章 皖系终亡

直、皖大战，以皖系大败而告终，它标志着北洋军阀史上一个时期即段祺瑞皖系军阀统治时期的基本结束。虽然此后皖系并没有销声匿迹，仍然进行着活动，而且，段祺瑞后来又曾出任中华民国临时执政，但这只不过是皖系的余波罢了。

一、徐世昌就任总统

徐世昌宣誓就职

徐世昌是民国史上的第五任大总统，民国虽然换了五任总统，可有一个奇妙的巧合，国人从没有见过新旧总统交接典礼。

孙中山在南京交卸临时大总统，袁世凯则在北京就任临时大总统；袁世凯由于帝制失败而死，黎元洪以副总统继任大总统；黎元洪被辫子兵赶下台，冯国璋以副总统升任大总统，冯国璋是临时总统。

袁世凯、黎元洪都是非正常退位，都不曾到交卸日期，徐世昌被安福系选为总统后，郑重地询问内务总长钱能训，亲旧总统交接有哪些程序。

钱能训回答说："总统就职典礼，在中国这是第一次，没有先例可循啊！"

"国外呢？"徐世昌说，"致电驻美公使顾维钧，驻法公使胡维德，问一问。"

顾维钧复电说：美国总统就职，由大理院长主持，在大理院外筑台，新总统捧《圣经》举手向全国国民宣誓。

胡维德复电说：法国新总统就任，由上院议长导入总统府谒见旧总统，相互行礼，互致颂词，词毕，旧总统出府，新总统到议会宣誓就职。

1918年10月10日上午8点半，冯国璋派钱能训和总统府大礼官黄开文备礼舆迎徐世昌，徐世昌却乘汽车到了总统府，礼官引导徐世昌到怀仁堂礼台。

9点整，冯国璋由居仁堂到怀仁堂，与徐世昌一起同向国旗行三鞠躬礼，然后，冯国璋致颂词，徐世昌致答词，然后互相向对方一鞠躬，礼仪官送冯国璋回居仁堂。

10时整，徐世昌在居仁堂面向南方，向议长及议员宣读誓词，然后与议长议员同向国旗三鞠躬，宣读就职宣言。

冯国璋与段祺瑞鹬蚌相争的结果，冯国璋在事实上困倒了段祺瑞，段祺瑞在法理上打倒了冯国璋，落得两败俱伤，而一直处于清客地位的徐世昌坐收渔人之利，唾手取得大总统之位。

实事求是地说，冯国璋在总统任内所坚持的政策并不错，也可以说符合全中国人民的愿望，求取和平也许存有要和皖系主战派唱反腔的私心，但求和的主张却是对的。

冯国璋下野之后，迁出总统府，回到地安门外帽儿胡同私寓。据说冯国璋非常贪财，从前任江苏督军的时候，贩卖烟草，官商并营。这一次总统卸任，没有忘掉捞最后一把，退出总统府的时候，将总统府所有能移得动的东西，统统都搬走了，甚至连北海里面的禁鱼，也都捞起来拿去卖了，移交给下任总统的只是一些历年的档案资料。

旧中国的政客，都有一套旁门左道，徐世昌也不例外，他精于风水术，认为前三任民国总统都没有好下场，是因为总统府的风水不好，他就任总统后，决定府院地址互迁，没有迁移之前，先在自己私宅办公。

段祺瑞为了实行和冯国璋同时下野的诺言，在徐世昌就职大总统后，即请辞职，专任参战督办。国务总理由钱能训代理。

徐世昌能改变总统府的风水，但不能改变北京的政治气氛，他仍然得继承前任黎元洪、冯国璋的衣钵，和段祺瑞发生摩擦，磕磕碰碰地相处，这不是风水问题，而是因为段祺瑞太强势。

正因为如此，冯国璋、段祺瑞两人同时下野，并没有消除直、皖两系间的固有矛盾，相反，由于权力再分配上始终不能协调，致使冲突有日益激化、不断升级的趋势。公开决裂的暗潮已在涌动，大规模的战争即将爆发。

和平期成会

徐世昌就任总统后，西南方面仍然表示反对。10月9日，非常国会决定停止总统的选举，由军政府代行总统职权。以前军政府并没有宣布代行总统之权，今天忽然采取这种行动，这是因为西南各省认为，冯国璋代理总统是合法的，而徐世昌总统地位是非法的，既然合法总统让位了，就需要有一个机构来行使总统的职权，以免陷入无政府状态。另一方面，非常国会停止总统选举，表示西南实力派虽然否认徐世昌的总统地位，却愿意把他当成一位和平使者，因此并不另选总统，以免陷入僵局。

全国人民需要和平，只有段祺瑞逆天而行。可这位独行者手中无兵可用，要继续阻止和平运动的发展，必须从外部、也就是获得日本方面的支持，要达到目的，只有利用徐世昌这个工具，以和平的伪装来应付国内外的环境。他派徐树铮以参战处参谋长兼西北防筹备处处长，以洛阳为据点，继续训练参战军3师。他还在解除内阁总理之前，派曹汝霖、陆宗舆分别为币制局督办和总裁，以便掌握新政府的实际财权。

徐世昌虽然是由段祺瑞捧上台，但他不想做别人的工具，上台之初，没有能力摆脱段祺瑞的束缚，只能利用段祺瑞不敢公开反对和平的心理，将计就计地进行“和平混一”政策，在征得段祺瑞同意后，派任可澄、赵炳麟到广州去活动，同时又通电北方各省，征求解决时局问题的意见。

10月10日，美国总统威尔逊致电祝贺，附带提出劝告：“中国若不早息争端，殊难协同友邦一致达到维持正义之目的。贵大总统就任，更应和舟共济，统一南、北，则于国际事务中可占应有之地位。”这是美国政府对中国长期忍耐后所使出的一招“回马枪”。企图用漂亮的言词和金元外交，把中国从日本怀抱中拉过来。这个电报带有干涉中国内政的口吻。

徐世昌正要利用国际势力来吓唬段祺瑞，对美国人干涉中国内政的言论不但不计较，反而还有点“正中下怀”之感。他在回电中说：“本大总统当选之日，即以国家统一为怀，现正力求治理，以达此原定之目的。”

几天之后，美国公使芮恩施到总统府拜访徐世昌，在谈话中提出了南、北和平的劝告。

“南、北和平，一直是我的愿望啊！”徐世昌说，“中国实现统一后，必须大力裁军，希望美国能在道义上支持，在财政上协助。”

“美国政府向来就很同情中国，中国提出的问题，美国政府是会考虑的。”芮恩施似乎早有准备，回答时并不迟疑。

一个寻锅补，一个补锅寻，这次非正式谈话，透出的就是这个信息。

早在1918年6月间，美国就向英、法、日三国提议，改组国银行团，加入美国，退出俄、德两国，由新的四个银行团向中国进行交涉，延长币制借款期限，帮助中国政府整理财政，裁减军队。8月30日，又联合英、法两国公使抗议中国利用日本资金发行金币券，美国这期间的对华政策，已开始了击破日本包办对中国的投资，而用国际投资来抵制。

徐世昌为了配合国内外的形势，授意梁士诒组织一个政党，梁士诒网罗了许多名流，先成立了一个“和平促进会”，非安福系的议员108人都参加了，其中包括研究系。安福系的机关报大骂徐世昌忘恩负义，不念安福系一手捧他做总统的大恩。

徐世昌打算以梁士诒组织内阁，以皖系稳健派靳云鹏为陆军部长。消息传出后，皖系机关报对梁士诒发起猛烈攻击，徐树铮也极力反对靳云鹏，徐世昌只得放弃这个计划。事情虽然没有办成，徐世昌与段祺瑞的梁子就结上了。

10月23日，社会名流熊希龄、张謇、蔡元培、王宠惠、庄蕴宽、孙宝琦、周自齐、张一麐、王家襄、谷钟秀、丁世峄、徐佛苏、文群、汪有龄、王克敏、王祖同、梁善济、籍忠寅、李肇甫、王芝祥、王贻书、王人文、林绍斐、由宗龙等24人，通电宣告成立“和平期成会”。这个新政党是各党派的大结合，包括国民党、政学系、研究系和拥护黎元洪、冯国璋的人士，甚至安福分子王祖同也被吸收进来，只缺少一个“大名流”梁启超。梁启超曾宣言，停止政治活动，专心从事写作，“不惜以今日之我，与昨日之我宣战！”

熊希龄一再声明，和平期成会这个组织没有政治意味，不受任何方面利用。

其实，和平运动就是一种政治运动，绝不是什么超政治的一种活动。不受利用是做不到的。首先就受到梁士诒的利用。梁士诒的和平促进会受到主战派和安福系的共同攻击，而徐世昌这时并不愿和段祺瑞正式决裂，因此，和平期成会成立后，平促进会立即结束，旧交通系的人物已全部加入了和平期成会。这是梁士诒脱胎换骨、隐蔽目标的一种做法。

当然，和平期成会受梁士诒的利用，就是受徐世昌的利。此外，还受到南方桂系和军政府的利用。军政府允许这个组织在广州也成立分会，桂系军阀纷纷回电响应这个组织的和平主张。很明显，这是通过这个组织与北方取得间接联系的一种做法。

段祺瑞向来主张武力统一，徐世昌却大搞和平促成，两人的对台戏算是唱起来了。徐世昌的亲信们非常担忧，说段祺瑞还在北京，这样干下去会出大乱子。

徐世昌不屑地说："段芝泉自恃武力，其实不足为惧。几个月来，他的武力统一政策不是连连受挫吗？"

徐世昌说得没有错，段祺瑞既然要以和平伪装应付国内外的环境，所以他手下的一些虾兵蟹将转眼间也都变成了"主和派"，张敬尧、赵倜、倪嗣冲都有回答和平期成会的电报，曹锟也像其他亲段的督军一样，发出了赞成南、北和平的呼声。

段祺瑞虽然极力主张武力统一政策，但面对全国日益高涨的和平运动，也只能采取冷眼旁观的态度。

徐世昌想在欧洲战争结束以前实现国内和平，让代理内阁总理钱能训直接致电西南，想把国会问题、总统问题放下不谈，先就军事问题、实力派的权力支配问题进行讨论，并达成协议。

这是自第二次南、北战争发生以来，北京政府第一次直接给西南通电表达和平态度。

10月25日，徐世昌以总统名义下了和平令。

11月3日，“和平期成会”在北京正式成立，熊希龄、蔡元培选为正副会长。熊希龄一再声明，这个组织不带政治意味，不受任何方面利用。其实和平运动就是一种政治运动，绝不是超政治活动。

梁士诒组织“和平促进会”受到主战派和安福系的共同攻击，徐世昌还不便公开和段祺瑞决裂，因此，“和平期成会”成立之后，和平促进会即行结束，旧交通系分子转入和平期成会，这是梁士诒脱胎换骨、隐蔽目标的一种做法。当然，和平期成会受梁士诒的利用，也就是受徐世昌的利用。此外，还受到南方桂系和军政府的利用，军政府允许这个组织在广州成立分会，桂系军阀也纷纷致电，响应其和平主张。非常明显，这是通过这个组织，传递南、北双方的一种和平信息。

和平既然成为南、北一致的要求，选择一个南、北和谈的地方便成了需要解决的问题。总统府美国顾问伟罗门向建议，由南、北国会选派同等人数的议员，在上海组成联席会议，制定宪法，追认徐世昌为总统，并选一名南方领袖为副总统。宪法制订后，这个临时国会和南、北国会同时解散。再根据新宪法改选新国会。这应该是很公平的一个解决时局，又顾及到事实的办法。

徐世昌觉得采取任何行动之前，必须先征询北方军人的意见，免得将来产生分歧。于是决定召集北方各省军人到北京来举行一次大规模会议，就南、北和平、裁军等问题进行讨论。

徐世昌不愧人称老狐狸，他担心徐树铮这个刺头捣蛋，在举行督军会议之前，授徐树铮陆军上将衔，派他到日本去考察。徐树铮此时是段祺瑞参战督办的参谋长，并兼西北边防筹备处处长。

督军团会议

徐世昌要解决的问题，也是冯国璋努力而没有解决的问题，解决问题的方法也一样——取决于各省军阀，这是北洋时代的特色。徐世昌认为现在有国际背景的支持，他相信可以克服反对派的力量。

11月上旬，张作霖、陈光远、孟恩远、赵倜、倪嗣冲、张怀芝、卢永祥先后应召到了北京。随后王占元和阎锡山也到了，其他没有到的督军则派代表出席。这是北京的督军会议，也是自有督军会议以来，出席督军最多的一次。更为难得的是长江三督中，陈光远和王占元都亲自出席会议，李纯也派代表参加，这是空前的。但让人意外的是曹锟没有到会。

曹锟因为副总统没有当选，赌气不肯前来，徐世昌则一再电催，一定要等他来后才开会。曹锟推托不过，最后还是赶到了北京。

11月15日，北京的督军会议在总统府集灵囿四照堂举行。参加会议的除八个督军外，还有绥远都统蔡成勋、淞沪护军使卢永祥、黑龙江、湖南、甘肃、陕西、江苏、四川等省代表，府秘书长，全体阁员以及参战督办处代表两人合共33人出席。段祺瑞也应邀参加了会议。

皖系军人在会议前向徐世昌提出了一个条件——“和平我们不反对，只反对梁士诒一手包办和平。”

徐世昌致开幕词后，即请段祺瑞发表意见。

段祺瑞吞吞吐吐，说他已经“下野”，不便参与国家大计，但接着又提出，国内和平请大总统主持，但南、北不能采取对等议和，也不应该讨论国会问题。

徐世昌接着发言，恭维段祺瑞当初力举对德宣战是一项英明的决策，如果没有这一举措，中国的地位可以用“不堪设想”来形容。同时也谈到恢复国内和平的重要性。

钱能训接着发言，说明目前的中国，走武力统一这条路行不通，因此，应当采取和平统一政策。

倪嗣冲、曹锟提出了对南方的和平诚意表示怀疑。

钱能训立即说岑春煊、陆荣廷都有和平诚意，虽然有少数人反对，但左右不了大局。

这次会议没有一点火药味，大家一致表示“服从总统”，赞成和平统一。

第二天，继续开会，经过讨论，形成如下决议：（1）如果南方不提出过苛条件，一致赞成和平统一的方针；（2）欧战停止，参战督办处改为边防督办处；

（3）预筹各省善后；（4）收束军队，先从调查军队实数入手；（5）责成各省照章报解中央税收。

同一天，北京政府发表了前方军队罢战退兵的命令。

这次督军团会议，表面上看徐世昌胜利了，实际上是段祺瑞的胜利。

首先，“服从总统”是有条件的，这就是要南方不提出过苛条件，而南方所提出的任何条件，都可以看着是过苛，只要他们认为条件过苛，就没有“服从总统”的义务了。段祺瑞提出不与南方“对等议和”，反对在和谈中讨论国会问题，实际上是另一种形式的反对和平。显而易见，不采取“对等和平”就是对南方的迫降，而安福国会也绝对不是南方所能接受。其次，参战处改为边防处，使之成为一个常设机关，段祺瑞就可以继续掌握兵权，进而控制北京政权。

11月1日，第一次世界大战正式结束，外国列强又将眼睛转向中国，妄图从中国得到更多的利益。北京督军团会议结束之后，美国驻广州总领事访问军政府外交部长伍廷芳，请军政府响应北京政府罢战退兵的命令。并说如果不这样办，南方就会失去国际同情，因而陷入不利。

美国的表态，实际是以威胁口吻压迫南方接受它们提出的促成中国“和平”的计划。

军政府和西南军阀似乎并不觉得难受，军政府下令，前方部队各驻守原地，等候命令。

二、上海和会破裂

未谈先吵

从徐世昌发表和平令的那一天起，徐世昌与段祺瑞之间的较量的序幕悄然拉开。

段祺瑞并非弱者，之前他已斗倒了两位总统，徐世昌又是他捧上台的，他绝对不愿意看到自己搬起的石头砸自己的脚的事情发生。

曹锟到北京参加督军团会议，段祺瑞和安福系竭力拉拢他，保证一定选举他为副总统，并允诺劝张作霖放弃副总统的竞选。

张作霖还真是合作，不但答应了安福系的要求，而且还去做东三省议员的工作，请他们也投曹锟一票，接着又亲自去找梁士诒，威胁说，如果不能保证曹锟当选副总统，就会有他好看。

梁士诒虽然混迹官场多年，但真正要他拿命去赌一把，这样的傻事他不会干，受到张作霖的威胁后，吓得跑到天津去避风，不敢回北京，并表示要辞去参议院议长之职。

曹锟知道以前几次副总统选举流会，都是旧交通系从中捣鬼，而旧交通系又和徐世昌有勾结，因此他恨徐世昌，恨梁士诒，对段祺瑞却存有感激之情。

安福系也集中火力攻击梁士诒，硬说他们并不反对南、北和平，只是反对梁士诒包办南、北和平。

这是段祺瑞与安福系打击徐世昌的一个招。

徐世昌在督军会议召开之前，本打算要梁士诒组织内阁，段祺瑞的这一组黑拳，让徐世昌的如意算盘落空。只得退而求其次，准备让代理总理钱能训转为正式总统，并且把钱内阁同意案提交到安福国会。

安福系主张通过钱内阁，交换副总统的选出，还有人建议弹劾钱能训以打消同意案，这是段祺瑞与安福系打击徐世昌的又一招。

徐世昌内心非常愤怒和痛苦，表面上却又满不在乎地说："不通过钱内阁难不倒我，我的老朋友可以当总理的多得很，不像华甫（指冯国璋）找不到一个内阁总理，我可以提出十个总理人选，难道他们能否决十次吗？"

段祺瑞为了拉拢曹锟反对徐世昌的"议和"政策，指使督军团组织"戊午同袍社"（当时民国七年为戊午年），推举曹锟为社长。

曹锟做了社长，自以为成了北洋派的龙头老大，高兴得手舞足蹈，逢人便说："我们不反对和平，但反对与南方乱党对等和平，他们在南方闹事，难道要我们与他们平起平坐吗？"口气变得与段祺瑞一模一样。这样一来，段祺瑞的声音由弱转强，使徐世昌的"和平统一"计划受阻。

主战派军阀并不直接反对和平，只是重复段祺瑞的论调，反对对等和平，反对取消安福会。倪嗣冲甚至公开叫嚣：大总统是由新国会选举产生的，取消新国会，就等于是不承认大总统。

南方军阀与国民党元老虽然也都迫切希望和平，但他们不愿意做二等公民，坚持对等议和是举行南、北和谈的先决条件。南方议和代表原来内定是岑春煊，现在岑春煊已做了主席总裁，所以改由唐绍仪担任。

唐绍仪是徐世昌的老朋友，刚从日本回国。第一次南、北和谈时，他是北方总代表，这一次却内定为南方总代表，前后易位，连唐绍仪自己也没有想到。

11月20日，徐世昌致电唐绍仪，把不久前冯、段相争，最后相约下野，请他出来收拾时局的经过和盘托出，希望唐绍仪竭力促进南、北和平。

唐绍仪回电，强调南、北必须对等议和，参加议和的代表人数要相等，谈判必须公开，回电并没有称徐世昌为大总统，仍然称"菊人兄"。

徐世昌接到唐绍仪的电报后非常恼火，心想唐绍仪你算老几呀？我现在是大总统，你居然还与我称兄道弟，太高看自己了吧！于是让钱能训代为回电。

唐绍仪接到钱能训的回电大为不满，大骂徐世昌摆伪总统的臭架子，不念老朋友交情。

和谈问题的先决条件，是参加人数和地点。段派认为北方是正统，所以和谈应以北方为主体。代表人数北方要多，地点也由北方决定。南方则认为要谈就要在平等地位上谈。

徐世昌、钱能训在段祺瑞的压力下，不得不力避难所对等议和的形式，提议在南京开会，不用南、北会议的名称而叫善后会议。

李纯建议称为南京和平善后会议。

11月23日，岑春煊致电熊希龄，反对避去对等议和的形式。

30日，岑春煊等军政府七总裁联名致电徐世昌，主张在上海租界内举行南北对等的和平会议。理由是：和谈应该在中立地带，上海租界是名符其实的中立地带，举行和议，可以避免来自各方的政治压力。

钱能训代表徐世昌复电：南京和上海都是中国领土，在国家领土上谈不到有中立地带，坚持以南京为和议地点为宜。不过和议代表双方可各占十人。至于对等议和的形式，也表示难接受，辛亥年南北有两个不同的国体，现在则不然，所以不能相提并论。

由于这些问题没有形成统一意见，南、北和谈也是雷声大，雨点小，千呼万唤不出来。

公开要挟

徐世昌召集督军团会议，原想向他们说明国内外形势的重大变化，说服他们不要再空言叫喊，反对和平。不料督军们到了北京以后，反而受段祺瑞的利用，采取另一种形式阻止和平，并和安福系一起，反对钱能训。曹锟、张作霖、倪嗣冲还到总统府谒见徐世昌，代表全体督军要求恢复段内阁。

督军团的态度让徐世昌非常吃惊，但又不敢断然拒绝，只得用“外交”作为挡箭牌，表示“现非其时”。

段内阁复活的消息，使西方帝国主义外交团大为恼火，朱尔典以领袖公使资格，代表五国向外交部提出质疑。接见他的外交部副部长陈箓只得撒谎，说这只是少数政客的意见，不足为凭。

12月2日，美、英、法、意、日五国向中国北京政府和广州军政府提出联合劝告。他们说：“中国长期进行内战，不但中国人民所受损失甚大，协约国在华利益也受到相当损失。五国政府为了中国的友谊，希望中国政府早日自谋解决。欧战现已结束，全世界迫切希望和平，五国政府希望中国从速结束内争，得以参加世界和平事业。”

列强说他们这个劝告“是一种愿望，不是一种干涉”。

这个劝告是对中国内政的公然干涉。但对徐世昌却是一个强有力的支持，在北方，可以吓阻主战派的反对，在南方，也有迫和的作用。这个劝告也是日、美两国在中国问题收展开新的斗争，日本被迫退却的反映。

这时，第一次世界大战已经结束，西方帝国主义贪婪的眼光又投向了远东这块半殖民地国家来，这是这个劝告出笼的背景。

劝告由美、英两国发起，表面上是希望中国迅速召开南、北和议，结束国内战争，达到和平统一，实际上却是反对日本所支持的段祺瑞的武力统一政策，反对日本独占中国，企图扶植一个亲西方政权来代替亲日政权，用政治投资来控制中国。法、意两国在美、英两国的倡导下参加。

日本则是在西方国家的强大压力下，不得不插上一手，以免被排斥在中国问题之外。

当时正是日本内阁人事变动时期，孙中山派戴季陶，岑春煊派章士钊到日本进行活动，希望日本新内阁不要再支持段祺瑞。但日本原敬内阁停止对段祺瑞的支持，并不是由于他们活动的结果，而是受到国际局势的影响。同时，除孙中山以及他周围的人外，国民党元老伍廷芳、唐绍仪都是亲美派，他们都希望与北方进行和平妥协。因此，军政府总裁伍廷芳不但没有对五国公然干涉中国内政的行为提出抗议，而且还对他们表示谢意。

12月3日，也就是五国劝告的第二天，徐世昌邀请段祺瑞、曹锟、张作霖、张怀芝、王占元、倪嗣冲、孟恩远以及全体阁员到总统府开特别会议。

督军们这次到北京后，一反常态地表现得十分合作，一致表示愿服从总统命令。因此决定同意军政府七总裁的意见，在上海召开南、北和平会议。

以前争论不休的对等和议以及和会地点问题，迎刃而解。

12月6日，五国银行团以盐税余款450万元交给北京政府以维持军政开支，并表示更大数目的善后借款，需要在中国南、北统一以后才能提供。这是美国运用金元外交控制中国的一种手段。

16日，徐树铮从日本考察回国，他本来反对议和，反对靳云鹏为陆军部长，可时移势易，由于有帝国列强干涉，他也不敢反对了。

20日，在众议院、参议院都通过了钱内阁之后，徐世昌以大总统明令发表特任钱能训为国务总理。这是北洋老政客徐世昌对北洋军阀斗争的一大胜利，这种胜利是黎元洪和冯国璋所未曾享受过的。

1919年1月11日，发表阁员名单：内务部长钱能训兼、外交部长陆徵祥蝉联、海军总长刘冠雄蝉联、交通部长曹汝霖蝉联、司法部长朱深蝉联、教育部长傅增湘蝉联、陆军部长靳云鹏新任、财政部长龚心湛新任、参谋总长张怀芝新任。

上海和会

2月20日，上海和会正式开幕，借旧德国总会为会场，南、北双方代表进入会场，阵势与辛亥革命时南、北和谈极为相似。其实双方代表很多都是老相识，如今相聚一堂，各有不同心情。

会议先由南方总代表唐绍仪、北方总代表朱启钤先后致辞，然后，双方代表全体起立，向国旗行礼，欢呼“中华民国万岁！和平统一万岁！”

然后进茶点，与会代表彼此问候，闲聊一番，第一天会议议程就算结束。

第二天，正式开会。南方代表唐绍仪首先提出陕西问题，要求撤换违反停战约定、破坏和平的陕西督军陈树藩。

原来，南方国民党人于右任受孙中山的指派，到陕西境内联络国民党人。各路民军推举于右任为陕西靖国军总司令，张钫为副司令，总部设在三原。

陈树藩是段祺瑞的得力干将，坚决不让国民党人在他的地盘上活动，多次出兵攻打于右任的靖国军。靖国军当然不甘退让，双方在陕西展开了拉锯战。

徐世昌发布停战令以后，陈树藩仗着段祺瑞为靠山，根本就不把中央的命令当回事，仍然我行我素，照样不停地出兵攻打靖国军。

当时，陕西境内的北军与靖国军，双方兵力约有20万人，陕西全省成为一座遍地皆兵的大军营，陕西人民所受的战争灾难，不在湖南人民之下。

上海和会之前，南、北政府都已下达停战令，约束双方军队各守原防，一切问题留待和会处理。段祺瑞却玩起了花招，提出所谓南、北军占领区维持战争发动前的状态，这就是说，陕、闽、鄂三个地区内的南军都是在战争发动后产生的，这些地区都应退还给北方。但北军在战争发动后所侵战的湖南等地，他就不肯计算在内，他还提出所谓的“剿匪”问题，诬称陕、闽、鄂三省南军为土匪，而“剿匪”不是打击南军，不应划在停战区之内。这都是段祺瑞找出的歪理，目的就是一个——战争还要继续打下去。

对于南方总代表唐绍仪提出的问题，北方总代表朱启钤表示立即转告中央，如果不能停战，北方代表愿意全体辞职以谢国人。

此外，北京政府准备发行短期公债4000万元，南方代表怀疑北京政府利用和谈为缓兵之计，一面筹措军费，准备继续用兵，因此提出参战借款、取消参战军和宣布中、日密约等问题。

朱启钤承认将向中央政府请示解决这些问题。

由于朱启钤对南方代表采取了迁就的态度，北方代表中的安福系分子表示不满，认为朱启钤的意见不能代表全体。这是安福系暗中阻挠南、北和议的第一步。

为了配合上海和会的进行，西方外交团向北京政府提出质问：“对德战争已停，中国仍然在招募参战军，是否用以对内作战？”

北京政府作了否定回答之后。徐世昌便利用外交团的压力，劝段祺瑞将参战军移交给陆军部，遭到段祺瑞的拒绝。

第二天，上海方面接到北京政府的复电，说已经派张瑞玑赴陕西监视，责令陈树藩立即停战。

于是，唐绍仪、朱启钤两位总代表商议，决定用和会的名义致电张瑞玑，催促他立即起程赴陕，监督、约束两方军队。电报发出后，双方约定等陕西方面停战之后，再继续开会。

两天之后，重启和谈，唐绍仪出示陕西方面于右任发来的电报，声称陈树藩的部下刘世珑仍然在率领部队攻打于右任的靖国军，违背了和议的宗旨，北方应当承担责任。

朱启钤只得再次电请中央，督促陕西的陈树藩立即停战。

两天之后，唐绍仪、朱启钤再次开会，唐绍仪再次出示陕西方面发来的电报，要求北京政府解决这个问题。

朱启钤无言以对，只得表示，如果政府不速停战，他将辞去北方谈判总代表。

2月28日，南方总代表唐绍仪在和谈的谈话会上向北方摊牌，提出了三点质问：(1)为什么陕西战争不但没有停止，反而北军还大举向靖国军进攻？(2)为什么参战军不取消，反而大加扩充？(3)中、日军事协定尚有附件没有看到，北京政府不但无意废止这个协定，竟反而延长了这个协定的有效期？要求北京政府的48小时内作出答复。

同一天，南方代表将上述事件向外交团作了通报。

3月2日，北方代表没有接到北京政府的答复，无法向南方代表团交代，议和不能继续下去，只好向北京政府提出总辞职。

上海和会正式宣布停会。

南方代表在停会后通电全国，指出："陕西停战与参战军停募两事，证明北京政府一面言和，一面主战，此非谋和无诚意，即其威信不行，有一于此，和必无幸。"

另一电报又说："北京政府正发行八年公债4000万，向银行抵借，以2000万为各省军费，1000万归参战军，1000万为安福俱乐部经费。此案未经国会通过，不能承认。"

上海和会本来是在西方国家的压力下召开的。当和会遇到困难的时候，美、英两国曾联合法国向北京政府施加压力，表示中国已经无战可参，参战军不应继续存在；并且暗示，如果中国政府不自动裁军，可由国际监督。

段祺瑞大为恐慌，悄悄取消了参战军的名义而改称国防军。其实，全国的正规军都是国防军。在陆军之外再有国防军，这种做法是不能自圆其说的。

西方三国还根据以前外交团的共同决议：中国没有实现统一以前，各国不得提供借款约定，压迫日本停付参战借款，停止向中国供应军火。

日本公使小幡被迫发表声明，参战借款2000万元，除已支付300万元外，剩余部分停止支付，同时停止对中国的军火供给。

江苏督军李纯得知和议中止后非常气愤，特地拟定了五条办法，电呈中央征求意见。

徐世昌不是不想和议，而是受人牵制难以自言而已，见了李纯的电请，自然照准。李纯又电达广东军政府，征得同意后，通告全国：

惟以中央颁布停战罢兵令，广东军府亦通令停战罢兵，各省虽皆奉行，而陕、闽、鄂西等处，尚有纠葛。经多次之协商，定简捷之办法：

1. 陕、闽、鄂西双方，一律严令实行停战。
2. 援闽援陕军队，即停止前进，担任后方剿匪任务，嗣后不再增援。
3. 闽省、鄂西、陕南，由双方将领，直接商定停战区域办法，签字后各呈报备案。
4. 陕西省内部由双方总代表公推德望夙著人员，前往监视区分。
5. 划定区域，各担任剿匪卫民，毋相侵越，反是者国人共弃之。

李纯的通电发表后，给上海和会的复活留下了一线希望。

三、巴黎和会的无耻决定

巴黎和会

1918年10月，第一次世界大战，协约国获胜，准备在巴黎召开和会。

中国曾对德宣战，虽然不曾出兵参战，仍然获得了这份光荣。从11月28日到30日，北京举行庆祝协约国战胜大会。徐世昌大总统亲自到太和殿前行阅兵礼。凡是在北京的所有部队，都排成队伍，全副武装，列队站立，听候总统训令。徐世昌带着国务总理、陆军部长等人，依次序站在殿前台阶上检阅军队。

三天庆祝活动之后，各协约国将要派代表参加议和大会，会议地点选在巴黎凡尔赛宫，时间为1919年1月18日。

中国是参加协约国一方，理所当然地成为战胜国。北京政府选派陆征祥、顾维钧、施肇基、魏宸组、王正廷5人为中国代表，组成一个52人的代表团，其中专家17人，外籍顾问5人。

5名代表中，只有陆征祥是1915年签订中、日密约的经手人，其他代表多为新兴外交家。巴黎和会只规定中国代表2人，所以，陆征祥和顾维钧是正代表，其他3人为副代表。

在此之前，南方国会曾推举孙中山、伍廷芳为专使参加这次会议，因孙中山不愿担任，而南方军政府为了表示对外一致，也就放弃了另派代表的主张。

巴黎和会召开之前，日本政府通过外交手段大肆活动，指责中国参战不力，没有资格参加巴黎和会。这和西方帝国主义国家，尤其是美国要与日本争夺中国的企图发生矛盾，更重要的是中国人民舆论激昂，使帝国主义者不能不有所顾虑。因此，日本的阻挠没有成功，中国仍然派代表出席会议。

早在第一次世界大战快要结束的时候，美国总统威尔逊曾在美国国会中宣布了“保障人权”的14项原则。这个原则受到世界弱小民族的热烈欢迎。

中国某些天真的人们竟然幻想把几十年来帝国主义列强强加于中国的不平等条件，特别是日本以军事恫吓手段强迫中国签订的条约，在美国大力支持下宣告废止。

当时中国代表团曾拟邀请两个美国人为代表团顾问，美国政府不同意。同时，日本政府推荐久在中国担任顾问的日本人有贺长雄为中国代表团顾问，中国代表团也没有同意。

巴黎和会的决策机构是最高会议，类似今天联合国大会中的安全理事会。

这个最高会议设一个议长，由法国内阁总理克里孟梭兼任。

议员由五个大国的领导人组成：美国总统威尔逊、国务卿蓝辛；英国首相劳合乔治、外相贝尔福；法国总理克里孟梭、外长毕勋；意国首相奥兰多、外相沙尼诺；日本西园侯爵和牧野男爵，称为“十人会”。会议上的所有问题，由“十人会”作出初步决定，然后提请大会表决。

中国留欧学生组织团体，推派代表敦促中国代表利用巴黎和会取消中、日廿一条约。

中国代表接纳留欧同学的建议，向巴黎和会最高会议递送陈述书，请求和会取消1915年5月25日中日协约及换文。

从巴黎和会组织可以看出，和会的实权完全操纵在法、美、英、意、日五国手中，这五国后来被称为五强。所谓巴黎和会的代表大会，不过是开幕闭幕的点缀，整个和会大权完全在五大国的最高会议。

五大国中的法、英、意、日四国为着自己利益，无视正义和人道，威尔逊的主张就有些曲高和寡之苦。

巴黎和会有一个很奇怪的现象，就是最高会议开会地点，既不是凡尔赛宫，也不是巴黎外交部，而是在法国总理克里蒙梭私邸，或美国总统威尔逊、英国首相劳合乔治的巴黎临时官邸。实际上是五巨头或三巨头私底下商议作出决定。这是典型的大国强权政治，既不公平，也不合理。因此从和会开幕的那一刻开始，就是五大强国在和平正直的伪装下所进行的一次国际强盗的分赃会议，对世界和平，不能作出任何有效的、公正的决定。

日本的无理要求

1919年1月27日上午，五大国“十人会”讨论德国殖民地的分配问题。

德国所属殖民地当然包括中国的青岛。美国总统威尔逊提议把所有德属殖民地与东土耳其占领地一律归国际共同管理，但法、英、义、日四国反对，经过一个星期的折中讨论，最后决定用委任统治制，由国际联盟组织按各殖民地文化程度及统治时间的长短，并按各殖民地的需要，委任适当国家代为统治。这等于是五强瓜分属于德国的殖民地。

在这些问题中，中国的青岛怎么处理，需要讨论。因为青岛是德国向中国租借地，严格说来，并非德国的真正属地，所以，27日五强最高会议讨论青岛问题时，法国外交部通知中国代表团出席，中国由顾维钧、王正廷出席。

日本代表牧野蓄谋已久，向大会提交了一份要求书，提出日本继承德国在山东的权利。

会上，日本代表牧野提出日本政府要求书，声称德国无条件将胶州湾的一切权益让与日本，这些权益包括：

（1）德为将胶州各项权利、所有权、特别权利，与因1898年3月6日与中国立约的其他关于山东条约而得的铁路、矿产、海底电线，让与日本。

（2）属于青岛至济南铁路的德国各项权利，连同器用、矿权、开掘权，一并让与日本。

（3）自青岛至沪及烟台的海底电线，也让与日本，免去相应补偿。

（4）胶州德国国有的一切动产与不动产，也归日本所有，免去相应补偿。

胶州是中国的胶州，青岛是中国的青岛。光绪二十三年（1897年）年十一月，德国以山东巨野教案为借口，侵占了胶州湾。清政府无力拒绝，将胶州租与德国，租期99年。从此以后，德国人在胶州竭力经营。欧洲战争爆发后，中国宣告中立，当时，日本不顾公法，破坏中国中立章程，竟然出兵攻占了胶州，将德国在胶州的路权全部占为已有。中国政府虽然一再抗议，均告无效。后来，袁世凯热心帝制，请求得到日本的支持，日本人趁机提出《二十一条》，包括胶州全境在内。袁世凯为了能得到日本的支持，竟然与日本政府签订丧权辱国的《二十一条》卖国条约。但条约中有一条规定：“交还胶州湾，待战后解决”。如今战争已结束，各协约国为公道组织和平大会，将德国租占地归还给中国，才算是公正无私。日本人为何仍然对胶州虎视眈眈，视为囊中之物呢？现在说出“让与”二字，不但有违公理，而且还是自食其言。美、法、英、意几国竟然作壁上观，不说一句公道话。

中国代表在参加会议之前，没有对青岛问题做出预案。陆征祥、王正延两人突然听到日本人提出的要求，既愤怒，又狼狈，顾维钧当即声明：青岛问题对中国关系重大，希望会议给中国代表团一点时间，以便提出具体的意见再行讨论。会议同意中国代表于次日提出详细意见，再行交付讨论。

中国代表团连夜开会，商议如何应对日本人的无理要求。

北京政府包括段祺瑞等重要人物，对解决山东问题并不在意，以为日本一再声明交还中国，谅不至食言。因此，中国代表团赴巴黎的时候，只准备了涉及废除治外法权，撤走外国军队，关税自主等问题，对山东问题甚至连提都没有提过。直到日本代表提出领有德国在山东一切权力的要求，中国代表团才意识到问题的严重性。经过讨论，代表们议决两条意见：一是表明中方态度，要求将德国在山东的一切权力交还中国；二是鉴于中、日间订有济顺、高徐铁路借款合同以及山东问题换文中有中、日合力胶济铁路的约定，因此提议政府"将此合同提交议会，与议员接洽，令勿通过，以民意为政府后盾"。

28日继续召开会议。"十人会"听起了中国代表顾维钧关于山东问题的发言。顾维钧根据日本以最后通牒威胁中国接受"二十一条"的事实据理力争，并称"后来中国对德宣战，中德条约宣告废止，情况已有变更，日本根据中德条约，继承德国在山东的权利，当然不能认为有效。青岛、胶州租借地、胶济铁路及其附属财产，都应交还中国。"

牧野对顾维钧的发言不以为然，他说："日本占领胶州湾后，迄至今日，事实上已为领属；然而中、日两国间，已有交换胶州湾交还之约，并关于铁路也有成约，此等公文，对于四国间，亦认为有注意价值。"

美国总统威尔逊听说中、日在山东问题上订有密约，知道这中间有不可告人的秘密，立即向牧野提问："既然中、日双方就山东问题订有密约，能否将原约提交会议看看？"

威尔逊要求公布中、日密约，有他的目的，因为在巴黎和会召开之前，他在美国国会发表了"保障人权"的14项原则，其中第一条就是不得私订密约，即"凡外交事项，均须开戾公布执行之，不得秘密从事。"

牧野见威尔逊要求提供中、日密约，有些为难地说：“我个人不反对公开密约，但必须请示我国政府后，才能提交。”

顾维钧敏锐地觉察到，牧野的犹豫，引起了威尔逊等人的不满，不失时机地说：“中国政府愿意提交这些文件。”

“好！”大会主席克雷孟梭说，“中、日两国必须提交归还青岛的有关证据。”

顾维钧和牧野心里都很明白，中、日密约一旦提交给巴黎和会，结果有两个：一是密约经大会决议无效，德国在山东的权利交还中国或交由国际共管；二是密约得到认可，德国在山东的权利由日本领有，然后再按密约由日本交还中国。

牧野自然不希望第一种结果出现，于是回答必须向本国政府请示。

顾维钧知道，要避免第二种结果的出现，必须从根本上否定密约的合法性，于是立即表示，中国愿意公开密约。

这一天，中、日两国代表的辩论，主要在于“自愿”与“被迫”的分歧。显而易见，世界上任何一个国家，绝对没有在没有外在压力的情况下将国土拱手送人的道理。所以，中国代表的论点在国际上引起了广泛同情，日本代表的强词夺理受到普遍谴责。

弱国无外交

日本侵占山东权利的计划在巴黎和会上受阻后，恼羞成怒，转而向北京政府施加压力。

2月2日，日本驻华公使小幡奉命向北京政府提出书面抗议：中国代表事先没有与日本代表接洽，竟向新闻记者透露，可随时将中、日密约公之于世，这是漠视日本的行为，也违反了外交惯例。同时，小幡还口头警告外交部副部长陈箓：山东问题必须由中、日两国直接交涉，不得在巴黎和会上提出来。

山东问题是日本代表牧野先提出来的，目的是想在巴黎和会上合法地接收德国在山东的权益，受阻后却又警告中国不得在和会上提出这个问题，这是典型的强盗行为。

陈箓对日本这种蛮横干涉中国内政的行为不但不进行抗争，反而还低声下气地乞求日本人谅解，并表示电令中国代表，不得采用过激的言论。

小幡见外交讹诈产生了效果，进一步恫吓说，日本陆军存兵百万，海军战舰如林，正无用武之地。中、日是毗连友邦，那些远隔重洋的国家，想要过问我们之间的事情，他们够得着吗？

陈箓除了赔不是，无话可说。小幡见目的已经达到，扬长而去，临走时警告陈箓，他们俩谈话的内容必须保密。

小幡的警告似乎没有起到作用，他向北京政府提出抗议并施以恫吓的消息，首先被美国人所办的《华北明星报》如实揭露。

英国人所办的《英文导报》也公开要求日本政府撤换小幡这个不懂礼貌的公使。

美国公使馆也发布消息，声明他们遵守威尔逊总统的14项原则，决定支持中国，鼓励中国政府不要气馁。

全中国人民看到报上的消息，一片哗然，一致痛斥日本在和会进行之际，横蛮无理地干涉中国代表的发言，中国人民断然不会答应。同时还对中国政府的庸懦软弱表示极为不满。

在巴黎参加和会的中国代表团也致电总统府和国务院，郑重告诫说：

日本在会相形见绌，因而向我国内设法恫吓……此事关系我国存亡，千钧一发，如在会稍有退让，则爱我者必将鄙我，即使幸安数月，恐不可思议之问题不久即将发生。务请持以决心，是所祈祷。

美国驻华公使芮恩斯、英国驻华公使朱尔典还亲自到中国外交部，质问日本抗议的内容，并对北京政府屈从于日本淫威，不敢全力支持中国代表团的怯懦行为表示不满。

在各方面的严重指责下，小幡不免有些心虚，只得发表谈话，闪烁其词地否认接到日本政府的训令，交谈内容由他个人负责。接下来，他又埋怨陈箓不应泄露谈话内容，因为当天并没有其他人在场，如果不是陈箓有意泄露，外面不会知道这些事情。

北京政府在四面八方压力下，不得不公布了这次谈话的内容，可是公布内容掩盖了事实的真相，否认日本曾作恫吓。这种“掩耳盗铃”的做法，骗不了任何人，全中国人民对北京政府的态度表示愤慨，美、英、法三国也谴责北京政府对日本外交的庸懦无能。

外交部在小幡提出抗议后，曾电令中国代表不可发表中、日密约，后受到国内外压力，又补发一个电令，指示中国代表，对于密约发表与否？何时发表？可以斟酌客观情势就近决定。

2月12日，中国代表在和会上公布了中、日密约。

日本在巴黎和会上干涉中国代表发言，不是一件突发的偶然事件。段祺瑞为内阁总理时，中、日两国之间的交涉，中国总是百依百顺，甚至参与交涉的人员也由日本人指定，中国答复日本的文件，由日本代拟。在国际事务上，日本视中国为他们的保护国，一切有关中国的问题，都必须有日本参加，取得日本同意后才能认为有效，西方国家也默认了这种关系。

第一次世界大战结束后，国际形势发生了变化，中国对日本这种露骨的侵略已到了忍无可忍的地步，在巴黎和会上据理力争，完全出乎日本的意料之外。

接下来，巴黎和会转入低潮，原因是美国总统威尔逊返美，法国的老虎总理克里孟梭又遇刺，最高会议暂告停顿。

两巨头突然缺席，各国又忙于起草对德和约，关于中国山东问题，也暂告一段落。

4月16日，五国会议重新讨论山东问题。威尔逊提出一个折中方案，把德国在山东的权利先交和会接管，待中国将山东重要地区辟为商埠后交还中国。

日本代表牧野表示反对，英、法、意三国代表也不支持美国的建议。

21日，牧野单独拜见威尔逊，坚持日本应继承德国在山东的权利。

威尔逊提出折中建议，拟将德国在太平洋区域的利益交与协约国及参战国“公平分配”，同时各国放弃在华的势力范围。

牧野认为，如果各国愿意放弃在华的势力，日本也可放弃，但山东问题必须按照日本的意图处理。

威尔逊在“四人会”上报告了与日本代表接触的经过，劳合乔治建议把德国在山东的租借地让与国联，由国联以委任统治地的方式接收管理。

第二天上午，“四人会”继续召开，意大利代表因为争夺阜姆问题没有达到目的，愤然退出会议，“四人会”成了“三人会”，西方帝国主义阵线出现了裂痕。

日本代表乘机强硬起来，坚决反对将山东交由国联代管，并声称奉本国政府训令，如果山东问题不能得到圆满解决，日本将不在对德和约上签字，必要时日本将退出会议。

日本的乘机敲诈，是非常厉害的一招，大家怕日本代表也步意大利后尘退出和会，则和会等于瓦解，对战后国际合作损害极大，这种情势下，形势急转直下，向不利于中国的方向发展。

22日下午，美、英、法三巨头继续最高会议，主题是讨论山东问题，中国代表陆征祥、顾维钧被邀列席，他们已预感到情况有些不妙。

美国总统威尔逊就中国的要求以及和日本的争执，作了一个结论性的发言，他说：“我们参加世界战争，主要目的就要维持条约的神圣，中、日两国既有1915年5月25日的中、日协定于前，又有1918年9月24日换文于后，英法等国与日本所订的条约又有维持日本继承德国在山东的权利义务。在这种情形下，山东问题没有变更的余地！”

“事实不是这样！”顾维钧当即反驳说，“1915年的中、日条约，中国政府是在日本提出最后通牒后被迫接受的不平等条约；至于1918年的续约换文，是以1915年的不平等条约为根据的。”

“顾代表的话并不全符事实，1915年中、日之间的问题，中国可以说是受压迫。”威尔逊说，“但是1918年9月间协约国已经处于绝对优势，日本当时绝不能再以武力恫吓中国，为什么中国在换文上却有‘欣然同意’的字样呢？”

英国首相劳合乔治接着说：“英国和日本签订密约时，地中海以东地区的局势异常紧张，英国这时不能不依靠日本的协助，所以才签了这个密约。”劳合乔治轻轻咳了一声，颇有歉意地说，“现在想起来，当时付给日本的代价太高了，不过条约已经签署，也得遵守！”

劳合乔治的话有两点意思，一是和中国一样，英国和日本签署有关山东问题的密约是被迫的；二是英国认为纵然是被迫，为了条约是神圣的，也只有信守。

顾维钧立即反问说："首相大人既然也承认1918的条约受到胁迫，为何还要遵守这种不平等的条约呢？"

威尔逊神色不安地说："美国和欧洲国家并非不愿意主持公道，无奈受了以前各项条约的拘束，因此对中国的处境帮不上忙。好在国际联盟就要成立，将来如再有强加于中国的不平等条约，国联会员自有援助中国的义务。"

"我们要的是现在。"顾维钧说，"如果会议就这样定了，全中国人民是不会答应的。"

"我可以明告中国！"劳合乔治也说，"世界各国对于中国都抱有好感，目前因受到条约的拘束，无能为力。如果日本对中国的目的范围超过了以前德国在山东的权利，英国即无支持日本的义务。如果日本今后再欺侮中国，我愿向阁下保证，英国一定给中国以支持！"

三巨头会议的主席法国总理克里孟梭也表示态度，大致和劳合乔治的一样。

中国代表虽然苦苦相争，但在"条约神圣"的幌子了，黯然失败，退出会场。

29日，国际三"巨头"作出最后决定，同意将德国在山东及胶州湾的所有权利让与日本，然后由日本自动交还给中国，但在交还后，日本仍然享受以前所有的经济权利。这就是说，西方三国在"道义上"认为日本必须将山东交还给中国，至于是否交还，什么时候交还，由中、日两国协商解决。

这个决定事前并没有征得中国代表的同意，不让中国代表有发言的机会，甚至连会议记录也不让中国代表过目。

中国被列为战胜国，在巴黎和会上，竟然像战败国一样，成为任人宰割的俎上鱼肉。

三"巨头"对山东问题作出的可耻决定，是对巴黎和会所标榜的"公理"、"正义"的极大讽刺，是威尔逊"14项原则"的彻底破产。他们自知理亏，不得不做出伪善的姿态，对中国表示歉意，但却又坚持所谓"条约神圣"，一切问题必须依约办理。其实，中、日条约是中国在日本威胁下的城下之盟；日本与英、法等国私订密约，出卖中国利益，中国却被蒙在鼓里。

中国人民在残酷的事实面前，开始从“公理战胜强权”的神话中清醒过来，对巴黎和会的极度失望，对卖国政府极为不满，对经手签订中、日密约的曹汝霖、章宗祥、陆宗舆愤怒已极，一场规模空前、并在中国近代史上具有划时代意义的爱国运动——“五四运动”爆发了。

四、“五四”爱国运动

“五四运动”

中国人民停止内战和反对卖国外交的两个愿望，在上海和会上成为一场春梦。关于取消参战军、废止中、日军事协定等问题，成为上海和会破裂的主要因素。皖系控制的北京政府与全国人民的利益和愿望，已经到了势不两立的地步。

巴黎和会上，帝国主义列强专横霸道，抹杀公理的面貌，在中国人民面前暴露无遗。中国作为战胜国之一，在巴黎和会上却像战败国一样任人宰割。当中国人民陷入极大失望和极端痛苦的时候，人人要求打破现状，寻找生路，这是狂风暴雨到来前的征兆。

在中国人民长期以来为求生存而斗争的历史长河中，进步青年知识分子经常站在斗争的最前列，起到先锋和桥梁的作用。现在，中华民族又到了生死存亡的紧要关头，又是这些人站出来，为中华民族的独立和尊严而呐喊。

4月11日，中国驻日公使应召章宗祥回国，带着妻子陈氏在东京中央车站正要登车起程，突然被十多名中国留学生围住了，这些留学生手持“卖国贼”的旗帜，冲着章宗祥大叫：“章宗祥，你当中国驻日公使，订立了多少卖国密约？经手向日本人借了多少款？”

“谁说我卖国？”章宗祥语无伦次地说，“岂有此理。”

“章宗祥！”一位学生指着章宗祥的鼻子大骂：“你既然卖国，何不把老婆也给卖了！”

章宗祥面红耳赤，无言以对。幸亏日本警察前来解围，才将章宗祥夫妻送进车里。

章宗祥的妻子陈氏满眼泪水，只因车中乘客很多，没有发作。车到神户后改走水道。夫妻俩进了轮船的小包舱，与外面隔开之后，才将满腔的郁愤发泄出来。

章宗祥任她吵闹，铁青着脸，一言不发。

陈氏边哭边骂道：“我是一个清白女子，不幸嫁给了你，才受到这种污辱。”

“别人同我闹也就够了，你是我老婆，也要跟着胡闹吗？”章宗祥终于发火了。

“你究竟有没有卖国？”

“这是你问的事情吗？”章宗祥怒吼道，“即使我卖国，得到的好处，你不是也享受了吗？”

随后，留日学生发表了一篇声讨曹汝霖、陆宗舆、章宗祥、徐树铮等卖国贼的电文。电文激起了全国人民的公愤。

4月下旬，北京和天津街头出现了欧美归国留学生所组织的“社会服务团”，公开要求“废除军阀”、“打破列强势力范围”、“实行言论自由”等救国宣传活动。

这些都还只是“大风起于萍末”的迹象，因为中国学生的主力在北京大学。这个最高学府早已成为爱国运动的大本营。

北京的大学生纷纷集议，发动救国运动，反对卖国贼，保全青岛领土。

自袁世凯接受日本“二十一条”以后，每年5月7日，北京各界都要举行国耻纪念，这一年也预定在天安门举行大示威。中国在巴黎和会失败后，学生们已迫不及待了。

5月3日下午7时，北京大学的学生借北大法科礼堂召集全校学生开会，会中群情激动，当场议决：（1）联合全国各界力争拒斥巴黎和会的决定；（2）致电巴黎的中国代表团，坚持不在和约上签字；（3）通电全国各界，于5月7日国耻纪念举行游行大示威；（4）决定在第二天齐集天安门，举行学界大示威。

会场中发言的学生，有的痛哭失声，有的慷慨激昂，最震撼的是法科学生谢绍敏在讲台上咬破手指，扯碎衣襟，用手指上的鲜血写成“还我青岛”四个大血字，鲜血映在白色的衣襟上，赫然夺目。台上台下一片掌声，高呼万岁，悲壮激昂，令人感奋。

5月4日清晨，北京大学、法政专门学校、高等师范学校、中国大学、朝阳大学、工业专门学校、警官学校、农业学校、汇文大学、铁路管理大学、医学专门学校、税务学校、民国大学等校代表齐集法政专门学校的大礼堂。当场议定集会办法，如何演说，如何散布旗帜，如何向外国使馆请愿，如何在曹汝霖官邸示威，并赶制数十面小白旗，上面分别书写：

取消廿一条

誓死力争

保卫主权

勿作五分钟爱国心

争回青岛方罢休

宁为玉碎，勿为瓦全

头可断，青岛不可失

还我青岛

5月4日下午2时，北京各大学的学生从四面八方奔赴天安门，天安门桥南已竖起了一面大白旗，上书对联：

卖国求荣，本知曹瞒遗种碑无字；

倾心媚外，不期章惇余孽死有头。

末行写：

北京学界挽卖国贼曹汝霖、章宗祥千古。

北京政府得知学生集会，立即派出步军统领李长泰赶到天安门，劝学生们解散，学生置之不理。

2时30分，学生们高呼着“打倒卖国贼”的口号，由天安门出发，一路游行，一路散发传单，浩浩荡荡地朝东交民巷方向前进。

5月4日是星期天，东交民巷的各国使馆休假，学生们拥入东交民巷扑了一个空。游行队伍首先到美国公使馆，推出罗家伦等四位代表进谒美国公使，美国使馆没有办事的人，代表们只得留下抗议书，其他各国使馆也无人办公，也只好留下抗议书。游行队伍本想通过东交民巷，被中外军警阻止。为了避免流血事件，改道由东向北，穿过长安街及崇文门大街，径赴东城赵家楼。

痛打卖国贼

卖国贼曹汝霖的家在东城赵家楼，游行队伍转道东城赵家楼，是冲曹汝霖去的。

“打倒卖国贼！”

“曹汝霖快出来！”

游行队伍口号喊得山响，人如潮流般涌向曹宅。

曹家大门紧闭，门外有大批警察守卫。学生们见曹汝霖早有防备，更是愤怒，高喊：“找不到曹汝霖，誓不罢休。”

大家喊着口号，冲向曹宅，有人破窗而入，有的砸门而进，警察慑于群众的巨大声势，不敢强行拦阻，只得退缩一旁。

学生们在曹家内外找了个遍，不见曹汝霖的人影，曹汝霖到底到哪里去了呢？

原来，章宗祥归国述职，他的妻子在离开日本时受到学生们的侮辱，抵达天津后，死活也不肯到北京来。章宗祥只得只身进京，寄住在总布胡同一个朋友的家里。5月4日，应故人董康之约，参加了一个赏花会，中午在董家吃了午餐。

下午，因日本记者中江丑吉要访问曹汝霖，章宗祥和参战督办处的军法处长丁士源，同中江丑吉都很熟，相约在曹家相聚。

学生们高呼着口号向曹家走来的时候，曹汝霖正在家里与章宗祥等人密谈，听到山呼海啸般的喊声，知道形势不妙，急忙叫人将大门关好。

章宗祥以为学生的目标是曹汝霖，很镇静地劝曹汝霖暂时回避。

曹汝霖带着家人，想从后门逃走，见后门也有学生，只得选一堵矮墙翻墙而逃。无奈平时缺少运动，更不善于翻墙，刚刚翻上墙头，便从墙上跌下去，摔伤了脚，动弹不得。幸好家人将他搀扶起来，一瘸一拐地走了十几步，雇了一辆骡车，奔六国饭店去了，后移居日本同仁医院。

学生们冲进曹家，找不到曹汝霖，愤怒之下，将曹家砸得稀巴烂，花园里停着的两辆汽车，也被砸毁了。

章宗祥和几个日本人见如此气势，吓得坐在内厅，不敢出声。

突然，不知谁大叫："这不是卖国贼章宗祥吗？"

"你就是章宗祥？"有人指着章宗祥，怒气冲冲地问了一句。

"在下就是章宗祥。"章宗祥胆怯地说，"你们想怎么样？"

"狗日的章宗祥，卖国贼。"有人大喊一声，"打死他！"

学生们找不到曹汝霖，意外遇上章宗祥，顿时将满腔怒气撒到他身上，将他围在中间拳打脚踢，章宗祥被打得头破血流。

丁士源见情况不妙，悄悄溜走了。

正在这时，日本记者中江丑吉到了曹家，见章宗祥遭人痛打，立即上前用身体拼力救护章宗祥。

学生们怕惹起外交纠纷，不打日本人，只打卖国贼，但也没有要把章宗祥打死的意思，这才使得中江丑吉能在人群中将章宗祥救走。

章宗祥在中江丑吉掩护下，踉踉跄跄地逃出曹家，找到一辆骡车，前往日华医院。

愤怒的学生找不到曹汝霖，退出了曹家，临走时，放火烧了曹家。

这次学生暴动，目的很明确，只打卖国贼，对救护章宗祥的日本记者中江丑吉，并没有怎么样，同时，对于夺路而逃的曹汝霖的家人，也没有阻拦。

曹宅起火后，步军统领李长泰率领大批军队赶到，警察总监吴炳湘也召来大批警察，驱散了学生，同时逮捕了易克嶷、曹允、许德珩等32位学生。

据说章宗祥住进医院后，又气又痛，又愧又悔，自认为哑巴吃黄连，有苦说不出。先是从日本回国的时候，受到留学生的揶揄，又遭到妻子的吵闹，抵达天津后，妻子死活不肯到北京来，到北京后无端又被人痛打一顿。他当然知道学生们为何骂他卖国贼，当友人前来探望的时候，他委屈地对人说："中国近年累借外债，也不是我章某一个人经手的啊！借债是总统、总理的主张，我不过是代办而已，怎么能说我是卖国贼呢？真是太冤枉了。我出力借债是为了拥护段合肥的武力统一政策，谁知带兵的将军领了军饷归入私囊，今日要开拔费，明日要特别费，外债借了就光，国家依旧分裂。如果要追究责任，真正祸国的是这些武人。可是这班年轻学生，不能深入看问题，凭血气之勇，加罪于我，我姓章的无兵无勇，太好欺负了，实在令人痛心！"

这次学生暴动，吓得北京政府当权人物心惊肉跳。在此之前，山东问题在巴黎和会上失败，北京政府在亲日派的把持下，已经电令中国代表团在和约上签字。现在，他们慑于全国人民的威力，害怕拳头打到自己身上，火烧到自家屋里，不得不电令中国代表团，暂缓在和约上签字。这是"五四"学生运动取得的第一个胜利。

第二天，教育部责令各学校，严格约束自己的学生，发现有闹事的学生，予以开除。

各大专院校学生则全体罢课，要求释放被捕的同学。各大专学校的校长在北大举行联席会议，随即派代表到总统府、国务院、教育部，要求释放被捕的学生，如果认为爱国有罪，14校全体教职员工情愿以罢职以明责任。可总统、总理、部长全都避而不见。

总理钱能训连续两天召开紧急会议，有人建议解散北大。教育部长傅培湘拒绝在这个命令上签字，于是有人提出罢免北大校长蔡元培，傅培湘同样坚决反对。

“这也不行，那也不行，难道蔡元培死了，北大就要停办吗？”钱能训恼怒地吼叫。

如何处理这次空前的学潮，北京政府内部意见并不一致：徐世昌一派主张采取缓和手段，段祺瑞一派则主张采取严厉手段。徐世昌发布大总统命令说：

北京大学等校学生纠众集会，纵火伤人一事，事情刚发生时，政府曾传令京师警察厅调派警队妥为防护，但未能即时制止，以致酿成纵火伤人情事。后经警察总监吴炳湘亲往指挥，才将集会解散。该总监事前调度失宜，殊属疏误，所派出警察人员防范无方，有负职守，着即由该总监查明职名，呈候惩戒。首都重地，中外具瞻，秩序安宁，至关重要。该总监职责所在，务当督率所属，切实防弭，以保公安，若再有借名纠众，扰乱秩序，不服弹压者，着即依法逮捕惩办。

命令既不为曹汝霖、章宗祥申冤，也没有责备学生，只训斥了警察总监吴炳湘，而且还要追究警察的责任。

吴炳湘不肯背这个黑锅，他说学生滋扰，警察拦阻不住，责任在学生，不在警察，申请内务部转告总统，严办的应该是学生，而不是训斥警察。

曹汝霖、章宗祥等一派也替他们二人鸣冤，请政府依法惩办学生。

徐世昌被逼无奈，只得再下一道命令：

……在校各生正处于青年，质性未定，自当专心学业，怎么能干涉政治，扰及公安？所有当场逮捕滋事之人，即由该厅送交法庭，应即由法庭依法办理。……

命令颁发之后，学界不肯就此罢休，又起风潮。

北京大学校长蔡元培亲自前往警察厅保释学生，遭到总监吴炳湘的拒绝。后来，蔡元培又多次到警察厅，吴炳湘都避而不见。

蔡元培迫于无奈，提出辞职，悄然离开北京。

教育部长傅增湘也因同情学生运动而被迫提出辞职。北京政府命教育部副部长袁希涛暂时代理部长之职，并准备提名安福系骨干田应横出任教育部长。

蔡元培、傅增湘先后被迫辞职，在北京教育界引起巨大反响。北大学生决定以“停课待罪”的方式挽留自己的校长。同时，北京各大专学校校长宣布全体辞职。

曹汝霖得知蔡元培、傅增湘先后辞职以后，认为他们二人袒护学生，也愤然提出辞职。汇业银行经理陆宗舆，当时是币制局总裁，与曹汝霖、章宗祥一个鼻孔出气，被学生骂为卖国贼，所以，连带辞职。

徐世昌收到他们二人的辞职报告后，派人前去挽留。

曹汝霖还想二次提出辞呈，章宗祥则表示，待伤势好转之后，自己也提出辞呈。

学潮发生后，同情和支持学生的呼声起自全国。北京商会、农会、国民外交协会、山东旅京同乡会、上海和平团体、商业团体以及全国各地支援学生的函电如雪片般飞往北京。

外交委员会委员汪大燮、王宠惠、林长民联名呈请警察厅释放学生。

以上说明：这个运动，并不是单纯的学生运动，而是广大人民群众和社会人士向北京政府展开了卖国与反卖国的两条路的斗争。

北京政府被来自全国各地的巨大声势所吓倒，7日，警察厅用汽车将被捕的学生送回学校。当天，学生罢课也宣告终止。这是学生运动取得的又一胜利。

山东问题在巴黎和会失败，以及“五四运动”的大风暴，使南、北代表有一致对外的需要，于是，上海和会又恢复了正式会议，尽管如此，却没有任何进展。

5月13日，南方总代表唐绍仪提出了八个条件：

(1) 绝对不承认巴黎和会处理山东问题的决议；

(2) 取消中、日一切密约，并严惩缔约有关人员；

(3) 取消参战军或国防军；

(4) 撤换声名狼藉的督军；

(5)和会宣告民国六年(1917年)北京政府解散国会的命令无效;

(6)和会选出全国知名人士组织政务会议,监督执行和会决议,至国会完全行使职权之日止;

(7)和会已决未决之案,分别整理决定。

(8)以上七项如得北方同意,则由和会承认徐世昌为临时大总统,执行总统职权至国会选出正式大总统之日为止。

北方总代表朱启钤要求南方代表先撤回第五条,其余的从长计议。

南方代表认为没有讨价还价的余地。因此和会再度破裂,南、北代表都宣布总辞职,上海和会终告结束。

五、睡狮在觉醒

惩罚卖国贼

学生运动在国内外引起了各种不同反应。西方国家认为这个运动,狠狠地打击了日本,对他们的利,但是同时也促进了中国这头睡狮的觉醒,又觉得事情有些不妙。他们对这个运动保持缄默,但在租界内却又保持干涉态度。

直系军阀利用全国人民反对卖国外交,重重地打击了皖系军阀,特别是吴佩孚伪装同情爱国运动,当时确实有人受到迷惑,错误地把他当做北洋派中站在人民方面的"英雄"。

徐世昌的处境非常尴尬,他既要拉拢直系,又受制于皖系,既不敢得罪人民群众,而自身又与亲日卖国集团有着千丝万缕的联系。因此,他的态度总是摇摆不定。

北京政府释放了学生后,段祺瑞认为这事还没有完,他要求查清为首滋事学生，依法严惩。同时又指责钱内阁应付学潮无力，傅增湘包庇“学阀”（指蔡元培），授意安福会进行倒阁运动。

钱能训虽然近乎无能，但局面复杂又微妙到这种地步，他也实在无能为力，他去见徐世昌，请示该怎么办，徐世昌要他去找段段祺瑞。

5月9日，钱能训去见段祺瑞，表示愿意下台，请段推荐继任人选，段祺瑞内心很想让安福系领袖王揖唐出面组阁，但不便正式提出来。

这时的北京政府，完全是真空状态：外交部长陆征祥在巴黎；交通总长曹汝霖被学生示威吓破了胆，和币制局总裁陆宗舆躲进了东交民巷；傅增湘也提出了辞职；代理外交部长陈箓不敢到部办公，各国公使到外交部探询中国局势，竟然没有人接待。

不久，学潮蔓延成全国性运动，又和政潮混合在一起，北京政府陷入严重的政治危机。

5月19日，北京中等以上学校学生实行总罢课，同时发表宣言，提出拒签对德和约，惩办卖国贼，挽留蔡元培、傅增湘，撤除对学生的警戒等要求。声明这些要求满足以前，决不复课。

北京学生宣布罢课以后，全国各地学生纷纷响应，上海、天津、杭州、南京、苏州、太原等地学生先后卷入罢课风潮。

北京政府被迫答应了学生的部分要求。如发布挽留蔡元培的命令，撤销对田应横的任命，但同时又秉承段祺瑞的意见，公然下令挽留已提出辞职的曹汝霖、陆宗舆，并决定对学生运动大开杀戒。

首先，北京政府任命有“屠夫”之称的王怀庆为步军统领，替换镇压学生运动不力的李长泰。接着又下一道严令：禁止学生集会、游行、演说、散发传单，违者将实行镇压。

6月3日，北京军警出动马队，驱散了上街演讲的学生，并逮捕学生130余人。次日，更多的学生上街演讲，又被警方逮捕了700多人。

警察厅的房子有限，关不下这么多人犯，于是把北大法科、理科改为临时监狱。当局还派大批军警占领北大校园，在周围架设大炮，如临大敌，对过往行人进行严格盘查。

学生们并没有被武装镇压吓倒，6月5日，5000多名学生一路喊着口号，前往北大法科声援被关押的学生。成千上万的市民跟在后面，汇成一股愤怒的人潮。

正当爱国学生与反动军警对峙的时候，北京政府突然命令军警撤出北大，释放所有被捕的学生。赤手空拳的学生们，打了一次漂亮的胜仗。

北京政府为什么突然转变态度呢？原来，上海的工学商界为了声援北京学生运动，举行了声势浩大的学生罢课、工人罢工、商人罢市。北京政府惊慌失措，只得改变方针，撤回军警，释放学生，企图以缓和的手段缓解全国人民的爱国行动。

北京政府疯狂镇压学生运动的暴行，激起了全国人民的极大愤慨。全国各地支援北京学生的呼声越来越大，北京商会、农会、国民外交协会、山东旅京同乡会、上海和平团体、商业团体以及全国各地支援学生的函电如雪片般飞来。全国21省有18个省成立了学联组织。

上海工商学各界为了声援北京学生，掀起了罢工、罢课、罢市的“三罢”斗争。

紧接着，京奉路唐山、京汉路长辛店的铁路工人，长江轮船的码头工人也卷入罢工的浪潮，江苏、浙江两省以及天津、安庆、芜湖、厦门、武汉、九江、济南等城市的商人也纷纷关闭店门，实行罢市。轰轰烈烈的全国性爱国运动，即“六三运动”爆发了。

“六三运动”把“五四运动”推到了一个新的阶段，以往单纯的学生运动，已发展成社会各界广泛参与的全国性的爱国运动，工人阶级这支最具革命彻底性的队伍在运动中崛起，并在中国革命的进程中，成为一支不可替代的重要力量。

全国性爱国运动风起云涌，形成一股不可抵挡之势，一些地方军阀出于平息事态、维持地方治安考虑，向当局提出罢免曹汝霖、章宗祥、陆宗舆的要求。

全中国人民的目标都集中在惩办卖国贼的问题上，如果北京政府不采取行动，就不能避免事态的扩大。但这个问题牵涉到各个方面。首先是段祺瑞不答应，因为曹汝霖、章宗祥、陆宗舆三人都是他的爪牙，而他本人就是卖国的罪魁祸首，如果人民进一步算账，他也跑不了。其次，徐世昌不答应，因为他与这三个卖国贼也有千丝万缕的联系，顺济、高徐两路的卖国借款，就是他当选总统的经济来源，这笔账也会算到他的头上。徐世昌与段祺瑞虽然有争斗，但却是一个窝里的两条疯狗，同属一丘之貉，而不通过段祺瑞这一关，徐世昌也无能为力。

6月8日，目睹了上海"三罢"场景的淞沪护军使卢永祥，心有余悸致电总统徐世昌，说上海罢市已有三天，听说内地如南京、宁波等地也有罢市之说。上海是东南第一商埠，全国的视线都集中在这里，内地的商埠也以上海为风向标。他请求罢免曹汝霖、章宗祥、陆宗舆，以安时局。

更让北京政府吃惊的是，北京总商会在学生、工人的影响下，表示如果不罢免曹汝霖、章宗祥、陆宗舆，北京也将响应罢市。

这对北京政府来说，不啻当头一棒。北京是首都所在地，如果罢市，可能会招致各帝国主义的干涉，这直接影响到政府的统治地位。

北京政府只能在避免政权崩溃与罢免曹汝霖、章宗祥、陆宗舆二者中选择其一。在不得已的情况下，下令批准曹汝霖辞去交通部长，并将这道命令分别传达到北京学联和总商会，阻止学生请愿，阻止商人罢市。

北京政府企图做到这一步为止，但各方面都表示出强烈不满。北京政府只得再下一道命令，批准驻日公使章宗祥、币制局总裁陆宗舆两人辞职。

这期间，有一段政治内幕值得一提。

原来，曹汝霖、陆宗舆两人虽然负气上过辞呈，但并非真心辞职，而章宗祥则从来没有上过辞呈。徐世昌为了避免用"罢免"的形式发表，特地派专人到医院去讨取章宗祥的辞呈，卖国集团便骂徐世昌"卖友求荣"，强迫别人辞职。另一方面，批准辞职与罢免的性质不同，并不符合全国人民"惩办卖国贼"的要求。曹汝霖虽然下台了，北京政府却派安福系分子、交通部副部长曾毓隽主持交通部的工作，全国人民更为不满。

徐世昌的两面手法，反而落得个两面不讨好，内阁总理钱能训于10日宣布辞职。

徐世昌既怕得罪安福系，又担心国民为青岛问题再提要求，因此也提出辞职咨文，送交参众两院，并将咨文一事通电各省。

徐世昌是西方国家的理想工具，如果他下台而段祺瑞上台，就意味着日本势力的增长和西方国家势力的削弱。因此，美、英、法三国公使当天举行会谈，力挺徐世昌。

由于外交关系，安福会只得退回徐世昌的辞职咨文。但在回文中却很不礼貌地说："现行约法，仍然是内阁制，大总统没有必要引咎辞职。且未经内阁盖印，在法律上也不能产生效力！"

徐世昌并不是真心辞职，既然参、众两院不批准，也就不再坚持。

12日，为时七天的上海罢工罢市，因曹汝霖、章宗祥、陆宗舆的下台而结束。

曹汝霖、章宗祥、陆宗舆的下台，是"五四运动"取得的一个巨大胜利。

"五四"爱国运动是胜利了，可付出的代价也不少，因为皖系军阀对学生采取了残忍的镇压。

5月30日，安庆中等以上学校响应罢课，安徽督军倪嗣冲下令将罢课各校一律解散。

6月1日，湖北督军王占元派兵包围武昌高师，下令对游行学生"格杀勿论"，有16名学生被军警殴伤，其中陈开泰一人伤重致死。湖北警务处长崔振魁率领督察长杜杰及大队警察，四出追打演讲学生，武昌中华大学学生李鸿儒愤而投江自杀。

6月7日，南京警察厅长王桂林指挥警察压迫商人开市，与学生发生冲突，金陵大学学生陈昌盛被刺刀戳伤，死而复生。

6月12日上海警察厅长徐国樑亲自动手鞭打学生，这天晚上租界巡捕在山东路爱多亚路口枪击参加爱国游行的市民，死伤多人。

山东福建也都有逮捕学生和枪击代表的事，湖南督军张敬尧则禁止湖南各报登载有关山东案的新闻。

运动并没有结束，各界群众又把目标集中到要求拒签对德和约的问题上。

拒签《凡尔赛和约》

三名卖国贼下台，是人民爱国斗争的一个巨大胜利，此后斗争的目标转移到拒签和约的问题上。原来，北京政府原倾向于在对德和约上签字，害怕不签字中国不能加入国际联盟。

5月24日，就是否签字的问题，国务院曾密电北方各省征求意见，目的是授意各省军阀出面说话，替政府撑腰，然后再命中国代表团签字。各省军阀慑于人民爱国斗争的巨大声势，不敢“代人受过”，谁也没有站出来替北京政府说话。

全国坚决反对在对德和约上签字，并为此掀起声势浩大的要求拒签和约的请愿浪潮。

6月18日，山东各团体派出109人的代表团到北京请愿，提出拒签和约；废除高徐、济顺草约；惩办卖国贼三大要求。

徐世昌拒而不见。代表们冒着倾盆大雨，跪在新华门外，号啕大哭。徐世昌只得派代理内阁总理龚心湛出面接见。

21日，龚心湛接见山东请愿代表，代表们要求政府不要在和约上签字。龚心湛表示这个问题他做不了主。代表们一致要求面见总统，否则决不退出。代表们在新华门外露宿一晚，一直坚持到第二天上午9时，才将徐世昌等出来。

这是非常动人的一幕，代表们哭诉日本人把山东当做自己的地盘，把山东老百姓当做牛马奴隶，在山东横行霸道，无恶不作。其中一位代表流着眼泪，用沙哑的声音问徐说：“请问大总统，山东是不是我国领土？请问大总统，山东人民是不是中国人？大总统还要不要我们？”说完话，以头触地，放声大哭。代表也跟着哭了起来。

徐世昌面对着这一幕眼泪请愿，不知所措，只得吞吞吐吐地表示政府已电令陆专使从缓签字，然后怒形于色地走了。

全国各地的请愿团如潮水般涌向北京，请愿浪潮与学生运动汇合在一起，形成一股洪流，冲得北京政府手足无措。

各地的群众团体和海外华侨还纷纷致电中国代表团，力劝他们别在对德和约上签字。在对德和约签字前的短短几天内，代表团收到的近千封电文。

在巴黎的留学生和华侨，每天都守在代表团的门口，要求中国代表明确表态，不在对德和约上签字。

手握重兵的直系将领吴佩孚等人也没有闲着，为了收买人心，也为了打击皖系军阀，频频发表措辞激烈的通电，表示坚决支持学生爱国运动，反对在对德和约上签字，声称："与其一日纵敌，不若铤而走险；与其强制签字，贻羞万国，毋宁悉索敝赋，背城借一。军人卫国，责无旁贷，共作后盾，愿效前驱。"

在全国人民的反对声中，北京政府不敢逆天而行，于是把难题抛给了参加和会的中国代表团，由外交部发去电报："国内形势紧张，人民要求拒签，政府压力极大，签字一事请陆部长自行决定。"

中国代表团在全国人民的督促和全国性爱国运动的激励下，在和约签字的最后一刻，毅然决然地作出了拒签的决定。

6月28日下午，巴黎和会在凡尔赛宫举行对德和约，即《凡尔赛和约》的签字仪式，由27国代表正式签字，中国代表缺席，并致电政府，引咎辞职。

30日，北京政府发表了外交部长陆征祥没有在和约上签字的电文。拒签和约运动才告结束。

本来，中国代表曾向和会要求保留山东问题，遭到最高会议拒绝，中国代表退一步，要求签字后另作保留声明，仍然遭到拒绝。在举行签字仪式的时候，中国代表要求发表声明，中国不因签字和约影响日后提请复议山东问题。对于中国代表的要求，和会采取置之不理的态度。中国代表只得拒绝在和约上签字。

中国代表是在全国人民的巨大压力和留法工人、学生的直接监督下，没有在《凡尔赛和约》签字，这是中国人民与卖国集团斗争取得的又一次重大胜利。

陆征祥于巴黎和会闭幕后即返国，回国后情形，让他振奋不已。

这一天，陆征祥乘坐的船到了吴淞口，岸上站了几千人，拉着大横幅，横幅上大书“不签字”，欢迎“不签字代表”。船主不知道发生了什么事，他不明白民众是反对还是欢迎。陆征祥当时正在剃胡子。船主托人告诉他，说岸上集聚了不少人，请他多加谨慎。

陆征祥向岸上望了望说：“他们既是欢迎，想必不会有事。”

陆征祥所乘的船并没有在吴淞口靠岸，而是直驶上海。

上海的几位朋友到码头来迎接陆征祥，被到码头欢迎的人群隔在外面，就是挤不过去。

陆征祥当晚我就乘车去北京。车站外挤满了人，都要求见陆专使。车站站长请示陆征祥该怎么办。

陆征祥想了想说：“让他们进来吧！”

门打开了，无数民众蜂拥而来，他们大声高喊：“欢迎不签字的代表。”

陆征祥站在车厢口，大声说：“不签字一事，我不知办得对否？因政府命我签字，我没有签。你们既然欢迎，我想大约没有做错吧！”

“不用跟日本直接谈判。”民众喊：“陆专使英雄，好样的。”

“这一点请各位放心。”陆征祥说，“我既然没有签字，就是拒绝谈判。”

民众欢声如潮。

当夜，每经过一个车站，都有如山的民众等候在那里要见专使。抵达北京时，各使馆人员来站欢迎，都没有能够上前握手，因为欢迎的人太多，各使馆的人员根本就够不上。

这一幕，反映了全国人民的心声。

“五四运动”是在民族危机日益加重的情况下，由中国人民自动发起的一场伟大的爱国运动。它粉碎了帝国主义列强借巴黎和会大肆侵吞中国领土主权的梦想，并沉重打击了皖系军阀的统治。此后，皖系军阀犹如人人喊打的过街老鼠，惶惶不可终日，其最终败亡的日子已经不远了。

六、谁在破坏和谈

谁为北方总代表?

段祺瑞手下有两个得力爪牙，一个是参战处参谋徐树铮，一个是陆军部长靳云鹏。但这两个人又因争权争宠而形同水火。徐树铮是安福系的后台老板，他结交各省军阀，手握实际军事大权，在军事、政治上远在靳云鹏之上。靳云鹏也非弱者，他和张作霖是儿女亲家，这也是一笔很大的政治资本。正是由于这一层关系，徐树铮对他也得让三分。

靳云鹏曾与安福系财政部长龚心湛因军饷问题发生矛盾，常在国务会议上破口大骂。龚心湛负气跑到天津去。段祺瑞亲自赶到天津，才将他劝回来，并告诫靳云鹏，不得干涉财政问题，靳云鹏负气请假，不去上班。

北京政府龚心湛以财政部长代理总理为过渡之计。龚心湛代理总理后，请徐树铮来国务院处理公务，徐树铮又引进丁士源、梁鸿志等安福系分子协助龚心湛，而此时的靳云鹏还没有上班，这个过渡内阁，实际上是清一色安福内阁。此外，段祺瑞本人也经常出席总统府最高会议，徐世昌遇事必须向他请教，而内阁大权又由徐树铮一人独揽，因此，整个北京政府，完全处于安福系的控制之下。

由于西方三国公开谴责北京政府不应在欧洲战争结束后，仍然保留参战机构，北京政府将参战督办处改名为边防督办处，参战军改名为边防军。此外，由于协约国已经签订对德和约，所谓中、日军事共同防敌协定应不复存在，日本政府和皖系军阀就用移花接木的手法，把防敌对象由德国转移到苏俄。

南、北和谈破裂后，西方驻北京的英、法、日、意、美五国公使认为应该让上海和会继续进行。他们派英国公使朱尔典为代表，向徐世昌提出说帖，希望重开和会。

恢复和谈要选派和谈代表。北方总代表朱启钤已经辞职，徐世昌想派下台的钱能训为北方总代表，安福系坚决反对。

安福系首领名义上是段祺瑞，实际上徐树铮才是真正的后台老板。他想以安福系的人为议和总代表，和议暂停之后他就曾密嘱心腹向总统徐世昌进言，徐世昌含糊其辞，没有明确表态。

正在这时，军政府首席总裁岑春煊派代表到北京，秘密接洽和议之事，他主张恢复宪法会议，解散南、北两国会，这是解决法律问题的关键，徐世昌无法接受这个建议。

徐世昌收到五国公使的说帖之后，自思派别人去可能仍然没有什么效果，不如就让安福系推荐一个人去试试，如能妥协和议，那是再好不过，否则也让他亲自感受一下议和的艰难，免得又节外生枝。因此放话给段祺瑞的人，让他们推荐一位合适人选。

众议院议长王揖唐愿意担此重任，徐世昌毫不迟疑地就答应了。

徐世昌并没有意识到，让王揖唐出任北方议和总代表，是安福系公开玩弄和会、使和会无法进行的一项政治阴谋。但安福系的政治阴谋，很快就被人戳穿了。

西南非常国会得知王揖唐出任北方议和总代表，立即通电反对这一决定：

王揖唐为非法国会的议长，在法律上是应该受到制裁的人，与卖国者言救国，与毁法者言护法，如惩办祸首，取消非法国会，裁撤参战军，取消中、日密约，都是王揖唐作的孽，如何与这样的人谈判？

安福系不退位，威胁说，如不派王揖唐为总代表，就通电承认北京国会是非法国会，宣布取消由这个非法国会选出的非法总统。这是一个两败俱伤、同归于尽的烂招，徐世昌当然不能接受这样的结果，只得接受了他们的要求。

不受欢迎的人

对王揖唐出任北方议和总代表第一个表示不满的军人是吴佩孚，当他得知王揖唐出任北方总代表后，直接致电王揖唐说：

身列国会，安知国会之纠纷，身为党魁，安得不受党派之牵掣？在天下本未有“斯人不出”之希望，而足下竟有“舍我其谁”之仔肩。足下自命不凡，不计个人“安福”，欲谋天下“安福”，其如天下之不谅何！筹安会之覆辙不远，曹章陆之公愤犹存，勿谓赵家楼之恶剧（**指学生殴打曹章陆事**）不再见于安福俱乐部也！

吴佩孚是桂系最倚重的同盟者，他的通电发表之后，桂系、西南各省军阀也跟着表示了反对王揖唐的态度。

吴佩孚的通电，在皖系军阀中也引起了震动。龚心湛立即给吴佩孚回电说：

王公才识过人，为元首所识拔，于法律事实确能负责……业经派定，指日成行，势难挽回。若因对人问题使会议延滞，和平中梗，启衅二字别有所归。

这个电报把王揖唐出任总代表的责任推在徐世昌身上，同时还埋下伏笔，如果西南方面拒绝王揖唐，就得承担破坏和平的责任。

吴佩孚似乎不受威胁，立即给龚心湛复电：

自王揖唐充任议和总代表，而全国哗然，公独好人之所恶。公独好人之所恶，一再代为流通，对于安福系，可谓是饮水思源不背本矣，其如天下公论何！……安福系危国祸民，腥闻于天。……公谓王公才识过人，他人未瞻丰采，或尚未知底蕴，师长等驻防藩吉，知之最审：戊申露头角于辽沈，辛该被驱逐于吉林，乙卯则贻祸项城，丙辰则夤缘东海，丁巳则以战误合肥，戊午则以党派挟元首。数年之间，而参议而旅长而巡按使而内务总长而安福党魁而国会议长，其运动钻营之才识过人矣。……天下耳目非一手所能掩，全国心理非一人所能惑，双方和议非一偏所能专。

在以后的一些日子里，吴佩孚越骂越起劲，对皖系和安福系，对北京政府和各省上有名的反动军阀，几乎骂个遍。

北京政府大感狼狈，只得央求曹锟出面加以制止。曹锟仍然采用老办法，一面假惺惺地训斥吴佩孚“不得放言无忌”，一面又把吴佩孚的不满说成是由于政府积欠军饷所致。要想让他闭口，还是先解决军饷问题，或者把直军改归陆军部直管。

表面上看，曹锟是替北京政府说话，实际上却是在放赖，让北京政府更伤脑筋。

北京政府不但在外交与学潮问题上束手无策，在财政上也已陷入走投无路的境地。龚心湛本来就是一个过渡总理，虽然有段祺瑞、徐树铮为他撑腰，但在内政外交以及各派势力相互倾轧的矛盾漩涡中，“一无展布”，在各方一片责难声中，只得提出辞职。

王揖唐是一个没有什么法律意识的人，他既是段祺瑞的红人，又与徐世昌有师生关系，他说他能够完全代表北方，不负北方总代表之名，他想与西南的实力派进行直接交涉，准备以副总统的预约券给予陆荣廷。所以，他不顾全国唾骂和军政府的反对，仍然准备南下包办和平。临行前他去向徐世昌请示南下方针。

“让！”徐世昌只回答了一个字。

9月9日，南、北军人吴佩孚、谭浩明、谭延闿、莫荣新等再次发表反对王揖唐的联名通电，王揖唐不以为意。他先到保定去拜访曹锟，后到奉天去访问张作霖，并致电唐绍仪，请他转告军政府七总裁，说他有诚意达成南、北和议。

最后一站，他到了南京，去见江苏督军李纯。

李纯是东道主，当然要尽地主之谊，设宴款待他。酒过数巡，王揖唐谈及议和方略，并请李纯从中周旋，夸夸其谈地说了半天，不见李纯回答，发急地问：“你不是向来主和吗？怎么今天不发一言呀？”

“凤凰已鸣，我还有什么话说呢？”

李纯说的凤凰，指的是熊希龄。原来，王揖唐离京之时，熊希龄曾编了一首诗隐讥王揖唐。

“什么凤凰已鸣呀？”王揖唐不明所以，还想问个明白。

"熊凤凰已说过了，难道你还不知道吗？"

王揖唐顿时羞得面红耳赤。李纯觉得有点过分，立即转弯说："如今要议和，也不是非常难的事，只要北方的那些人不要卖国，并能推诚相待，和谈还是有可能的。"

"北方也有苦衷啊！"王揖唐说，"你或许不知道罢了。"

"人生在世，但求问心无愧，我李纯是一介武夫，只知有正义罢了，至于其他的，还真不敢知道呢！"李纯愤然说，"你奉命南来，想必是成竹在胸，如果能早日达成和议，我也得安享和平，到时还得感谢你呢！"

王揖唐见话不投机，不便多说，勉强喝了几杯酒，告辞而去。

在王揖唐的字典里，并没有"诚"这个字。他通知上海方面，定于19日到上海，但却提前一天就到了，他不在北站下车，而在龙华车站下车。其实他也很矛盾，一方面认为自己在扮演和平老人，自然要很光彩，但又怕遇刺，所以鬼鬼祟祟。在龙华车站下车时，车站戒备极严。他自己带了40名国会卫队，卫队长宣禺阶和长卢缉私统领季雨农寸步不离左右。下榻在哈同花园的爱俪园，但又行踪诡秘，并无一定的食宿之所。不仅如此，他还带了50万现金，随行人员到处拉拢流氓，运动报馆，每天制造些假新闻登载在报纸上，吹嘘他在上海受到各方面的热烈欢迎。

王揖唐是一个不受欢迎的政治骗子，到上海后受到全国各方面一致批评，只有孙中山不表示反对。

孙中山公开发表声明，认为南、北正处在战争状态，只有对敌人才有进行和谈的必要，如果对方是一个朋友，就用不着大开谈判了，最关键的问题是恢复国会，如果恢复了国会，则一切未经国会批准的卖国条约和借款，自应宣布无效。他又检讨了八年来国家弄得一团糟，主要是民国初年将建设国家的重任交给了腐败的袁世凯，后来又交给了火烧汉口的冯国璋和清朝太傅徐世昌，这些人个个都是混蛋，做不出好事。

由于南方代表拒绝会见王揖唐。王揖唐便去见孙中山，请他提出恢复和平的条件。孙中山毫不犹豫地说，首先要恢复国会。

“恢复国会？”王揖唐反问，“这不是向你们投降吗？”

“武昌革命的时候，带兵前来攻打革命军的是段祺瑞，后来，通电赞成共和的也是段祺瑞。”孙中山问，“以来可以这样做，现在为何不能呢？如果你们赞成我的主张，可以说得好听些，不要说投降，而是合作。”

“没有别的办法吗？”

“你们既然不要国会，我就给你们一个不要国会的办法。”

“什么办法？”王揖唐两眼紧盯着孙中山。

“我们可以联合起来再来一次革命，建设一个新中国，实行三民主义。这个新中国抛弃一切武人政客和新旧国会。”

“新中国？”

“对！”孙中山说，“这个国家要比现在的民国好得多。”

“这个办法倒是可以商量！”王揖唐敷衍了一句，告辞而去。

王揖唐奔走和谈很有耐性，他想打开和谈的僵局，无奈南方代表不承认他的代表地位，也不把他当做对手，尽管用尽心机去奔走，南方代表连见面的机会都不给他。无奈之下，他便派北方代表王克敏、李国珍备正式函件，要求与唐绍仪当面接洽和谈。

唐绍仪以和谈没有恢复，无事可商，所请会面一事，不便接纳为理由，断然拒绝了他的邀请。

王揖唐陷入进退维谷之间，所有的奔走都落空。当时哈同花园发生了一起炸弹案，有人说这是王揖唐自己安排的，想借以下台。

上海和会期间，北方代表吴鼎昌奉段祺瑞的密令访问了孙中山，征求孙中山对时局的意见。孙中山提出恢复国会为和平统一的先决条件。

“这一条很难办到。”吴鼎昌直截了当地回答。

“我还有三个办法。”

吴鼎昌问：“什么办法？”

“第一，民国成立，是国民党多年流血牺牲换来的，现在应该将政权还给国民党。”

“其次呢？”

“如果不愿意交还给国民党，就不妨再来一次复辟，将正权还给清朝皇帝。”

“不！不！不！”吴鼎昌摇摇手说，“这两个办法都办不到，请问第3。”

孙中山笑着说：“既不愿交给国民党，又不愿交还清朝皇帝那就再制造一个皇帝统治中国。这个办法你们北洋派已经做过了。”

这次谈话虽然没有取得效果，但是皖系认为，他们与国民党有着共同的敌人，双方建立同盟关系不是没有可能。

这一时期，传来了外蒙古王公要求回归中国的消息。

原来，在民国二年（1913年）时，俄国人唆使外蒙古独立，逼迫中国承认。中国政府因内乱未平，无暇兼顾这件事情，只好放弃一部分主权。几年之后，外蒙古虽然有驻库伦办事员驻守，但早已徒有虚名，无力监管。外蒙古倚仗俄国对抗中国。俄国革命后，失去了保护外蒙古的能力，西伯利亚一带乱党四起，屡次与外蒙古为难，外蒙古王公非常后悔，打算回归中国。

徐树铮是一个极有政治野心的人。此时他正担任西北边防筹备处处长，徐树铮得到这个信息后，觉得这是一个博取功名的大好机会，便申请去边防。

徐世昌觉得徐树铮是一个爱惹事的主，留在身边总是一个隐患，于是顺水推舟地任命徐树铮为西北筹边使。

徐树铮觉得自己的权力还不够大，又向中央要求兼任西北边防军总司令。徐世昌拗不过他，索性满足他的要求，又命他兼任西北边防军总司令，督办外蒙的善后事宜，让他到西北筹边，远戍外蒙，陷身于外蒙所谓的“自治”的漩涡之中。

七、中、日交涉

靳云鹏组阁

北京政府不但在外交上与学潮问题上束手无策，在财政上也已陷入走投无路的境地。财政部长兼代理国务总理龚心湛因财政吃紧，难以满足各方面的需求，遭到各方指责而心力交瘁，不想当这个吃力不讨好的代总理，递上一纸辞呈，离开了北京。

一般来说，总理缺席，由外交部长或内务部长顶上，此时外交部长陆征祥赴欧未归，内务部长田文烈因病请假，依序轮流应归陆军部长靳云鹏代理。

靳云鹏是段祺瑞的四大金刚之一，也是张作霖的儿女亲家、曹锟的换帖兄弟。

徐世昌对段祺瑞是暗中忌惮，按理说不会同意靳云鹏接任总理，但他却投了赞成票。他认为靳云鹏是一介武夫，四肢发达，头脑简单，容易控制，且是一个新进后辈，容易驾驭。还有一个原因，就是靳云鹏与捣蛋鬼徐树铮不和，重用靳云鹏，等于就是打击徐树铮，并还能够得到张作霖、曹锟的拥护。

如此一来，在徐世昌和段祺瑞对内阁总理人选意见不能一致的时候，靳去鹏算是一个各方都勉强可以通过的人选。

9月19日，张作霖、曹锟致电北京，为靳云鹏捧场。徐树铮虽然极力反对，可他远在库伦，即使跳起脚喊破嗓子，恐怕也没有人能听得见。

9月24日，北京政府公布命令，准许龚心湛辞职，派陆军部长靳云鹏兼代国务总理，李思浩兼代财政部长。

靳云鹏就任代理国务总理，第一道人事命令，就是聘徐树铮的死对头张志潭协助处理内阁事务，很明显，靳云鹏一上台，就和徐树铮较上了劲。

靳云鹏上台后碰到的头一件喜事，就是收到吴佩孚的贺电。吴佩孚虽然只是一个小小的师长，却给靳云鹏带来了极大的荣宠。

靳云鹏虽然尊为国务总理，由于兼任边防军训练处处长，仍然是段祺瑞“招之即来，挥之即去”的直接下属。

靳云鹏是徐世昌、段祺瑞共同认可的人物，徐世昌拟正式咨请安福国会，提名靳去鹏为国务总理，请国会予以通过。

安福系在段祺瑞的指示下，当然不便反对，但提出“三长一秘”名单为通过靳内阁的交换条件。

“三长一秘”是指属于安福系的李思浩为财政部长、姚震为司法部长、朱深为交通部长，曾毓隽为国务院秘书长。靳云鹏当时并没有表示反对。

10月31日，众议院通过了靳内阁，11月4日，参议院也予以通过。

靳云鹏就任后，并没有按安福系的意思组阁，他的名单是：内务部长田文烈、外交部长陆征祥、财政部长周自齐、交通部长曾毓隽、司法部长朱深、教育部长夏寿康、农商部长张志潭、海军部长萨镇冰、陆军部长靳自兼。

这个名单在提交国会之前，靳云鹏先征求北方各省军阀的意见。曹锟、张作霖首先发电表示同意，各省军人也一致附和。

安福系认为靳云鹏搬出各省大军阀来吓唬他们，大为不满，尤其是对靳云鹏拟定的周自齐为财政部长更是反对，指斥周自齐为帝制余孽，曾经破坏副总统的选举，而张志潭也是他们最反对的人物。

徐树铮此时不在北京，他已被任命为西北筹边使兼边防军总司令，出京练兵筹边去了。如果其他人担任这个职务，可能只是个空头衔，搁在徐树铮身上就非同小可。

因为西北边防军由参战军改编，在徐树铮的苦心经营下，西北军已有三个师的兵力，装备是清一色的日本武装。徐树铮控制这三个师后，在段祺瑞的支持下，又以筹边为名，编练了西北边防军五个旅。有了西北筹边使这个头衔，徐树铮瞬间便获得了节制内蒙、新疆、甘肃、陕西军队的全权。徐树铮在编练边防军的同时，还代表北京政府解决了外蒙独立问题，使他的地位更是如日中天。

自1911年满清王朝被推翻以后，外蒙王公便宣告独立。此后，北京政府一直没有处理好这个问题。徐世昌把这个难题撂给徐树铮，本想为难他。

11月17日，徐树铮在兵不血刃的情况下，使库伦当局接受了他提出的条件，正式宣布外蒙取消独立，仍归属中国，并声明以前与俄国签订的各项条约均告无效。这件事在当时被很多人视为奇迹，徐树铮成了大英雄。

11月24日，徐树铮回北京的时候，徐世昌虽然很不情愿，但还得以非常隆重的礼节迎接这位凯旋归来的英雄。

徐树铮回京后，形势立即发生了变化，他以靳云鹏提出的阁员名单，先征求各省军阀的意见而不提交国会为突破口，大肆进行攻击，叫嚣这是一种违反约法、蔑视国会尊严的恶劣行为。

在徐树铮的怂恿下，段祺瑞对靳云鹏大加训斥，迫使靳云鹏改提李思浩为财政部长，取代原来的周自齐。

靳云鹏知道段祺瑞已完全倒向徐树铮，如果不接受安福系提出的条件，内阁成员名单就不可能获得通过，只得委曲求全，最终内阁成员为：

内务部长　田文烈

外交部长　陆征祥

财政部长　李思浩

交通部长　曾毓隽

司法部长　朱　深

海军部长　萨镇冰

陆军部长　靳云鹏自兼

否决了教育部长夏寿康、农商部长张志潭。教育部长由由傅岳棻代理，农商部长由田文烈兼任，周自齐被任命为币制局总裁。

段派人物几乎包办了部长的席位，靳云鹏几乎成了光杆司令。

冯国璋归天

靳云鹏组阁后，仍然面临财政、和议、外交、学潮等诸多难题。刚上台就收到广东军政府的电文，要求取消八年公债。说政府发行八年公债2000万元，以田赋作抵押，这是前所未有的怪事，并要求答复。

靳云鹏只得复电，说八年公债确有其事，但那是为了维持财政现状。至于田赋抵押，则是谣传，请他们不要轻信谣言。

靳云鹏向总统府通报了广东军政府的电文，并同徐世昌谈及到财政情况非常糟糕的事情。

"都是军阀惹的祸。"徐世昌皱眉说，"军饷一个劲向上窜，财政收入不见增加，巧妇难为无米之炊啊！"

"看来只有裁兵了。"靳云鹏看着徐世昌。

"只能走这条路了。"徐世昌想了想说，"但要找一个合适的人提出来，如果由政府提出，这些军阀又要与政府为难。"

"嗯！"靳云鹏点点头。

"曹锟、张作霖来电，都说你是一个人才，可堪大用。"徐世昌看着靳云鹏说，"你电告曹锟、张作霖，请他们做个发起人，这样事情就好办了。"

靳云鹏应声而去。

曹锟、张作霖果然很给靳云鹏面子，立即向各省督军、省长发出裁军两成的倡议。各省督军、省长见是两大帅发出的倡议，纷纷响应，推曹锟、张作霖为领袖，联名致电北京政府，建议"裁兵节饷"。

徐世昌大喜过望，立即下令，发布《裁减军额二成及整顿赋税各办法》。

各省督军、省长真的那么深明大义，愿意裁军以节国用吗？其实不然。直系和皖系正在暗中较劲，直系自冯国璋下野后，曹锟的资格最老，他虽然常与段祺瑞配合唱戏，但那都是表面文章。

盘踞在关东三省的大帅张作霖，自成一派，既不联直，也不联皖，上一次受徐树铮的诱惑，想谋取一个副总统的席位，所以派兵出关，助段祺瑞向冯国璋逼宫。冯国璋下台、徐世昌上任后，副总统的念想成了一场春梦，心里责怪徐树铮，对段祺瑞也有猜忌，觉得自己让人当枪使了。

直、皖、奉三派鼎立，尔虞我诈，各打各的锣，各唱各的调，怎么可能齐心协力经营国事呢？各省督军、省长有直派、皖派、奉派，一起联名上呈，只不过是表面文章，卖个虚名粉饰太平，其实是暗中倾轧。所以，裁军只是雷声大，雨点小，说说罢了。

12月28日，“北洋三杰”中的“狗”冯国璋，在裁兵高潮中病死在北京帽儿胡同的家里。

冯国璋死后，北京政府通令全国下半旗三天。徐世昌和段祺瑞分别亲自到帽儿胡同去吊丧。段祺瑞在冯国璋灵前想起小站练兵，数十年悲欢离合，不禁放声大哭。徐世昌则送1万元为冯国璋的治丧费。

在北洋三杰中，冯国璋书读得较好，是秀才出身，从候补知县变做武备学生，受袁世凯知遇，一步步爬上将军署理江苏军务，袁世凯死后，由副总统而大总统，最后被段祺瑞以“法理”手段踢下政治舞台。在总统任内一心求和平统一，这是值得称赞的，他的缺点是贪财，据说死后财产达2300余万，可惜被经手之人吞没了。

冯国璋死后，曹锟取代了他的地位，成为直系军阀老大。

中、日交涉

1920年元旦。北京政府应段祺瑞的请求，发表“参战勋绩尤著者”的授勋令。

尽管协约国谴责中国参战不力，中国的国际地位并没有因参战而有所提高，中国作为参战国，在巴黎和会上遭到可耻失败，段祺瑞仍然把他主持参战一事当做赫赫之功，开具了一个名单，请求政府予以嘉奖。

受到嘉奖的有数十余人，很多人是无功受勋，甚至有些反对参战者也在嘉奖之列，如王士珍、姜桂题、徐树铮等；有的是众矢之的卖国贼曹汝霖、章宗祥、陆宗舆等。

全体北洋军阀开始都反对参战，后来段祺瑞向他们解释，参战可以不出兵，他们才放勉强同意。所以公正地评论，只有段祺瑞是自始至终主张参战，而段祺瑞的参战主张，开始是为了和黎元洪怄气，也不是完全为国家着想。

其实，荣典对于段祺瑞是一件无足轻重的事，他虽然下台了，但仍居边防军督办，把内阁总理靳云鹏视为下属。冯国璋死后，他又想取消直皖两系，重新团结北洋军，使自己成为北洋派的唯一领袖。其实，他的想法只是一个幻想而已。

元旦刚过，北京政府便收到日本驻京公使递呈的公文，声称联合国对德国讲和条约已经交换批准，约文已经发生效力，要求按约继承德国旧有一切权利。

外交部副部长陈箓将日本公使呈送的公文提交给国会，国务委员们说这件事还得等外交部长陆征祥回来再作处理，暂时将来文搁置。

广东军政府得知这个消息后，立即致电北京政府，反对山东问题由中、日直接交涉。

南、北政府虽然对峙已久，这只是内争，但在对外问题上却是保持一致，所以，南、北两方都认为对德和约不能签字。

1月25日，陆征祥从欧洲归来。向大总统徐世昌汇报了德、奥和约的情况，并说有些事情没有解决，留顾维钧在那里处理。徐世昌与他谈到山东交涉问题，他认为现在不宜交涉这个问题，只能等待时机再定。因此，日本的提案仍然悬搁不理。

日本政府见中国政府对中、日交涉之事迟迟不作答复，命驻华公使再次向中国外交部递交照会，催促从速开议，照会强调：巴黎和约已产生法律效率，日本继承德国在山东权利已是名正言顺；日本政府本着善意与友谊，要求日本政府与中国政府直接交涉，解决山东问题。如果中国政府继续采取拖延政策，日本即视之为默认。

外交部收到日本照会，一个个瞠目结舌，连外交专家陆征祥也不知道如何应付，便找国务总理靳云鹏共同商议。

靳云鹏看了日本照会后，随手取出一封电文让大家传阅。

电文是由湖北督军王占元为首的48人联名发送的，内容是反对在山东问题上向日本让步，更反对中、日直接交涉。

王占元好久没有发出声音了，为何这次却牵这个头，而且还如此慷慨激昂呢？其实，这篇电文表面上以王占元领衔，实际操纵者却是第3师师长、前敌总司令吴佩孚。

吴佩孚虽然是曹锟的部下，但他的才智胜过曹锟，曹锟遇事都要与他商量。曹锟率兵援湘的时候，已密保吴佩孚为第3师师长、前敌总司令。北军攻克湖南岳州、长沙，吴佩孚当推首功。曹锟北归，受任四省经略使，留吴佩孚驻守湘南。

吴佩孚虽然只是一名师长，但他的权力已不仅仅限于第3师，曹锟的旧属五个混成旅、四个补充旅的兵力，都听从他的指挥。他感谢曹锟的知遇之恩，愿为曹氏效力。

曹锟是直系，与段祺瑞貌合神离，吴佩孚自然事事与段祺瑞作对。

湘督张敬尧是段祺瑞的心腹，竭力主战，吴佩孚驻防之后，隐承直系的意旨，与皖系作对，舍战主和。两人的宗旨不同，再加上收复长沙，功在吴佩孚，却被张敬尧后来居上，占据了湖南督军的职位，吴佩孚心有不甘，对段祺瑞更是怀恨在心，因而在山东问题上一意拒日，联合同乡45名军人上书劝阻，这中间既有爱国的成分，也有与段祺瑞斗气的因素。

靳云鹏与吴佩孚是山东老乡，在保定陆军速成学堂任教官时，吴佩孚正在军校就读，两人有师生之谊，平时常有书信来往，吴佩孚对内主和平，对外主强硬，两人的思想早就起了共鸣。靳云鹏上任之后，抱定了对外坚决拒日，对内和平解决南、北问题的宗旨。对于日本公使送来的公文，他一直主张拖延，现在日方步步紧逼，他只得将王占元的大作拿出来给大家看，实际上是表明他的态度。

大家原本对日本恨之入骨，见靳云鹏表明了态度，大多数人都赞成直接拒绝，少数的亲日派见大势所趋，知道再坚持就会被人骂为卖国贼，也只得随声附和。

外交部根据议定的意见，拟文回复日本公使。

八、山雨欲来风满楼

北方七省联盟

北洋派自从袁世凯归天之后，先是一分为二，后又二分为三。

二是直系和皖系，直系以冯国璋为首脑，曹锟为副，长江三督为骨干。皖系以段祺瑞为首脑，徐树铮为中心，靳云鹏、段芝贵、倪嗣冲、张敬尧、傅良佐、吴光新等都是大将。

二分为三，是后来又添了一个奉系，形成三足鼎立之势，且奉系有后来居上之势。奉系首脑是张作霖，王永江为谋主，杨宇霆、郭松龄、吴俊升、孙烈臣、张作相等都是中坚。

直系在冯国璋死后，曹锟便高踞首席，原来风云一时的长江三督也唯曹锟马首是瞻，曹锟稳坐钓鱼台，得力于他的爱将——北洋派后起黑马吴佩孚。吴佩孚虽然只是一名师长，可他一举手一投足，一言一行都引起全国的注意。在湖南，始而驱兵疾进，所向无敌；继而陈兵不战，通电主和，他能把握时局中心，善为运用，争取广大人民的同情与支持。由于能做能唱，使南、北军人对他都刮目相看，曹锟是他的嫡亲长官，水涨船高，便成为直系名至实归的领袖了。

段祺瑞本可以成为袁世凯的继承人，成为整个北洋派的领袖，只因他过于刚愎，不能容物，又信任徐树铮，失去大多数人的拥戴，只好退而求其次，巩固皖系以自重。徐树铮当然是个角色，可惜太过专横，又太露锋芒，他对段祺瑞的贡献最大，对段祺瑞的影响也最大。至于傅良佐、吴光新、张敬尧之辈，都是段祺瑞的负担，既不是人才，也不是战将。

奉系崛起，占了地利之便，加上段祺瑞在和冯国璋明争暗斗时，徐树铮献计拉张作霖和奉军来对付直系，给了奉系一个壮大的机会。张作霖和皖系在互相利用过程中，占了极大的便宜，他的野心也随之增长。这是一种利害的结合，当他觉得自己力量已可独行其是时，他便不愿受皖系的摆布，甚至要清算徐树铮。

参战军改名边防军，后来发展到三个师四个混成旅。外蒙古宣布取消独立之后，徐树铮俨然以“西北王”自居，想与“东北王”张作霖分庭抗礼。如此一来，便迫使张作霖去联合直系。

张作霖和曹锟本来是两雄不并立，为了对付徐树铮，两雄竟然联手。因为徐树铮这个人太可怕了，他曾杀害过直系的幕后军师陆建章、拉拢过张作霖的部下孙烈臣，还有意勾结曹锟的爱将吴佩孚。在张作霖和曹锟心目中：“此人万万不可得志，此人若得志，吾辈将无噍类矣！”

本来是对手的两个人，为了一个共同的敌人走到了一起。因此，直隶、江苏、湖北、江西四省和东三省共计七省，成立了反皖系同盟，这个同盟在1919年秋冬之间已经形成。

七省同盟公开喊出了“清君侧”的口号，要求段祺瑞“亲君子，远小人”，矛头直指小扇子军师徐树铮。

早在靳云鹏组阁的时候，这件事便埋下了伏笔。靳云鹏也是段祺瑞的亲信，但靳云鹏与徐树铮却是死对头，因此，靳云鹏组阁，不但得到曹锟、张作霖的支持，也得到徐世昌的支持。这些支持者的目的几乎是一样——以靳云鹏抵制徐树铮。

徐树铮是段祺瑞最得力的干将，数万“边防军”是他一手编练组成，安福国会真正的后台老板。尽管他胆大妄为，桀骜不驯，但对段祺瑞还是忠心耿耿。段祺瑞当然不会接受七省联盟“清君侧”的要求。

如此一来，以曹锟为首的七省联盟只好走极端，让枪杆子说话。

南方不太平

在北方直、皖系斗争日益尖锐的时候，南方桂系军阀与国民党及广东地方派军人的三角斗争也在逐步升级，滇、桂两系又因争夺北江滇军的统帅权引发分裂。

西南各省分滇、粤、桂三派。由三派组成的军政府表面上是同盟，暗中却互相猜忌。

岑春煊属于桂系，资格最老，陆荣廷也属桂系。江西督军李纯多次给岑春煊写信，劝他和议，徐世昌也秘密托人劝说岑春煊、陆荣廷。岑春煊、陆荣廷颇想取消独立，拥戴北方，但粤派首领多为国民党的中坚，他们不愿奉徐世昌为总统，再加上徐树铮从中离间，使粤派排斥岑春煊、陆荣廷。西南各派被直、皖两派分头游说，各自为谋。

国民党指责桂系与北方直系相勾结，桂系则骂国民党与北方皖系暗送秋波，双方互把通敌的罪名加在对方头上。但在反对国民党的问题上，滇、桂两系军阀又是合作的。

驻粤滇军共有两个师，防区本来划在北江，军政府成立不久，第4师师长方声涛率部移驻西江，留在北江的滇军仅第3师张开儒一师。

这支滇军是1916年护国运动讨伐袁世凯时，由李烈钧率领来广东，此后便留在广东没有回云南。军政府成立后，李烈钧出任参谋总长，莫荣新便以广东督军的名义，委派李根源为粤赣湘边防督办，节制北江滇军。这支驻粤滇军实行又重领导，系统上归云南督军管辖，事实上则受广东督军领导。

张开儒因为倾向国民党而被莫荣新免职，由唐继尧电派郑开文继任师长。李烈钧虽然属于国民党，但与政学系首领岑春煊关系密切。李根源是岑春煊的幕后军师。由于有滇、桂两系的合作关系，唐继尧又加派李根源为靖国联军第6军军长，统辖驻粤沽具军。因此，并江沽具军有一个靠拢桂系的军长，又有一个直接由滇系委派的师长。

1920年2月，莫荣新命李根源把滇军第3师师长郑开文和靖国联军第6军参谋长杨晋对调。目的是要把滇系直接委派的师长调离军队，而派一个和唐继尧没有关系的人物来接收兵权。

莫荣新调换滇军师长，事先并没有征求唐继尧的同意。唐继尧大为光火，立即下达两道命令：解除李根源靖国联军第6军军长一职，改派为云南参加军政府建设会议的代表。同时声明，驻粤滇军由云南督军直接指挥，就近由军政府参谋总长李烈钧负责。

这样一来，滇、桂两系因为驻粤滇军的领导权问题，由合作关系转变为敌对关系。

莫荣新偏要与唐继尧作对，电令滇军各师、旅、团长，仍然听从李根源的指挥，并下令对滇军进行改编。

李烈钧到军政府质问岑春煊，对桂系吞并驻粤滇军的阴谋为何不制止？这位傀儡总裁支支吾吾，无言以对。

李烈钧非常不满，托词巡视北江防务，离开了广州，准备在北江集合滇军反抗改编。

同一天，李根源在桂系支持下也由广州回到韶关，劝告滇军接受改编。

26日，唐继尧电请李烈钧，责成滇军第3师官兵，拘捕新任师长杨晋，并就地正法。

滇军分裂了，一部分留在韶关，服从李根源指挥，大部分由韶关向始兴集中，接受李烈钧号令，准备以武力抵抗桂系的改编命令，大战一触即发。

由于岑春煊出面调解，莫荣新表示让步，承认恢复滇军的名义，并在相关将领上作出相应调整，才使事态暂时平息。但彼此之间的裂痕，难以修复。

唐继尧打算辞去总裁以拆军政府的台，于是南方的政局为之一变，滇系和国民党结合起来，桂系陷于孤立。国民党计划以云南为新根据地，把广州的非常国会迁往昆明，并在云南组织新的西南政府。

当北江滇军问题发生时，广州参众两院议长吴景濂、林森秘密由广州潜赴香港，旧国会议员们也一批一批地前往香港集中。

在粤、滇两派公开撕破脸的同时，军政府也发生了内讧。政务总裁海军部长林葆怿提出辞职。军政府政务总裁伍廷芳及参众两院议长林森、吴景濂因反对岑春煊，悄然离开广州去了香港。

伍廷芳的不辞而别，军政府有点手足无措，并不是伍廷芳重要过于孙中山、唐继尧、唐绍仪三总裁，而是伍廷芳所处的职位——兼任军政府外交部长和财政部长。

1919年6月，外交团取得北京政府的同意，以关税余款的13%拨交南方军政府作为政费，这笔款项指定由伍廷芳签字具领。外国人只认签字，谁也无法冒领。而且经伍廷芳领取的关税总额达390万元之多，除支付外，尚余180元，伍廷芳走的时候，没有移交，将这笔钱全部带走了。

财政是命根子，伍廷芳等于带走了军政府的命根子。此时的军政府不能仅用四分五裂来形容，恐怕要用奄奄一息更为恰当。

旧国会参议院议长林森、众议院议长吴景濂、副议长褚辅成与一部分议员，先后离开广东后，通电攻击岑春煊，说他私自与北方勾搭，违背护法宗旨，宣布与他脱离关系，另选地点开会。

这是一件极可惜的事，对于南方军政府，因为这时正是北方直皖两系濒临破裂，战争一触即发的时候，如果南方团结一致，则北方的变局将使南方渔翁得利。不料南方也出现内乱，一方面滇、粤军发生冲突，另一方面军政府四分五裂。失去了稍纵即逝的机会。

北方也一样，由于北洋派内部狗咬狗无力对外，没能抓住机会统一南方。如果直、皖两系能携手合作，出兵南方，不难一战定乾坤。

历史是没有如果，这就是历史。

国民党籍议员在香港举行座谈会，讨论主题是把国会搬到什么地方？有人主张搬到云南，有人主张搬去上海。最后根据多数人意见，迁往上海。

6月2日，孙中山、唐绍仪、伍廷芳、李烈钧及云南代表，在孙中山的家里开会，旧国会两院议长吴景濂、林森、王正廷、褚辅成也都应邀参加了会议。

会议决定，由孙中山、唐绍仪、唐继尧、伍廷芳四总裁发表联合宣言，否认广州军政府和国会，并责成南方议和总代表唐绍仪立即启动与北方议和总代表和谈。

散会之后，唐绍仪派人与北方议和总代表王揖唐接洽议和之事。这是唐绍仪第一次承认王揖唐为北方议和总代表。

时局的发展，救活了王揖唐这个倒霉蛋。他大张旗鼓地到上海，不料南方代表根本就不承认他的地位，任他花言巧语，费尽心机，就是没有人理他，使他处于进退维谷的两难境地。现在，唐绍仪主动与他接洽，立即又活跃起来。

说也奇怪，以前安福系用尽办法破坏上海和会，对国会问题没有讨价还价的余地，此时态度突然改变，新旧国会合并制宪的意见，就是他们借卢永祥之口提出来的。而唐绍仪与王揖唐在直接通函的那一天就相互拜访，谈得极为融洽，仿佛多年老朋友一样。

段祺瑞还直接给孙中山、唐绍仪、唐继尧、伍廷芳复电，赞成恢复上海和会。这些情况在以前都是不可想象的。

广州军政府当然不会就此认输，也针锋相对地作出决定：撤换南方议和总代表唐绍仪，改派温宗尧继任；通告北京政府，孙中山、唐绍仪、伍廷芳三人的总裁资格已经取消，他们的宣言无效。

北京政府接到广东军政府的电文，立即知照王揖唐，命他暂停和议。

王揖唐正兴高采烈地准备大干一场，接到命令后，关起门生闷气去了。

这个时候，湖南和四川战争已经爆发，直、皖之战也已箭在弦上，一切问题将由枪杆子说话，对上海和会翻云覆雨的把戏，大家也就不感兴趣了。

九、直、皖大战

吴佩孚衡阳撤军

吴佩孚衡阳撤防，是改变南、北形势的一个分水岭。后来吴佩孚成为北洋时代风云人物，也从这个时候开始。

张敬尧进入平江，放任士兵烧杀抢劫，奸淫妇女，已成为湖南人民心中的恶魔，出任湖南督军以后，作威作福，为湖南人民所不齿，所以，湘人都想将张敬尧赶出湖南，就连湘中绅宦熊希龄也常通电，对张敬尧表示不满。由于有段祺瑞替他撑腰，他才能在湖南督军的椅子上稳坐了三年。

湖南省为南、北中枢，人民多倾向于南方，不愿附北。第3师师长吴佩孚久戍湖南，替张敬尧守住南大门。心里很不爽，多次电请曹锟代转中央，要求率自己的部队北撤，遭到北京政府的拒绝。

段祺瑞集团仔细研究了吴佩孚撤防问题，认为吴军一撤，南军乘虚而入，皖系既无可用之兵，自然会引起严重后果。吴佩孚的部队回到保定后，对北京政府也将构成很大威胁，直、皖两系势必形成短兵相接的局面，这是段祺瑞不愿意看到的事情。于是授意北京政府，阻止吴佩孚撤防。

段祺瑞的好运也算走到头了，正在这紧要关头，皖系大将倪嗣冲病危。这好像是一种不祥的预兆。当年对付冯国璋，督军团以倪嗣冲为先锋，接替张勋督皖，也接收了张勋的部队，在皖系中比起吴光新和傅良佐，算是一个人物。如今这位急先锋自身难保，使段祺瑞如失左右手。

段祺瑞想派段芝贵继任安徽督军。徐世昌则主张用淮军老将姜桂题。两人的意见不能统一，徐世昌干脆把话说死了：倪嗣冲一天不死，安徽督军便一天不开缺，也不补人。

为了阻断吴佩孚班师北归的道路，段祺瑞决定夺取河南，逼迫内阁总理靳云鹏调换河南督军赵倜，改派他的内亲吴光新继任，并派安福系人员王印川继任河南省长。

吴佩孚当然知道段祺瑞的意图，致电徐世昌、靳云鹏，反对这样的人事调动，矛头直指皖系。

徐世昌只同意改派河南省长，不同意更动河南督军。靳云鹏把他的意见转告段祺瑞。段祺瑞气得暴跳如雷，大骂靳云鹏：没用的东西，不配做总理。

靳云鹏受不了这种侮辱，一怒之下提出辞职，理由是说自己身体有病。

段祺瑞冷笑说："如果是真的有病，暂时休息也无不可，但不能说是被排挤辞职，怨恨他人。"

靳云鹏不想多说，起身愤然离去，第二天将辞职书呈送总统府。

徐世昌才得到靳云鹏的协助，当然不愿他就此离去，只批准他休假10天，总理一职暂由海军部长萨镇冰代理。

再说赵倜，虽然说督军之位没有动，但经过这次事件，思想态度却发生了改变。他本来是淮系将领姜桂题的部下，在直、皖两系的争斗中，一直保持中立态度。得知吴光新要来河南接替他的督军之位，感觉到这是来夺权的，借口“保境自存”而参加反段战线，发表通电，表示站在直系一边。七省联盟变成了八省联盟。

段祺瑞这次用心，是捉鸡不成反蚀把米，走了一步臭棋。

以曹锟、张作霖为首的八省督军，纷纷致电挽留靳云鹏内阁，徐世昌也表示了坚决挽留靳云鹏内阁的态度。在各省军阀的巨大压力下，段祺瑞不得不同意挽留靳云鹏，河南暂时不易督。

维持靳云鹏内阁和终止河南易督，是八省联盟的胜利，也是徐世昌和靳云鹏的胜利。段祺瑞在这一回合中输得很惨。从此，徐段之间、段靳之间、直皖之间的矛盾进一步恶化。

曹锟暗中串通七省联盟，准备以武力驱段。向北京政府转达吴佩孚请求撤防的电文再次遭到拒绝后，给吴秀才发电报说：“子玉，你自己看着办吧！”

吴佩孚心领神会，要求撤防的电文如雪片般飞向国务院和陆军部。他的决心已定，准备来一个“将在外，君命有所不受”的大动作。

他先率手下的三个旅长：王承斌、阎相文和萧耀南，秘密会见广东军政府代表，签订撤兵协定：军政府提供撤军费60万元，吴佩孚的部队撤防后，衡阳由湘军补防，解除撤防时的后顾之忧。

由衡阳北返，必须经过长沙，湖南督军张敬尧的北洋7师原为3万人，此时已扩展到7万之众，守住了吴佩北返的道路。为了试探张敬尧的态度，吴佩孚打电报给他，请他派兵接防湘南。张敬尧已打听到吴佩孚与广东军政府签了撤防协定，担心吴佩孚这是引蛇出洞，连夜向北京政府告急，对于吴佩孚的邀请，只是装聋作哑。

吴佩孚知道张敬尧的胆气不足，决定进一步侦察试探，派部队护送第3师700多名家属北归，大摇大摆地经长沙北上，想看看张敬尧有没有胆量拦截。张敬尧好比病猫遇见虎，装着没有看见。吴佩孚的队伍顺利地通过张敬尧的防区北返。

经过两次试探，吴佩孚断定张敬尧不敢阻拦直军北归，决定全军大举北上。

5月17日，段祺瑞召集亲信在团河开紧急会议，决定逼迫徐世昌电嘱曹锟，阻止吴佩孚撤防。同时要求驻长江上游警备区司令吴光新与湖南督军张敬尧做好战斗准备，一旦吴佩孚撤防，就沿途阻截。

徐世昌、曹锟得知段祺瑞召开“团河会议”的消息，担心徐树铮要采取非常手段，不顾段祺瑞的反对，下令吴佩孚全军北撤。

5月20日，开始撤防北归。27日，吴佩孚的部队由水路经过长沙。张敬尧和吴佩孚双方都作一紧急戒备，段祺瑞也电令张敬尧派兵堵击直军。但是，吴佩孚无意于“战长沙”，张敬尧也没有勇气挡住直军的去路。双方虽然剑拔弩张，并没有擦出火花。吴佩孚的部队有惊无险地经过长沙，扬帆而去。

29日经过岳州，也没有停靠。

31日，吴佩孚率军抵达汉口，受到湖北督军王占元的欢迎，为了表示敬意，王占元慷慨地拿出60万军费送给吴佩孚。据说其中的40万还是自掏腰包。

吴佩孚给全体将士发了三个月的饷，并向中外宣告：

顺国人之公意，本正义之主张，撤防湘南，集中武汉，以清除奸慝，促进和平，力争外交，以维国体，一俟军队运输告终，即日挥师北上。

6月5日，吴佩孚的部队由汉口开拔北上。

南方谭延闿的军队趁吴佩孚撤防，立即挥师北上，抢占战略要地，连克耒阳、祁阳、安仁防线，攻占了衡山、衡阳、宝庆等县。湖南督军张敬尧无法抵挡，飞书向北京求援。

徐世昌本来就不想让张敬尧当湖南督军，由于段祺瑞一派力举，才让他坐上湖南督军那把交椅。接到张敬尧的告急文书，略微看了一眼，便叫人送往府学胡同，让段祺瑞处理。

段祺瑞当然不会坐视不救，建议派皖系的吴光新率兵援湘。徐世昌收到段祺瑞的建议书后，迟迟不作答复。

谭延闿的湘军在湖南人民发动的"驱张运动"的配合下，一路势如破竹，连克湘乡、湘潭、郴州，进逼长沙。

张敬尧不能固守，竟弃长沙而出去岳州。退到岳州后，不得不据实呈报。

6月29日，北京政府下令将张敬尧革职查办，派王占元为两湖巡阅使，改派吴光新为湖南督军兼省长，命他们收复失地。

南军步步紧逼，军中又有大将赵恒惕任择时挥，士气高昂，攻占长沙后，又乘胜攻打岳州。丧师失地的张敬尧，胆子都吓破了，听说南军杀过来了，带着多年搜刮到的钱财，逃之夭夭。当南军攻到岳州城下的时候，岳州只是一座空城。

张敬尧率残部逃到湖北，再次将战败的情况向中央报告。

徐世昌下令，命张敬尧将部队交由两湖巡阅使王占元接管，并命他办完交接后，迅速进京，听候查办。

查办不过徒有虚名，张敬尧仍然羁居在湖北，并同有进京。

张敬尧第7师的瓦解，使皖系军阀如虎折翼，失去了一支重要力量。这对于即将进行的直、皖巅峰对决，显然不是一个好兆头。

湖南的枪声一响，段祺瑞立即振振有词地怒斥南军背信弃义，破坏和平，建议北京政府出兵讨伐。

徐世昌认为，湖南问题只是局部问题，与南、北问题不能混为一谈，拒绝下达讨伐令。

所谓有局部问题，是说湖南人民在张敬尧的暴力统治下，几年来一直在奔走呼号，请愿驱张一直没有效果，湖南人民提出“湘事湘人治决”的口号，一定要把张敬尧打倒。他认为湘军发起的这场战争，只是针对张敬尧，不属于南、北战争范围。反皖联合阵线的各省军阀对湖南问题也都同意“局部问题”这个观点。

直、皖开战

第3师师长吴佩孚撤防北返之后，6月7日抵达郑州，13日在郑州给反皖的八省联盟各督军发出一个爆炸性的电报，内容是：反对安福系包办上海和会，建议召开国民大会解决一切问题。

这是吴佩孚第一次公开建议召开国民大会的电报。这个电报之所以具有爆炸性，在于这个建议不是任何军阀所能接受的，不但张作霖看了大为生气，就是吴佩孚的顶头上司曹锟也摇头大谓不然。所以在反皖的八省同盟中引起了很大的反感，认为吴佩孚官卑职小，态度狂妄。但是，由于战争一触即发，吴佩孚又是一个能打硬仗的战将，为了避免自乱阵脚，大家只得隐忍不发。

这个电报在南方人民团体中却得到广泛共鸣，因而，纷纷电报纷纷传向北方，赞同吴佩孚的主张。

15日，吴佩孚带直军三个混成旅前往保定谒见曹锟。经过几次交谈，准备召开保定会议。

曹锟名义上是直军的领袖，实际上却是吴佩孚一人的主张，曹锟并没有多大能耐，不过是倚老卖老。

曹锟原籍天津，因在家排行第三，所以，人们称他为曹三爷。曹家从事贩布生意，曹锟生性鲁直，嗜酒好色。相传曹锟贩布的时候，只要有余钱，便去买酒换醉，在街上遇到女人，不论美丑，都要调笑一番。经常有一些小孩子跟在后面，乘机偷他的钱，曹锟即使没有醉的时候，也从不与小孩子计较。有人好心劝他警惕一些，他却笑着说：“小孩子吗！不过是贪一点小利，我的损失也不大，彼此也快乐不少，何必当真呢？”这番话，为他博得个“曹三傻子”的诨名。

所谓庸人多厚福，曹锟投军后，竟然得到袁世凯的赏识，说他朴实忠厚，是可用之才，因此年年升官，直至升任第3师师长。

北军讨伐湖南一战马到成功，实际上是吴佩孚的功劳，后来，吴佩孚率部留守湖南，他却凯旋了，升任四省经略使。正因为如此，他对吴佩孚竭诚优待，言听计从。

这次吴佩孚北返，独创保定会议，无非想崭露头角，竭力与皖系抗衡，欲借保定会议，壮大声势。

直、皖两系剑拔弩张，大战一触即发之际，徐世昌还想找出一个避免战争、解决时局的方案，于是致电曹锟、张作霖、李纯，请他们到北京商量解决时局的办法。

李纯称病不到，曹锟借口直军回防，工作太忙难以分身。两人只派代表到京敷衍。

张作霖接到徐世昌的电报，两眼放光，因为他早有问鼎中原、觊觎中央政权的野心，认为徐世昌的电报，给他提供了一个绝好的机会，欣然受命，慨然进京，前往总统府报到。

张作霖进京后，提出让靳云鹏复职、撤换安福系三部长的调解方案。徐世昌请他到保定去征求曹锟的意见。

张作霖偕同李纯的代表江苏督署参谋长何恩溥、陈光远的代表江西督署参谋长李竟成和北方各督代表多人前往保定。并于当天举行会议，讨论时局问题。

吴佩孚的发言最为激烈，经过讨论，保定会议提出六个条件：(1)解散安福系；(2)罢免安福系三部长；(3)靳云鹏回任国务总理；(4)撤换北方议和总代表王揖唐；(5)撤销边防军，改编后归陆军部直管；(6)徐树铮免职。

曹锟和张作霖都觉得条件似乎过于苛刻，因此取消了第六条，改为五条，请张作霖带到北京与当局磋商。

23日，张作霖返抵北京后，将保定会议的五条办法面呈徐世昌。徐世昌说他不便做主，请张作霖去见段祺瑞。

当天晚上，段祺瑞在设宴招待张作霖，席间表示自己毫无政治野心，不想当副总统，暗示张作霖可以取得副总统的地位。张作霖也表示服从督办的态度。谈话渐渐引入保定所提的条件。张作霖将带来的议案递给段祺瑞。

段祺瑞看后脸色非常难看，愤然说："撤销边防军，解除徐树铮的兵权，恐怕办不到。"

"还有呢？"

"撤换安福系三部长可以商量。"段祺瑞说，"但有一个前提条件。"

"什么条件？"张作霖问了一句。

"必须保证不再追查交通部和财政部过去的账目。"

段祺瑞为何要提出这个条件呢？原因是这两个部门因支持安福系，挪用了大笔公款，这笔糊涂账必须保证继任者不予追查。一旦追查起来，麻烦可就大了，所以段祺瑞提出了这个条件。

"吴佩孚的意见，一定要解散安福部，撤换王揖唐，罢免徐树铮。"张作霖劝说道，"我虽然做了很多工作，就是不松口。为大局起见，你何必与这些后辈较劲呢？"

"吴佩孚算什么东西，一个小小的师长，竟然如此霸道，他如果不服，尽可以放马过来，咱兵戎相见，段某人不会怕他。"

张作霖见段祺瑞的鼻子歪得特别厉害，知道他已恼怒到了极点，再说也无济于事，起身告辞而去。

此后几天，段祺瑞坚持自己的意见不肯让步，反而要张作霖替他设法劝导曹锟让步。到26日，张作霖忍耐不住了，吩咐铁路局替他准备专车，以便离开北京。这是他用以威胁段祺瑞的手段。

果然，段祺瑞被他吓住了，亲自跑到奉军司令部，提出一些讨价还价的意见。他说，靳云鹏不肯复职，内阁即将改组，全班人马都需要调动，没有安福系三部长先行去职的必要。下届内阁，希望财政、交通两部长不动，至少交通部长能够保留。

29日，徐世昌邀请张作霖、段祺瑞到总统府会商。对保定方面提出的五个条件，提出一个折中办法，如安福系三部长退出内阁，解除徐树铮筹边使和西北边防总司令，所辖部队改归陆军部直管等。关于内阁，靳云鹏既然不肯回任，徐世昌主张改提周树模组阁。靳云鹏改任陆军部长。段祺瑞很少说话，但也没有发表反对意见。

靳云鹏之所以坚决求去，是因为安福系三部长遇事和他作对，而在直皖两系摩拳擦掌、跃跃欲战的局势中，他感到左右难做人，更怕皖系给他扣一个"叛徒"的帽子。

7月2日，徐世昌正式批准靳云鹏辞职，并将周树模组阁提交安福国会。保定方面关心的并不是内阁问题，而是罢免徐树铮的问题。张作霖与曹锟里应外合，一再催促罢免徐树铮。吴佩孚宣称非取消筹边使不可，如有反对，先解散国会，盛传吴佩孚的部队已经开抵长辛店。

徐世昌对徐树铮本来就没有好感，于7月4日发表命令：徐树铮调任远威将军，罢免西北筹边使，留京供职；西北边防总司令一职撤销，所辖军队由陆军部接管。

段祺瑞认为，29日的三人会议，他并没有同意过这个决定，徐世昌是自己一手扶植起来的政治工具，现在竟然依靠"地方藩镇"的势力，不请命而行，并且，徐树铮未经辞职而直接罢免，显然是一种"惩罚"形式，不但没有给徐树铮面子，也让自己大失颜面。因此，他在团河大骂徐世昌。

段祺瑞以边防督办名义，命令边防军做好战斗准备。

7月6日，徐世昌请张作霖再到团河作最后一次努力。这一天，段祺瑞的火气特别大，咆哮着说："罢免吴佩孚，万事皆休！"

"这恐怕办不到吧！"张作霖只得如实地说。

"办不到也得办。"段祺瑞指着张作霖的鼻子说，"你们办不到，我自己来办。"

"冷静点嘛！"张作霖说，"不然局势就不可收拾了。"

“我的事情不要你管。”段祺瑞不客气地说，“你还是回奉天凉快去吧！”

7日深夜，张作霖没与任何人打招呼，悄悄离开北京，在军粮城下车，随即宣布“局外中立”。

段祺瑞惨败出局

8日，段祺瑞由团河回到北京城，在将军府召集全体阁员及军政首脑联席会议，发出声讨曹锟、吴佩孚的通电，呈请总统剥夺曹锟、吴佩孚、曹锐三人的官职，交段祺瑞查办。

徐世昌很为难，不敢签字。

段祺瑞派兵围住总统府，徐世昌被迫无奈，只得签发了惩办曹、吴的命令。

9日，边防军第3师开赴廊坊，边防军第1师与陆军第9师、第13师、第15师开向长辛店、卢沟桥、高碑店一带。

10日，段祺瑞在团河成立定国军总司令部，自任总司令，派徐树铮为总参谋，段芝贵为第1路司令，曲同丰为第2路司令兼前敌司令，魏宗翰为第3路司令，傅良佐为总参议。

同一天，外交团照会北京政府，如果战事危及外侨生命财产，中国政府应负完全责任。中国军队不得携带武器入城，飞机不得在北京上空飞过。

这些限制对边防军颇不利。可是，意大利公使却将使馆内所有军火秘密售予边防军，曾毓隽也从日本三井洋行借到100万元为边防军开拔费。

保定方面自得知北京发表惩办曹、吴命令后，军心愤激，一意主战。

曹锟于9日上午亲自到天津召开誓师大会，派吴佩孚为前敌总司令。

吴佩孚宣言将亲率三军，直向北京，驱老段，诛小徐，所部定名为讨贼军，大本营设在天津，司令部设在高碑店，出师前，发出通电。

10日，曹锟致电北京公使团，请他们注意日本暗中助段的事实。日本公使在西方三国公使的逼迫下发表宣言，表示绝不暗助段祺瑞。

11日，回到沈阳的张作霖见北京已乱作一团，不失时机地致电曹锟，担保：“我辈骨肉至交，当此危急存亡关头，不能不竭力相助。”并以“维护京师治安，完全听命于元首”为名，派奉军第27师、28师入关。

同一天，段祺瑞、徐树铮急调边防军第1师及北洋陆军第15师刘询部进入前线阵地。

从7月11日起，直皖两军前线已有了小规模的冲突。北京城中已经听到了炮声。

段祺瑞对战争的前途表示乐观，吹嘘五天时间就可攻下保定。当得知奉军第27、28两师大军入关，并在京奉路、津浦路以及马厂、军粮城一带布防，才慌乱起来。

当即派曹汝霖、傅良佐去找徐世昌，请求颁发停战令。

14日，段祺瑞压迫徐世昌发布停战令，想推迟这场战争爆发的时间，但已经来不及了。因为南、北部队都动起来了，形成箭在弦上不得不发之势。

停战令刚下达，段祺瑞立即又召集特别军事大会，下达总攻击令，为了鼓舞士气，特传檄全国，讨伐直军。

14日晚，直皖双方正式开火。直军号称讨逆军，分为两路，吴佩孚为前敌总司令兼西路总指挥；蓟榆镇守使兼第4混成旅旅长曹锳为东路总指挥；第1混成旅旅长王承斌驻郑州为后路总指挥。

西路是双方主力军的战场，直军在高碑店，皖军在涿州、固安和涞水。

皖军第1军以第15师为先锋，向直军第3师进攻，直军不支，退出高碑店。

同一天，东路皖军由梁庄、北极庙一带向杨村直军进攻，直军在铁路桥边架设大炮，双方互有伤亡，胜负未决。

16日，由天津开来一支日军“护路队”，借口维护铁路交通，强迫直军移走大炮，退出铁路线2英里以外，因此，直军防线被打开一道缺口，皖军乘虚而入。直军放弃杨村，退守北仓，京津铁路因此不能通车。

从14日到16日，三天打了两仗，都是直军落败。

17日，西战场情况突然起了变化。

吴佩孚主动退出高碑店，亲率一部分直军绕出左翼，向涿州、高碑店之间的松林店发起突袭。这是皖军前敌司令部所在地。由于来得突然，打了皖军一个措手不及，皖军主将曲同丰和司令部的全体高级将领，全部被吴佩孚一窝端，做了俘虏。

由于司令部被端，这一路的第15师刘询所部和边防军第3师陈文运所部，像潮水从高碑店败退下来，当天直军就占领了涿州，并向长辛店追击前进。

第15师原属直军，是冯国璋的卫队，冯国璋死后，这支军队一直受段祺瑞控制，被迫作战。因此，该师第29旅旅长张国溶，第30旅长齐宝善，率领部队临阵倒戈，向吴佩孚投降。另一部分退到北京，段祺瑞急忙下令关闭城门，不许他们进城。

东线战场也发生了变化，张作霖通电表示，与直军并肩作战。

由于奉军加入东战场协助直军作战，驻守廊坊的徐树铮未战先怯，匆匆逃回北京。驻廊坊的西北边防军，在没有统帅指挥的情形下，不战而降。

直、皖大战爆发后，驻扎在长江上游荆州、宜昌一带的吴光新奉段祺瑞密令，准备进攻湖北。而湖北督军王占元接到曹锟、吴佩孚的密令，要他严密监视吴光新的行动。当北方激战正酣，吴光新正要举事的时候，王占元察觉了。借请客之名，把他诱到督军府软禁起来。随后，王占元派兵攻反驻扎在荆州、宜昌一带的吴光新部。吴光新部群龙无首，毫无斗志，被击败溃散。

皖军主帅之一的曲同丰算是一个识时务者，被押抵保定，向曹锟献刀投降，并发通电，劝告边防军弃暗投明，共起讨“贼”。

段祺瑞在东线溃败前夕，无可奈何地离开团河总部，仓皇逃回北京府学胡同宅第，想到自已数年心血，毁于三天之战，这才知道皖系军队如此不经战。他是一个军人，难以忍受这种战败的屈辱，抓起枪来要自杀，幸亏被及时劝阻，才留下一条性命。

有人劝他到日本公使馆去寻求庇护。

段祺瑞暴叫道："要走你们走，我是不会走的，看他们能把我怎么样？"

经此一吵一闹，段祺瑞还是冷静下来了。俗话说，死猪不怕开水烫，况且自袁世凯死了以后，好歹他也是北洋军中第一人，门生故吏遍天下，如今虽然大势已去，他料定曹锟、吴佩孚这些晚辈，也不敢对他怎么样。于是，他派人去请来靳云鹏，商量如何收拾残局。

靳云鹏见平素不可一世的段老师似乎突然老了10岁，不知如何安慰好。

"云鹏！"段祺瑞哀求地说，"赶快去找直系，停战吧！"

"我该怎么说呀？"

"什么条件都同意接受。只求不要把战火引进北京城。"段祺瑞说，"如果把北京的坛坛罐罐砸碎了，我段祺瑞就成了千古罪人啊！"说到这里，段祺瑞大哭起来。

靳云鹏悄悄退出，找来傅良佐，请他去一趟天津，代表他向直军求和。

傅良佐到天津后，直接去找直隶省长曹锐，曹锐不见他，也不准他离开，把他软禁在省长公署。

北京城内紧张万分，前线军队狼狈退下。段祺瑞被逼无奈，只得厚着脸皮去找徐世昌，请他下一道停战令。

"芝泉呀！"徐世昌说，"停战令好下，可这烂摊子不好收拾啊！"

"我引咎辞职，我引咎辞职。"段祺瑞喃喃地说，"其他的，只好拜托你了。"段祺瑞说罢，垂头丧气地退了出去。

"早知今日，何必当初呢？"徐世昌望着段祺瑞的背影，脸上露出了冷笑。

当天，徐世昌颁下停战令。

19日，段祺瑞发表通电，引咎辞职。

直、皖大战，以皖系大败而告终，它标志着北洋军阀史上一个时期即段祺瑞皖系军阀统治时期的基本结束。虽然此后皖系并没有销声匿迹，仍然进行着活动，而且，段祺瑞后来又曾出任中华民国临时执政，但这只不过是皖系的余波罢了。